普通高等学校“十四五”规划旅游管理类精品教材
教育部旅游管理专业本科综合改革试点项目配套规划教材
湖北省一流本科课程配套教材

# 旅游学概论

## 理论与创新

主　编：张春琳　王远坤
副主编：邓小艳　周玄德

華中科技大學出版社
http://press.hust.edu.cn
中国·武汉

## 内容简介

本书主要介绍了旅游学的基本原理和基础知识，共十二章，内容包括旅游学、旅游活动、旅游发展史、旅游者、旅游资源、旅游业、旅游产品、旅游目的地、旅游组织、旅游市场、旅游业的影响、旅游的信息化发展。

本书在保留旅游学概论课程基本内容的基础上，紧密结合当前国内外旅游发展现状及趋势，充分吸收旅游学研究领域的最新成果，融合行业发展的新动态、新形式、新特点，并以概念辨析、知识拓展等形式拓展内容，旨在培养旅游管理专业创新型、复合型和应用型人才。

**图书在版编目(CIP)数据**

旅游学概论：理论与创新 / 张春琳，王远坤主编．—武汉：华中科技大学出版社，2023.11
ISBN 978-7-5772-0231-0

Ⅰ.①旅… Ⅱ.①张… ②王… Ⅲ.①旅游学-概论 Ⅳ.①F590

中国国家版本馆CIP数据核字(2023)第229396号

**旅游学概论：理论与创新**
Lüyouxue Gailun：Lilun yu Chuangxin

张春琳　王远坤　主编

项目总策划：李　欢
策 划 编 辑：胡弘扬
责 任 编 辑：张　琳
封 面 设 计：廖亚萍
责 任 校 对：刘　竣
责 任 监 印：周治超
出 版 发 行：华中科技大学出版社(中国·武汉)　电话：(027)81321913
武汉市东湖新技术开发区华工科技园　邮编：430223
录　　排：孙雅丽
印　　刷：武汉科源印刷设计有限公司
开　　本：787mm×1092mm　1/16
印　　张：15.5
字　　数：336千字
版　　次：2023年11月第1版第1次印刷
定　　价：49.80元

华中出版

本书若有印装质量问题，请向出版社营销中心调换
全国免费服务热线：400-6679-118　竭诚为您服务

# 总序

伴随着我国社会和经济步入新发展阶段，我国的旅游业也进入转型升级与结构调整的重要时期。旅游业将在推动形成以国内经济大循环为主体、国内国际双循环相互促进的新发展格局中发挥出独特的作用。旅游业的大发展在客观上对我国高等旅游教育和人才培养提出了更高的要求，同时也希望高等旅游教育和人才培养能在促进我国旅游业高质量发展中发挥更大更好的作用。

《中国教育现代化2035》明确提出：推动高等教育内涵式发展，形成高水平人才培养体系。以“双一流”建设和“双万计划”的启动为标志，中国高等旅游教育发展进入新阶段。

这些新局面有力推动着我国高等旅游教育在“十四五”期间迈入发展新阶段，未来旅游业发展对各类中高级旅游人才的需求将十分旺盛。因此，出版一套把握时代新趋势、面向未来的高品质和高水准规划教材则成为我国高等旅游教育和人才培养的迫切需要。

基于此，在教育部高等学校旅游管理类专业教学指导委员会的大力支持和指导下，教育部直属的全国重点大学出版社——华中科技大学出版社——汇聚了一大批国内高水平旅游院校的国家教学名师、资深教授及中青年旅游学科带头人在成功组编出版了“普通高等院校旅游管理专业类‘十三五’规划教材”的基础上，再次联合编撰出版“普通高等学校‘十四五’规划旅游管理类精品教材”。本套教材从选题策划到成稿出版，从编写团队到出版团队，从主题选择到内容编排，均作出积极的创新和突破，具有以下特点：

**一、基于新国标率先出版并不断沉淀和改版**

教育部2018年颁布《普通高等学校本科专业类教学质量国家标准》后，华中科技大学出版社特邀教育部高等学校旅游管理类专业教学指导委员会副主任、国家“万人计划”教学名师马勇教授担任总主编，同时邀请了全国近百所开设旅游管理类本科专业的高校知名教授、博导、学科带头人和一线骨干专业教师，以及旅游行业专家、海外专业师资联合编撰了“普通高等院校旅游管理专业类‘十三五’规划教材”。该套教材紧扣新国标要点，融合数字科技新技术，配套立体化教学资源，于新国标颁布后在全国率先出版，被全国数百所高等学校选用后获得良好反响。编委会在出版后积极收集院校的一线教学反馈，紧扣行业新变化，吸纳新知识点，不断地对教材内容及配套教育资源进行更新升级。"普通高等学校'十四五'规划旅游管理类精品教材"正是在此基础上沉淀和提升编撰而成的。《旅游接待业（第二版）》《旅游消费者行为（第二版）》《旅游目的地管理（第二版）》等核心课程优质规划教材陆续推出，以期为全国高等院校旅游专业创建国家级一流本科专业和国家级一流"金课"助力。

**二、对标国家级一流本科课程进行高水平建设**

本套教材积极研判"双万计划"对旅游管理类专业课程的建设要求，对标国家级一流本科课程的高水平建设，进行内容优化与编撰，以期促进广大旅游院校的教学高质量建设与特色化发展。其中《旅游规划与开发》《酒店管理概论》《酒店督导管理》等教材已成为教育部授予的首批国家级一流本科"金课"配套教材。《节事活动策划与管理》等教材获得国家级和省级教学类奖项。

**三、全面配套教学资源，打造立体化互动教材**

华中科技大学出版社为本套教材建设了内容全面的线上教材课程资源服务平台：在横向资源配套上，提供全系列教学计划书、教学课件、习题库、案例库、参考答案、教学视频等配套教学资源；在纵向资源开发上，构建了覆盖课程开发、习题管理、学生评论、班级管理等集开发、使用、管理、评价于一体的教学生态链，打造了线上线下、课堂课外的新形态立体化互动教材。

在旅游教育发展的新时代，主编出版一套高质量规划教材是一项重要的教学出版工程，更是一份重要的责任。本套教材在组织策划及编写出版过程中，得到了全国广大院校旅游管理类专家教授、企业精英，以及华中科技大学出版社的大力支持，在此一并致谢！衷心希望本套教材能够为全国高等院校的旅游学界、业界和对旅游知识充满渴望的社会大众带来真正的精神和知识营养，为我国旅游教育教材建设贡献力量，也希望并诚挚邀请更多高等院校旅游管理专业的学者加入我们的编者和读者队伍，为我们共同的事业——我国高等旅游教育高质量发展——而奋斗！

总主编

2021年7月

# 前言

作为“旅游管理”国家级一流本科专业和“旅游学概论”省级一流本科课程的建设成果，这本《旅游学概论：理论与创新》终于面世。本书在保留旅游学概论课程基本内容的基础上，紧密结合当前国内外旅游发展现状及趋势，充分吸收旅游学研究领域的最新成果，融合行业发展的新动态、新形式、新特点，并以概念辨析和知识拓展等形式拓展内容，重点培养学生灵活运用知识和自主学习的能力。

本书是团队智慧的结晶，编写团队都是旅游学概论课程组的核心骨干教师，多年从事旅游学科的教学和研究工作。具体分工如下：张春琳负责编写第一章、第二章、第三章和第六章，邓小艳负责编写第四章、第九章、第十章和第十一章，周玄德负责编写第五章、第七章、第八章和第十二章，王远坤负责全书的统筹和审校。陈媛媛教授、陈奕副教授参与了有关乡村旅游与乡村文化传播及旅游信息化建设与传播的讨论，一并感谢！

本书的出版得到了湖北省炎黄文化研究会的大力支持。编者在编写本书的过程中，参考和引用了许多学者的论著和观点，在此一并表示感谢！

虽然团队成员在编写中都力求严谨，但仍难免有疏漏之处，敬请各位读者批评指正。

编者

2023年10月

# 目录

Note

# 第一章

## 旅游学

### 学习目标

· 了解旅游学的发展历程。
· 掌握旅游学的研究对象和研究内容。
· 了解旅游学科的框架体系。

### 问题导向

旅游学究竟是一门怎样的学科？

## 第一节　旅游学的发展历程

旅游学的研究始于近代西方国家，随着旅游活动的发展，旅游业在世界经济发展中的作用日益凸显，旅游学的研究也逐步兴起。

## 一、国外旅游学的研究历程

### （一）国外旅游学研究的发展

从学术研究的阶段性而言，国外旅游学的发展历程可以分为三个时期。

**1. 早期的认知时期（19世纪末至20世纪30年代中后期）**

19世纪中后期，随着资本主义大工业生产的发展，社会生产力得到极大提高，尤其是交通运输业的迅猛发展和交通工具的进步，为近代旅游活动的发展提供了良好的条件，旅游活动的规模迅速扩大，旅游业带来的巨大经济效益也逐渐引起关注，当时旅游活动较为发达的一些国家，如美国、意大利、德国、英国等国的学者开始对旅游现象进行研究。

1899年，意大利政府统计局官员博迪奥（L. Bodio）发表《关于意大利外国旅游者的流动及其花费》一文，首次从理论角度对旅游现象进行探讨，拉开了旅游研究的序幕。1927年，罗马大学讲师马里奥蒂（A. Mariotti）出版了第一本旅游学专著《旅游经济讲义》，第一次对旅游经济进行了系统的剖析和论证。此后，德国学者鲍尔曼（Bormann）的《旅游业概论》（1931）、英国学者奥格威尔（F. W. Augerville）的《旅游活动》（1933）、德国柏林大学教授葛留克斯曼（G. Glticksmann）的《旅游总论》（1935）等一系列著作相继问世。值得一提的是，中国在20世纪30年代也出版了第一本有关旅游学的著作——江绍原的《中国古代旅行之研究》，这是我国最早用现代旅游的观点去探讨古代旅游现象的专著①。

总体而言，这一时期的旅游学研究主要是从经济学的角度研究旅游现象，虽有葛留克斯曼“旅游活动所涉及的领域非常广泛，需从不同学科进行综合研究”的观点出现，但却招致许多学者的批评，从而限制了旅游学的研究向纵深层次发展的可能。

**2. 中期的过渡时期（20世纪40年代初至50年代末）**

20世纪30年代以后，严重的全球性经济危机和第二次世界大战相继爆发，多数国家的旅游活动受到严重冲击，旅游研究也处于停滞和衰退状态。但在当时的中立国瑞士，旅游研究却出现了具有重大意义的理论突破。1942年，圣加伦大学的汉泽克尔（Hunziker）教授和伯尔尼大学的克拉普夫（Krapf）教授合作出版了《旅游总论概要》一书，提出旅游现象的本质是以旅游活动为中心，与国民、保健、经济、政治、社会、文化、科技等各种要素和诸多方面相互作用的复合体，并在这一基础上提出了旅游现象多方位、多层面结构的思想和旅游学需要通过多学科进行综合研究的观点。

第二次世界大战结束后到20世纪50年代中后期，随着世界经济的复苏，人们迫切希望生活回归正轨，现代旅游活动得到相应发展，旅游学的研究进入了一个迅

①王德刚．中国旅游学研究探源——兼述《中国古代旅行之研究》[J]. 桂林旅游高等专科学校学报，1999(1)：8-9.

速发展的新时期，研究中心集中在欧洲、北美和日本等地。但这一时期的研究仍以经济学的角度为主，其他学科虽已开始将旅游现象纳入自己的研究领域并有一定的理论贡献，但学科的渗透性不强。

#### 3. 全面发展时期（20世纪60年代初至今）

20世纪60年代以后，国外的旅游学研究开始跳出单纯的经济学领域，转而探索旅游现象的本质和旅游对社会的影响，经济学、社会学、历史学、人类学、心理学、地理学、管理学等多个学科领域均将旅游现象纳入研究范畴，旅游学与其他学科的交叉及分支学科不断涌现，旅游学的研究进入全面发展阶段。

随着旅游学研究的逐渐深入，专门的旅游教育和研究机构开始出现，如国际旅游科学专家协会（AIEST）、国际旅游学会（ITSA）、亚太旅游协会（PATA）等，这些组织的成立对旅游学研究的发展做出了重要贡献。

### （二）国外旅游学研究的特征

纵观国外旅游学研究的发展历程，有以下两个主要特征。

#### 1. 从单一学科到多学科的综合研究发展

旅游学的研究从最初的单一经济学研究领域，逐步发展为多学科的综合研究，研究范畴日益广泛，涵盖经济学、社会学、心理学、文化学、管理学、地理学、环境科学、生态学、历史学、美学等学科领域。

#### 2. 重应用研究轻理论研究

一方面由于旅游学理论本身的匮乏，另一方面由于旅游发展实践的迫切需要，由此旅游学的研究形成了一种传统，即倾向于应用研究而不太注重基础理论研究，旅游学的学科体系尚未完全成熟。

## 二、国内旅游学的研究历程

我国的旅游学研究起步较晚，始于1978年，至今仅有40多年的研究历史。

### （一）国内旅游学研究的发展

回顾我国旅游学的研究历程，大致经历了创立、发展和完善三个时期。

#### 1. 创立时期（1978—1990年）

改革开放之后，为了适应旅游业迅速发展的趋势，我国的旅游研究逐渐兴起。与世界其他国家一样，我国最初的旅游研究也聚焦于旅游经济现象。1978年，国家旅游局成立政策研究室，研究国际旅游市场的动向及其发展规律，并结合我国旅游发展的实际情况探讨和制订中国旅游发展规划和方针政策。

20世纪70年代末至80年代初，上海旅游高等专科学校、北京旅游学院率先以独立院校的形式开始了我国的高等旅游教育，之后，南开大学、西北大学和杭州大学等陆续设立旅游系（专业）。伴随着旅游教育的发展，旅游学科建设和理论研究也在大量吸收国外旅游学研究成果的基础上逐步形成自己的研究体系。但由于受限于当时我国旅游发展的目标和旅游产业发展实践的需要，研究内容主要集中在以目的地为中心的经济研究，以及旅游企业服务与管理研究等方面。

**2. 发展时期(1991—2003年)**

随着我国旅游业的飞速发展和旅游产业体系的形成，旅游学科研究开始从点向面扩展，以经济学和管理学为主体，向社会学、地理学、市场学、人类学等分支学科方向发展，逐渐形成比较完整的学科研究体系，各方面的研究成果也日益丰富。这些研究成果推进了旅游学的发展，研究内容涉及旅游活动和旅游业的各个领域，但学科发展中仍存有一定的问题，不能从理论上对旅游的产生、发展和运行规律进行系统的解释。

**3. 完善时期(2004年至今)**

21世纪的中国正在从一个旅游资源大国向旅游经济强国迈进，旅游业成为国民经济战略性支柱产业，这需要完善的旅游研究理论体系支撑和高素质的应用型旅游人才支撑，为我国旅游学科专业研究和旅游教育事业的发展提供广阔的空间和强大的推动力。经过多年努力，旅游专业已形成了中等职业教育、专科、本科、硕士研究生、博士研究生等多层次的学历教育体系，在旅游教育层次和教育质量提升的同时，也极大地提高了旅游研究水平。旅游学的研究逐步向多元化、注重体系结构方向发展，注重从总体的角度、运用多学科的研究方法和观察视角来研究旅游现象。

中国的旅游研究经过多年的发展，取得了巨大的成就与贡献，概括起来有如下方面：一是形成了数量惊人、体系庞大的研究成果；二是形成了规模大、多层次、多样化的研究机构与队伍；三是学科建设取得实质性进展，独立学科体系初步形成；四是与实践良性互动，对指导旅游产业发展做出了重要贡献；五是满足了多样化的需求，为研究发展培育了巨大市场；六是从引进学习到自主创新，在国际旅游学术界已经占有重要一席，并逐渐建立了有大国特点、中国特色的独特研究模式和理论、方法体系①。

### （二）国内旅游学研究的特征

综观国内旅游学研究的发展历程，主要表现出以下几个基本特征。

**1. 开展时间比较晚**

相对而言，我国的旅游学研究比欧洲晚了将近一个世纪。1982年，国内第一本关于旅游学的专业教材《旅游概论》(邓观利)出版；1986年，第一个研究旅游学的专业期刊《旅游学刊》创刊；1991年，李天元的《旅游学概论》第一次将“旅游学”的概念引入国内的旅游研究。

**2.“三位一体”的发展模式**

改革开放初期，由于当时情况的特殊性，我国旅游学研究的起步时期，也是旅游业产生与发展的源头时期，同时还是旅游教育的创立与发展时期，从而形成了旅游研究、旅游产业实践、旅游教育“三位一体”的发展模式。

Note

①中国旅游研究院．中国旅游研究三十年：回顾与展望[N].中国旅游报(视野)，2009-04-29.

### 3."应用导向"和"热点导向"为主流

我国的旅游学研究是在借鉴国外旅游学研究成果的基础上发展起来的,也继承了国外旅游学研究重应用轻理论的传统,在研究中侧重应用性研究、案例研究和旅游发展的热点研究,基础理论的研究还有待进一步加强。

# 第二节 旅游学的研究内容

旅游学是一门新兴的综合性学科,它的研究领域广阔,在横向上具有横跨多个学科的特点,在纵向上涉及旅游发生发展的历史过往及今后的发展趋势。

## 一、旅游学的研究对象

关于旅游学的研究对象,目前国内外学术界的主要观点有以下几种(表1-1)。

**表1-1 国内外学术界关于旅游学研究对象的主要观点**

| 研究者 | 主要观点 | 关键点 |
|---|---|---|
| 林南枝(1986) | 旅游学是研究旅游活动一般规律的科学,是对旅游活动的综合概括 | 旅游活动的一般规律 |
| S.科维奇(1987) | 旅游学是以旅游业在现代社会中所具有的功能为研究对象的科学 | 旅游业的功能 |
| 明庆忠(1997) | 旅游学是以旅游现象和过程为研究对象,探讨旅游复合体的产生、演化、运行规律以及旅游活动规律的一门科学 | 旅游现象和过程 |
| 王德刚(1998) | 旅游学是以旅游的三要素(旅游主体、旅游客体、旅游媒介)为核心,研究旅游活动和旅游业发展规律的科学 | 旅游活动和旅游业发展规律 |
| 李天元(1999) | 旅游学是研究旅游者及其活动、旅游业及其开发和经营活动,以及旅游供求双方活动的开展对旅游接待地的社会、经济、环境影响的科学 | 旅游者、旅游业、旅游的影响 |
| 谢彦君(2001) | 旅游学就是通过研究来认识旅游活动的内在矛盾的性质及其发生原因、形态结构、运动规律和它所产生的各种外部影响的科学 | 旅游活动的内在矛盾及其表现 |

续表

| 研究者 | 主要观点 | 关键点 |
| --- | --- | --- |
| 马勇(2004) | 旅游学就是研究旅游者、旅游管理者、旅游资源和旅游设施这四个要素的基本特征与相互之间的关联作用及其运行规律的科学 | 旅游要素之间的关系及其运行规律 |
| 张俐俐等(2004) | 旅游学是以旅游现象中的基本矛盾为研究对象，以旅游三要素及其相互关系为核心，探索旅游活动发展规律和旅游业运行关系及其对社会、经济、环境影响的学科 | 旅游现象的基本矛盾 |
| 田里(2006) | 旅游学就是将旅游作为一种综合的社会现象，以世界范围为统一整体，研究旅游的产生、发展及其活动的一般规律的科学 | 旅游活动的规律 |

综合上述观点，旅游学的研究对象应为旅游活动及其引起的各种现象和关系。

## 二、旅游学的研究内容

国内外学术界对旅游学研究内容的探讨众多，其中最为典型、能被普遍接受的观点有以下两个。

### （一）雷珀模型

雷珀(Leiper)模型最初在1979年提出，并在1990年进行了更正和完善，这一模型也为国际旅游学术界普遍接受。雷珀模型如图1-1所示。

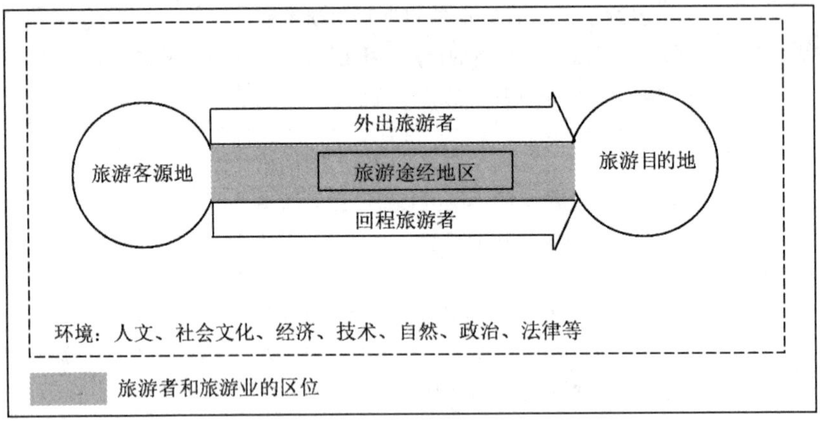


**图1-1　雷珀模型**

雷珀模型由如下三个基本元素构成。

**1. 旅游者**

旅游者是旅游活动的行为者，其他一切现象和关系皆因旅游者的活动而发生。

**2. 地理区域**

(1) 旅游客源地，即旅游业的客源产生市场，从某种意义上对旅游活动起着推动作用。旅游者搜索信息、进行预订以及动身出行都发生于这一地区。

（2）旅游目的地，这是受旅游影响最大的地区，旅游业发展的规划和管理战略的执行主要发生于这一地区。

（3）旅游途经地区，不仅是旅游者的旅行过往地区，而且是有可能进行顺便中转访问的地区。

**3. 旅游业**

旅游业泛指参与提供旅游产品的各类企业和组织，其中各行业的活动区位可在模型中得到辨识。例如，从事旅行代理和组团业务的旅行社主要活动于旅游客源地，旅游景点和食宿接待行业主要位于旅游目的地，交通运输行业的活动主要发生在客源地和目的地之间的旅游途经地区等。

雷珀模型除了思路简明、具有普遍的通用性外，其优点主要表现在以下方面。

（1）雷珀模型不仅能够说明通过交叉学科研究旅游的必要性，而且为旅游研究的范围建构了一个基本框架。

（2）雷珀模型的概括性之强可用以解释从区域乃至国际的任何层次的旅游体系。

（3）雷珀模型表明了旅游学研究中的一个非常重要的原理，即所有的旅游要素都是彼此联系、相互影响、相互作用的。从本质上讲，旅游学研究的就是旅游产品和服务的供需综合体系。

### （二）旅游活动角度的全面研究

加拿大学者斯蒂芬·史密斯从旅游者活动和旅游产业活动的角度进行了系统全面阐述，也从各个侧面诠释了旅游学研究领域的宽泛性。

**1. 旅游作为一种人类生活经历**

旅游是人们所进行的并时常从中感到乐趣的一种活动，要深入了解旅游现象，就要研究人的行为。由于人们的旅游行为和方式不同，旅行的原因也不同，所以需要运用心理学的方法解释和预测旅游行为、设计和促销旅游产品。

**2. 旅游作为一种社会行为**

旅游是一种社会文化活动，给旅游目的地的社会文化和经济带来各种影响。了解旅游者互相之间及其与当地居民和当地团体机构之间的社会相互作用，有助于缓和潜在的冲突，增进人们对社会行为及不同社会结构和运转状况的理解。

**3. 旅游作为一种地理现象**

从旅游客源地到旅游目的地的旅行是旅游的一个固有的、突出的特征。地方和区域性的旅游业常常按照地理界线分布形成。地理学研究有助于确认和分析旅游功能区域的存在，预测旅游客源地和旅游目的地之间的旅游流量，以及对旅游区域、度假区和旅游走廊进行形态学分析。

**4. 旅游作为一种财源**

许多地区非常重视本地旅游企业的发展，因为旅游业具有从其他地区吸引货币收入而对环境产生最小影响的潜力。但旅游在成功地吸引旅游者来欣赏和维持当地重要特色的同时，也带来了破坏这种特色的因素。作为一种社区财源，旅游业的前途在于对其可能产生的收益和可能要付出的代价都从实际出发进行评价。

5. 旅游作为一种商业活动

对于从事旅游工作的大多数人来说，旅游业就是他们的就业所在和收入所在。然而旅游业是非常脆弱的，旅游经营商也会面临诸多问题，这既需要进行实用性旅游研究，又需要进一步开展基础性学术研究。

6. 旅游作为一种行业

旅游业是一个综合性很强的行业，为了顾及旅游业对各个地区的影响，就需要对旅游开展研究。

## 第三节　旅游学的框架体系

### 一、旅游学的学科性质

对于旅游学的学科性质，国内学术界曾有过诸多探讨，却始终未能得到统一。其中，大多数人认可的观点主要有以下几个。

**（一）旅游学是一门新兴学科**

如前所述，国外的旅游学研究距今不过百余年的历史，国内的旅游学研究则起步更晚，旅游学的学科体系建设和理论体系建设尚未成熟完善。在我国的旅游高等教育中，旅游管理长期以来一直作为工商管理的二级学科，直到2012年教育部普通高等学校本科专业目录中才被列为一级学科，相较于其他已经发展得比较成熟的学科而言，旅游学这一新兴学科现在仍处于构建与完善的阶段。

**（二）旅游学是一门综合性的交叉边缘学科**

旅游学的研究涉及许多学科，如社会学、经济学、美学、心理学、地理学、管理学、历史学、法学、文化学、生态学、环境学、建筑学、政治学等，与这些学科有着千丝万缕的联系。

这些学科对旅游学广泛而强有力的渗透和参与，主要有两方面的原因：一是旅游活动涉及各个领域，必会引起各门学科研究者的重视，借助某一学科的理论和方法从一个侧面揭示旅游活动的规律；二是当代科学的发展使各门学科都有超越自己原有的视野去拓展研究领域的趋势，从某种意义上说，这正体现了旅游学所要求的在更大范围内和更深程度上的综合和深化。

但旅游学并非这些学科知识的简单汇集杂合，而是综合了这些学科中可作为旅游现象和旅游过程的各种要素及其有机体，加以分析研究，从而揭示出旅游现象和旅游过程的规律性，并运用这些规律去指导旅游开发和旅游活动，借此作为旅游业发展的科学支撑体系，支持旅游业持续发展。因而旅游学具有高度的复杂性、广泛性和综合性等特点，是一门综合性的交叉边缘学科。

Note

### （三）旅游学是一门应用性较强的学科

从旅游学的发展历程可见，旅游学的研究内容大都来源于旅游活动的实践，是对旅游活动实践的经验总结和提炼，而通过研究得到的理论原理、一般规律又都服务于旅游活动的发展，并对其科学发展进行指导和规划，因而具有很强的应用性。

## 二、旅游学的学科体系

由于旅游学自身发展得不成熟，国外的研究中较少见到有关旅游学的学科体系方面的理论探讨，国内学者对此做了有益的探索，其中较有代表性的观点有以下几种。

### （一）基于旅游学研究内容的学科体系

李天元（1999）从旅游学的研究内容出发，即旅游学是研究旅游者、旅游业及双方活动对旅游接待地社会文化、经济和环境影响的科学，提出了旅游学的体系范围（图 1-2）[①]。

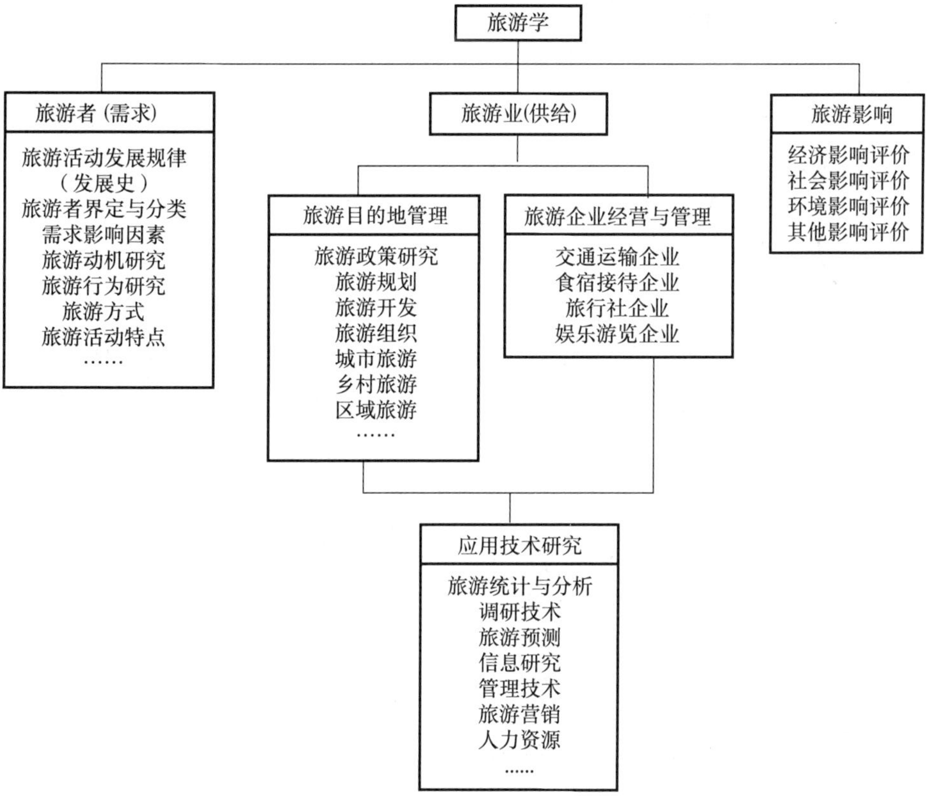


图 1-2　基于旅游学研究内容的学科体系

①李天元．旅游学的发展与旅游教育面临的挑战[J]．桂林旅游高等专科学校学报，1999(S2)：1-7.

### （二）基于多学科的学科体系

旅游学是一门多学科的综合性交叉学科，杜江、张凌云（2004）在查尔斯·格德纳等人的基础上提出了一个同心圆学科结构框架（图1-3）。同心圆的最外圈层是其他学科，如经济学、地理学、信息技术等；第二圈层是旅游学与相应的外层学科交叉而形成的分支学科，如旅游经济学、旅游地理学、旅游电子商务等；第三圈层就是最核心的部分——旅游学①。

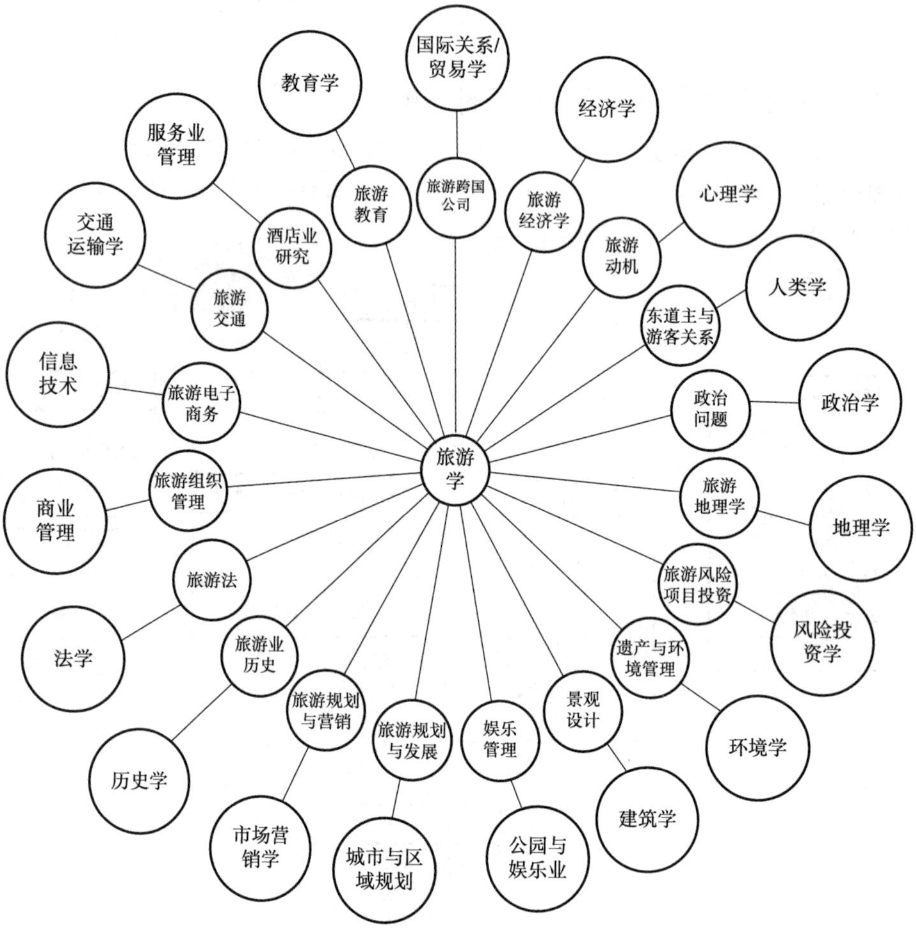


图1-3　旅游学的多学科框架体系

### （三）基于概念和理论的学科体系

谢彦君（2004）认为由于旅游学的特殊性，应基于其学科内核，对相关知识予以综合、整理，在概念与理论（方法）综合的基础上构建旅游学学科体系（图1-4）。该体

①张凌云．我国旅游学研究现状与学科体系建构研究[J]．旅游科学，2012（1）：13-25.

系包含四个各不相同又相互关联的模块：一是作为旅游学核心模块的旅游学所属的自足性分支学科，是依据不同类型的旅游活动、旅游方式和旅游诉求所划分的旅游学核心知识领域；二是针对旅游者活动所展开的交叉学科研究，由此形成如旅游心理学、旅游社会学、旅游人类学等分支学科；三是旅游学的扩展领域，集中研究旅游产业活动；四是研究旅游者需要（或需求）有旅游产业供给关系的学科①。

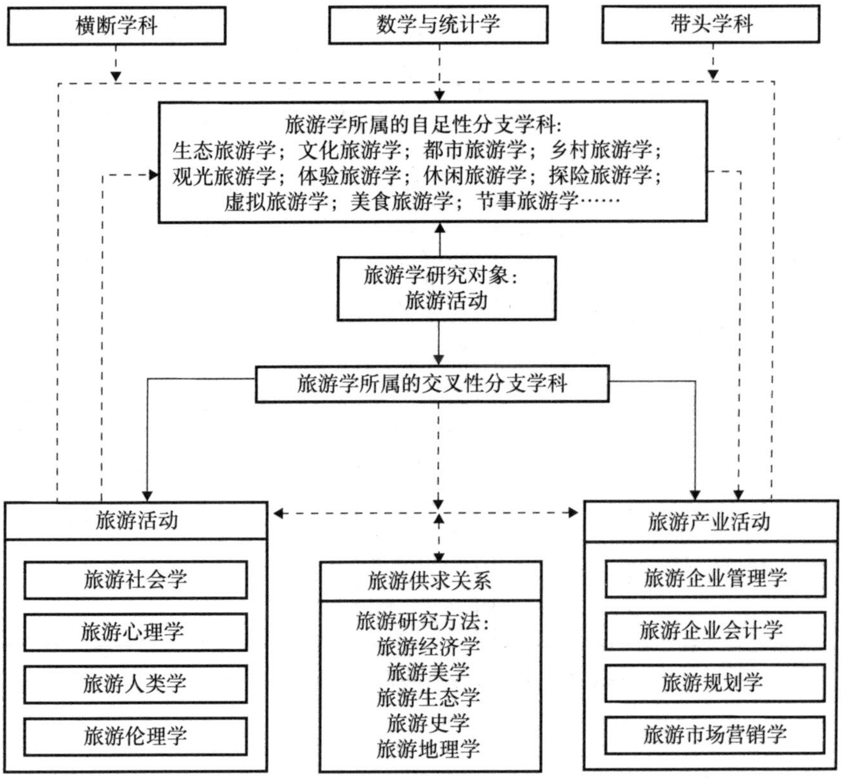


**图1-4 基于概念和理论的旅游学学科体系**

### （四）基于体验视角的学科体系

龙江智（2005）认为旅游的本质是体验，并以体验为视角将旅游学的研究领域划分为旅游体验本身、旅游场的管理及旅游体验对旅游者和旅游目的地的影响三大部分，从而构建了基于体验视角的旅游学学科体系（图1-5）②。

①谢彦君.基础旅游学[M].2版.北京：中国旅游出版社，2004.

②龙江智.从体验视角看旅游的本质及旅游学科体系的构建[J].旅游学刊，2005(1):21-26.

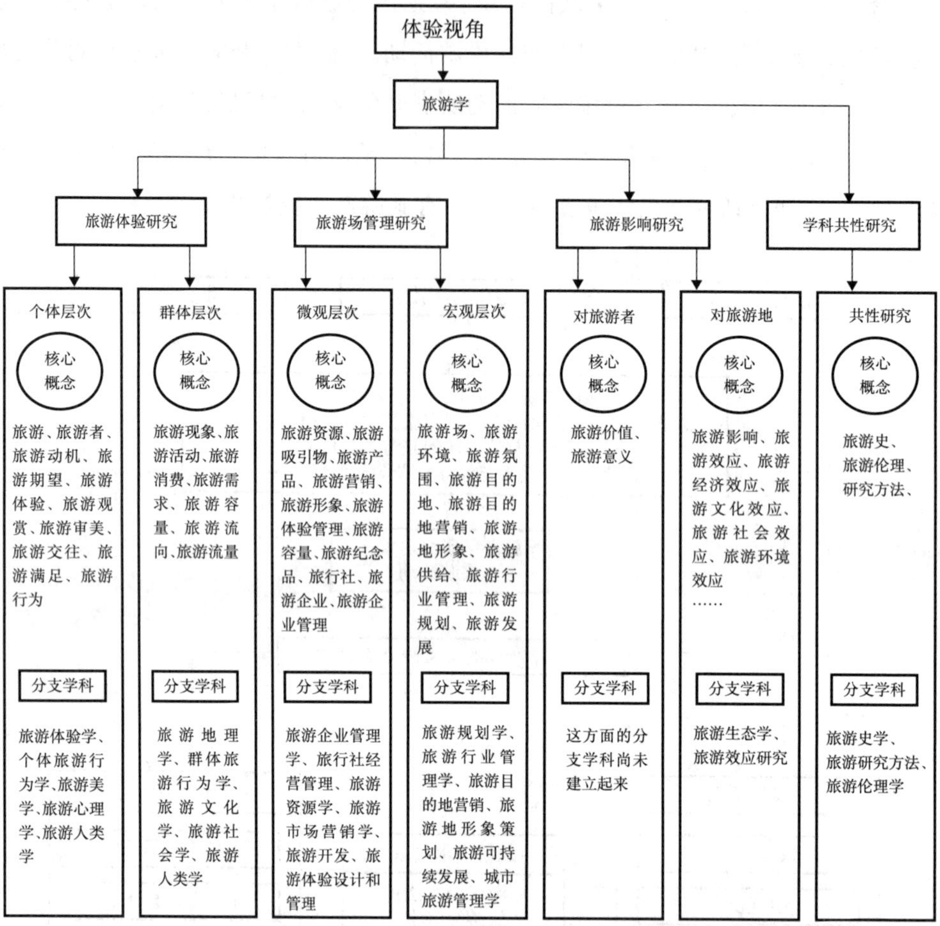


**图1-5　基于体验视角的旅游学学科体系**

## 核心关键词

旅游(Tourism)　　旅游学(Tourism Science)

研究对象(Research Object)　　研究内容(Research Contents)

学科性质(Discipline Nature)　　学科体系(Discipline System)

## 思考与练习

1. 国内外旅游学的研究各自有哪些特点？
2. 旅游学是一门怎样的学科？
3. 旅游学的研究内容主要有哪些？

# 第二章

## 旅游活动

**学习目标**

· 掌握旅游活动的概念,理解旅游活动的性质和属性。
· 了解旅游活动的主要类型。
· 掌握现代旅游活动的基本特征。

**问题导向**

什么样的活动才是旅游活动？它的主要类型和特点是什么？

## 第一节 旅游活动概述

### 一、旅游活动的界定

#### (一) 国内外研究领域的代表性定义

在国内外旅游学术界,旅游活动的定义众说纷纭,归纳起来主要有以下几种代表性定义。

Note

**1. 早期旅游活动的定义**

(1)我国早期的旅游概念。

在中国古代,“旅”和“游”是两个独立的概念。

“旅”的最早文字记载,出自《周易》第56卦《旅卦》中有“旅:小亨。旅贞吉。”意指行旅、商旅。东周时期,旅行分类更加清楚,以“旅”称商旅,以“征”称军旅,以“归”称婚旅,以“巡”称天子之旅,以“迁”称迁徙之旅。唐朝孔颖达《周易正义》中则将“旅”解释为“旅者,客寄之名,羁旅之称;失其本居而寄他方,谓之为旅”。

《说文解字》中对“游”的解释为“旌旗之流也”,意为旌旗末尾的流苏。后转指水流,引申为不固定的、经常移动的。“游”有异体作“遊”,指游玩、游览,如《尚书·大禹谟》中的“罔游于逸”、《礼记·学记》中的“息焉游焉”等,可解释为闲暇无事之为游,表明中国先民的外出游览活动必须在业余时间进行的观念是很强的。

“旅游”一词最早出现在南朝梁诗人沈约的《悲哉行》一诗中,“旅游媚年春,年春媚游人。徐光旦垂彩,和露晓凝津。时嘤起稚叶,蕙气动初苹。一朝阻旧国,万里隔良辰”。诗中的“旅游”一词在当时已含有外出游览之意。

此外,我国的传统文献中还有一词与“旅游”的词义接近,即“观光”。现在人们普遍认为《易经》中的“观国之光”①便是现在“观光”一词的由来。

“旅”与“游”二字,从分述到连用,不仅明确了旅游活动的空间属性,即必须通过旅行并在异地进行游览活动;也明确了旅游活动的审美属性,尽管旅途劳顿,但最终的目的是追求身心愉悦、获得精神享受。

(2)西方早期的旅游概念。

“Tour”一词源于拉丁语的“Tornare”和希腊语的“Tornos”,其含义是车床或圆周,围绕一个中心点或轴的运动。“Tourism”一词最早出现在1811年英格兰的《体育杂志》上,后来被收入《牛津词典》,解释为离家远行又回到家里,在此期间参观游览一个或几个地方。

在《韦伯斯特大词典》中,对“Tour”的解释是“一个人回到其出发地所经历的旅程;是一次出自商务、娱乐或教育目的所做的旅行,旅行期间通常按计划的线路访问不同的地方。”

**2. 经济学角度的旅游活动定义**

旅游学的研究始于经济学对旅游活动带来的经济影响的关注,在经济学家看来,旅游的功能是从国外向国内输入资金,其意义在于旅游支出对该经济体中的各部门尤其是酒店经营者所产生的影响。基于此,奥地利经济学家赫尔曼将旅游活动界定为“外国或外地人口进入非定居地并在其中逗留和移动所引起的经济活动的总和。”

**3. 文化学和社会学角度的旅游活动定义**

旅游活动是一种社会文化活动,有不少学者从文化学或社会学的角度对旅游活动进行界定。

Note

①出自《易经》:“观国之光,利用宾于王。”

法国学者让·梅特森认为:“旅游是一种休闲的活动,它包括旅行或在离开定居地点较远的地方逗留。其目的在于消遣、休息,或为了丰富它的经济和文化教育。”奥地利维也纳经济大学旅游研究所则认为:“旅游可以理解为暂时在异地的人的空余时间的活动,主要是出于休养,其次是出于教育、扩大知识和交际的目的的旅行,再是参加这样或那样的组织活动,以及改变有关的关系和作用。”强调旅游活动的目的是消遣、文化、教育和交际。

美国学者麦金托什和格伯特则将旅游定义为:“在吸引和接待旅游及其访问者的过程中,由于旅游者、旅游企业、东道政府及东道地区的居民的相互作用而产生的一切现象和关系的总和。”道格拉斯·皮尔斯也认为:“从一个更为技术性的意义上来说,可以把旅游看作是人们出于休息和娱乐的目的而旅行以及暂时居留而引起的关系与现象。”重点关注旅游活动引起的各种现象和关系。

我国学者于光远(1985)对旅游下的定义是:“旅游是现代社会中居民的一种短期性的特殊生活方式,这种生活方式的特点是异地性、业余性和享受性。”强调旅游活动是一种生活方式。

**4. 官方或半官方的旅游活动定义**

1942年,瑞士学者汉泽克尔和克拉普夫在《旅游总论概要》一书中,提出“旅游是非定居者的旅行和暂时逗留而引起的现象和关系的总和。这些人不会导致长期定居,并且不牵涉任何赚钱的活动”。这一定义在20世纪70年代被国际旅游科学专家协会(International Association of Scientific Experts in Tourism,简称AIEST)采用为该组织对旅游的标准定义,故而也被人称作“艾斯特定义”。

世界旅游组织在1980年马尼拉会议之后,曾提到要用“人员往来”(Movements of Persons)取代“旅游”(Tourism)一词,并将其定义为“人们出于非移民的目的及和平的目的,或者出于能够导致实现社会、经济、文化及精神方面的个人发展及促进人与人之间的了解和合作等目的而进行的旅行活动”。

1995年,世界旅游组织和联合国统计委员会针对旅游统计的问题,在技术上将旅游活动定义为“人们为了休闲、商务和其他目的,暂时离开自己的惯常环境(历时不超过一年),到其他地方进行的旅行及在该地的逗留活动”。

### (二) 旅游活动的基本特征

综合上述定义,可以总结出旅游活动的基本特征。

**1. 旅行与逗留的合成性**

旅游活动是由“旅”(旅行)和“游”(游憩)两部分组成的。前者指旅游者在其惯常居住地与旅游目的地之间的往返,以及在不同旅游目的地之间往来的空间位移活动;后者则泛指旅游者在旅游目的地停留期间的生活以及所开展的各种访问活动。

**2. 异地性**

旅游活动是人们离开自己的惯常环境(Usual Environment),前往他乡开展的旅行和访问活动。惯常环境是指一个人在近一年的大部分时间内所居住的环境,或者虽然在这个地方只住了较短的时间，但在12个月内仍将返回的地方。世界旅游组织对于“惯常环境”这一表述的使用，其目的就在于排除人们在自己惯常居住地范围之内开展的日常生活旅行活动，排除人们在自己居住地点与工作地点之间的经常性通勤活动，以及排除所有其他具有常规性特点的日常旅行活动。

**3. 暂时性**

这里所谓的暂时性，按照国际上对入境旅游者的统计口径，指的是外来旅游者在旅游接待国的连续停留时间不得超过一年，否则将被视为临时移民或永久移民，而不能再纳入来访旅游者的统计范畴。至于国内旅游者在到访地区连续停留的时限，按照联合国世界旅游组织的规范，一般不超过6个月，但目前各国旅游统计中多有不同的规定。

**4. 非移民性和非就业性**

旅游活动是人们出于移民或就业目的之外的、外出他乡的旅行和访问活动。换言之，不论是举家搬迁或移民他乡的外出旅行，还是因旨在去异国他乡打工挣钱而发生的旅行活动，都不属于旅游活动的范畴。

基于以上四个基本特征，旅游活动可以定义为：人们出于移民和就业以外的其他目的，暂时离开自己的惯常环境，前往外地开展的旅行和逗留活动。

## 二、旅游活动的要素

### （一）“六要素”说

就旅游活动所涉及的内容而言，一般可以将其归纳为食、住、行、游、购、娱六个方面，也就是通常所说的旅游活动的“六要素”。

### （二）“三要素”说

根据旅游活动得以开展必须涉及的条件，或者将旅游活动作为一个体系的构成，旅游活动由主体、客体、中介体三要素组成，也即国内外学术研究中所指的旅游活动的“三要素”。

旅游活动的主体是旅游者；客体是满足主体来访目的的旅游资源或旅游对象；中介体则是帮助主体完成其旅游经历，为其提供各种便利服务的旅游业。三者相互依存、相互制约、紧密结合，共同构成一次完整的旅游活动。

## 三、旅游活动的属性

旅游活动是一种综合现象，其基本属性包括经济、文化、社会、政治等多个方面。

### （一）旅游活动的经济属性

旅游活动的经济属性主要体现在两个方面，即旅游活动形成的经济基础和旅游活动过程的经济属性。

1. 从旅游活动形成的经济基础来看

旅游活动是社会经济发展到一定阶段的必然产物。旅游活动产生和发展的根本原因在于社会生产力的发展和科技的进步，人们的基本生活需要得到满足之后才能产生旅游动机，并在具备了足够的可自由支配收入、闲暇时间、便捷的交通、完善的接待设施等条件下，旅游动机转化为旅游行为。

2. 从旅游活动过程的经济属性来看

这是一种融旅游产品的生产、加工和服务过程与旅游产品的购买、消费和体验过程于一体的完整的经济活动过程。一方面，旅游者和旅游供给之间形成了经济交换；另一方面，旅游企业为旅游者提供产品和服务的过程是一种经济生产过程，无论对客源地还是目的地都有不同程度的直接或间接的经济影响，从而使得旅游活动表现出强烈的经济属性。

### （二）旅游活动的文化属性

旅游活动的文化属性主要表现在以下四个方面。

1. 旅游活动是文化驱使的结果

从历史发展的角度来看，人们只有在满足了基本的生活需要之后，才会产生享受性的旅游需要，且更多地表现为对自己知识视野的扩大和个性满足方面的需要，即对文化的需要。

2. 旅游者的产生需要内在的文化动因

旅游者本身是在一定的文化背景下产生的，他们的思维方式、生活习惯都带有文化的烙印。体验异国他乡的传统文化和风土人情是旅游者出行的重要目的和动机之一，怀着此种文化旅游动机的旅游者在感受异国、异族文化的同时，也把自身的文化传播到目的地国家和地区。

3. 目的地旅游资源和旅游设施是文化的载体

无论是自然旅游资源还是人文旅游资源，都具有丰富的文化内涵，甚至旅游过程中的接待设施，从外观设计到内在装饰，从服务项目提供到服务设施建设都体现出鲜明的地域特色和民族个性，这是地域文化的应用和展现。

4. 旅游活动具有审美属性，而审美是具有历史性、社会性、情感性的人类文化活动

人们之所以乐于进行旅游活动，是因为旅游活动能够满足他们对自然美、人文美、艺术美、生活美的欣赏和享受。人们通过美的陶冶和熏陶，达到身心放松、心情舒畅、精神欢娱的目的，从而获得精神文化层面的愉悦和享受。

### （三）旅游活动的社会属性

旅游活动不仅是经济、文化活动，也是十分复杂的社会现象。旅游活动的社会属性主要表现在以下三个方面。

1. 旅游活动是社会交往和交流的一种途径

旅游活动加快了人员、物质、信息和资本的流动，流动过程中，不同地区的人们相互接触和了解，增进了各地人们的社会交往活动。在旅游活动过程中，旅游者不

仅能够亲身了解其他国家和地区的政治、经济、文化、地理、社会风貌和风土人情,而且在旅途中能够接触当地不同年龄、职业的居民,通过交往促进情感上的交流。此外,旅游者来自四面八方,不同国家、地区、种族的旅游者聚集在一起会产生较大范围的交往活动。这种接触和交往的自由性,往往打破了种族、地区和信仰的限制,交流氛围一般轻松、愉快,能达到相互了解、增进友谊的目的。

**2. 旅游需要是社会发展的产物,并且受到社会发展和时代的影响而演变**

从20世纪60年代追求的"3S"旅游到现在普遍流行的乡村旅游、生态旅游、智慧旅游等,都反映了不同社会、不同时代在旅游价值观方面的变化。旅游价值观转变的根源是社会的进步,是人们人生观和价值观变化的必然结果。

**3. 旅游活动具有休闲属性**

休闲和劳动是人类生活不可缺少的对立统一的两个方面,而休闲是生产力发展到一定阶段产生的社会闲暇。旅游活动是发生在闲暇时间的行为,主要目的是追求愉悦、达到审美体验,其活动构成是众多休闲行为的再组合,换言之,旅游是生活的休闲手段,是当今社会人们的重要生活方式之一。

### (四)旅游活动的政治属性

旅游活动的政治属性主要表现在两个方面。

**1. 旅游活动能够增进各国的相互了解,促进国际和平**

在现代国际交往中,旅游活动素有"民间外交"之称,与正式外交相比,具有手续简单、出入方便的优点,对于增进国与国之间的了解,推动和维护世界和平具有显著的作用。

**2. 国际旅游活动在一定程度上体现着世界局势和国际关系**

欧洲共同体在建立欧洲联盟的进程中达成了一项欧盟成员国互免签证的协议,协议实施后,欧盟各国公民可以自由地在成员国内的任何一个国家出入,从而为欧盟成员国人民去欧盟各国从事商务和度假旅游活动提供了极大的便利。

# 第二节 旅游活动的类型

## 一、旅游活动的类型划分

当前国内外学界对旅游活动的类型划分尚无统一的标准,其中较为常见和典型的分类方式如表2-1所示。

**表2-1 旅游活动常见和典型的分类方式**

| 分类依据 | 主要类型 |
| --- | --- |
| 地理范围 | 国际旅游、国内旅游 |
| 旅行距离 | 近程旅游、中程旅游、远程旅游 |

续表

| 分类依据 | 主要类型 |
|---|---|
| 出游目的 | 消遣型旅游、因公差旅型旅游、因私事务型旅游 |
| 组织形式 | 团体旅游、散客旅游 |
| 计价方式 | 包价旅游、非包价旅游 |
| 费用来源 | 自费旅游、奖励旅游、社会旅游 |
| 消费水平 | 经济型旅游、标准型旅游、豪华型旅游 |
| 交通方式 | 航空旅游、铁路旅游、汽车旅游、游船旅游、徒步旅游 |
| 活动内容 | 观光旅游、度假旅游、文化旅游、宗教旅游、商务旅游、研学旅游、会议旅游 |
| 旅游资源性质 | 海洋旅游、温泉旅游、森林旅游、农业旅游、乡村旅游、生态旅游、民俗旅游、美食旅游 |

除了上述较为常见的划分标准以外，旅游活动还有其他一些分类方式，此处不一一列举。

## 二、按地理范围划分

按照地理范围划分，旅游活动可以分为国际旅游和国内旅游两种类型。就进行旅游活动的地理范围而言，国际旅游会涉及跨越一国乃至多国的国界，而国内旅游主要是在旅游者的惯常居住国境内进行，是否跨越国界是两者最根本的差别。

### （一）国际旅游

国际旅游（International Tourism）是指跨国开展的旅游活动，即一个国家的居民跨越国界到另一个或几个国家访问的旅游活动。

根据旅游者活动的范围，国际旅游可以分为跨国旅游、洲际旅游和环球旅游。

根据旅游者的流向，国际旅游可以分为入境旅游和出境旅游。对某一国家来说，入境旅游（Inbound Tourism）是指其他国家或地区的居民前来本国开展的旅游活动；出境旅游（Outbound Tourism）也称出国旅游，是指本国居民跨越国界，前往其他国家或地区开展的旅游活动。

在旅游统计工作中，根据旅游者在目的地国的停留时间，国际旅游可以分为：过夜的国际旅游，指旅游者在到访国家的停留时间超过24小时，即在该国住宿设施过夜的国际旅游活动；不过夜的国际一日游，指旅游者在到访国家的停留时间不足24小时，不在该国住宿设施中过夜，而是当日离境的国际旅游活动。

需要特别说明的是，在我国的旅游统计中，一直将港澳台同胞来内地（大陆）的旅游访问活动视为入境旅游，将内地（大陆）的居民前往港澳台地区的旅游访问活动列为出境旅游。香港、澳门和台湾都是中国的领土，严格意义上讲，无论是港澳台地区的居民前来内地（大陆）旅游，还是内地（大陆）居民赴港澳台地区访问，都不属于国际旅游。但由于目前的国情，台湾同祖国大陆尚未实现统一，香港和澳门作为特别行政区高度自治,特别是考虑到港澳台同胞来内地(大陆)旅游时的消费开支被纳入内地(大陆)旅游外汇收入的组成部分,所以迄今为止仍将其纳入国际旅游的统计范畴。

### (二)国内旅游

国内旅游(Domestic Tourism)是指人们在其居住国境内开展的旅游活动,通常是指一个国家的居民离开自己的常住地,到本国境内其他地方进行的旅游活动。需要特别指出的是,按照世界旅游组织的解释,并不属于所在国居民的常驻(在所在国的连续驻留时间已达一年或更长)外国人在所在国境内进行的旅游活动也属于国内旅游。

根据旅游活动的范围,国内旅游又可以分为地方性旅游、区域性旅游和全国性旅游。在旅游统计中,如国际旅游一样,根据旅游者在目的地的停留时间将其划分为过夜的国内旅游活动和不过夜的一日游。事实上,目前世界各国对于是否将不过夜的一日游纳入国内旅游人次的统计做法不一,但却不约而同地将一日游的消费额纳入旅游收入的统计范畴。

国际旅游和国内旅游在地理范围、便利程度、停留时间、消费程度、文化影响等方面都有差异,但各个国家和地区更为关注的则是两者的经济作用。在国际旅游中,无论是入境旅游还是出境旅游,旅游者都会将其在客源国的所得收入用于在旅游接待国消费,从而直接造成国家之间的财富转移。对于旅游接待国而言,国际旅游者到访期间的消费会形成一种外来的经济"注入",能够直接带来国家财富总量的增加,可将由此产生的旅游外汇净收入用于弥补国际收支逆差。国内旅游消费并不直接带来国家财富总量的增加(假定不考虑这些消费对国内其他生产部门的刺激),只是促进国内财富在地区间的重新分配。

## 三、按费用来源划分

按照费用的来源划分,旅游活动可以分为自费旅游、奖励旅游和社会旅游。

### (一)自费旅游

自费旅游(Self-funded Tourism)是指全部旅游费用都由旅游者自己承担的旅游活动。

### (二)奖励旅游

根据国际奖励旅游协会的定义,奖励旅游(Incentive Tourism)是一种现代化的管理工具,目的在于给协助企业达到特定目标的参与人员一个尽情享受、难以忘怀的旅游假期作为奖励;同时也是企业安排的以旅游为诱因、以开发市场为最终目的的客户邀请活动。根据这一定义,奖励旅游是以达到特定的企业目标为目的,以企业内部员工和外部客户为对象,以免费旅游为奖励措施,其实质是现代企业的一种管理工具和市场开发手段。

与传统的旅游活动相比,奖励旅游的特点主要表现在以下方面。

1. 福利性

奖励旅游的费用由企业支出，并委托专业机构精心策划和组织，目的地通常会选择旅游资源丰富、特色鲜明、配套设施齐全、综合接待能力较强的地区，正如《中国旅游百科全书》中所言：奖励旅游是一种带薪的、休闲的、免费的旅行游览活动。

2. 公务性

奖励旅游是带有公务性质的专项旅游，会议与奖励相结合的倾向越来越明显，企业会在旅游过程中不失时机地进行培训教育等活动，有的放矢地显示内部营销的组织性和亲和力，从而有利于增强员工对企业宗旨和使命的认可，有助于增进员工之间的沟通和友谊。

3. 激励性

奖励旅游的目的是激发员工的工作积极性、凝聚员工的向心力，塑造企业文化，提高企业的经营业绩。

4. 参与性

奖励旅游经常会加入一些参与性活动，如企业年会、颁奖典礼、主题晚宴等活动，为企业员工与管理者共同参与企业发展创造条件。因此，奖励旅游是一种特殊的高级旅游经历。

### （三）社会旅游

社会旅游（Social Tourism），也称社会补助性旅游，有些国家采取国家或地方政府、工作单位、工会或户主所属的其他组织团体提供资助或补助的办法，帮助低收入的贫困家庭实现旅游。

提供资助或补贴的做法各国不尽相同，主要有以下几种类型：由雇主企业给员工发放一定的度假补贴；由国家或地方政府及其他社会组织资助兴建度假中心，对此类度假者实行费用减免；通过工会组织度假储金会，帮助低收入员工筹集度假费用等。

社会旅游通常都是有组织地进行，一般都是选择本国境内的旅游度假地，有时也有可能根据实际旅游距离和费用情况选择前往邻国旅游或度假。

## 四、按旅游目的划分

以旅游目的作为划分标准，旅游活动的类型非常丰富，既包括观光旅游、度假旅游、商务旅游、宗教旅游、探险旅游等传统的旅游活动类型，也包括生态旅游、乡村旅游、红色旅游、体育旅游、工业旅游、康养旅游等新兴的旅游活动类型。下面选择其中较为常见的类型进行简要介绍。

### （一）观光旅游

观光旅游（Sightseeing Tourism）是以欣赏自然景观、历史古迹遗址、民俗风情等为主要目的和游览内容的旅游活动。观光旅游是最古老、最常见、最基本的旅游活动类型，也是世界上开展最为普遍的旅游活动类型。

观光旅游的主要特点如下。

(1) 以观赏景观为主,参与性和交流性不强。

(2) 观光范围广,流动性大,适应性强,接待方便。

(3) 活动空间范围和自由度大,逗留时间短,重游率较低。

(4) 旅游者对价格比较敏感,在旅游地实现的消费量较少。

### (二) 度假旅游

度假旅游(Vacation Tourism)是以度假和休闲为主要目的和内容的旅游活动,是旅游者为追求闲适、寻求幽雅清净的生活环境,以欢度假期、消除疲劳、放松身心、避暑防寒和参加一些有特色的消遣娱乐活动为主要目的的旅游活动类型。

度假旅游的主要特点如下。

(1) 目的是身心休息和放松,强调舒适性和享受性。

(2) 旅游者多为带薪度假者或富裕阶层,对旅游环境、旅游设施、旅游产品的质量和旅游安全比较敏感。

(3) 旅游目的地多选在空气清新、风景优美的地方,如海滨、山地、森林、温泉、乡村等。

(4) 出游季节性强,在目的地的逗留时间较长,重游率较高。

### (三) 商务旅游

商务旅游(Business Tourism)是职业人士以商业经营、贸易洽谈、会议、科技交流等工作为目的的旅游活动,是将商务活动和观光游览、休闲度假相结合的旅游形式。

根据国家标准《旅游业基础术语》(GB / T16766—2017),商务旅游除了传统的商贸经营外,还包括参加行业会展、跨国公司的区域年会、调研与考察、公司间跨区域的技术交流、产品发布会以及公司奖励旅游等。

商务旅游是最古老的旅游类型之一,主要特点如下。

(1) 出游频率高,季节性较小。

(2) 消费水平高,重视旅游设施和服务的舒适性和档次。

### (四) 会展旅游

国际上通常将会展表述为MICE。M(Meeting)表示企业会议;I(Incentive)表示奖励旅游;C(Convention /Conferencing)表示大型会议,主要是协会和社团组织的会议;E(Exhibition/Exposition & Events)表示展览和节事活动。会展旅游(MICE Tourism)是指通过举办各类会议、展览、节庆活动等,吸引旅游者前来洽谈贸易、观光旅游,进行技术合作、信息沟通、人员互访和文化交流,并带动交通、旅游、商贸等多项相关产业发展的旅游活动。

会展旅游的主要特点如下。

(1) 内容主题明确,信息交流广泛。

(2) 出游计划性强,受季节影响小。

(3) 停留时间长,消费档次高,经济联动性强。

### （五）文化旅游

文化旅游(Cultural Tourism)是以社会物质文化和精神文化为旅游对象的旅游形式，是旅游者为体验、考察、认识、了解、学习旅游地物质文化和精神文化所进行的旅游活动，是旅游地或旅游企业为显现旅游地文化特性和文化品格、凸显文化精神并获取经济利益所组织、从事的旅游活动。文化旅游的形式丰富多彩。

文化旅游是一种深度旅游活动，其主要特点如下。

(1) 主体的文化体验性，旅游者的主要目的是认识、学习和体验旅游地的文化特性而获得精神享受。

(2) 客体的文化综合性，它以社会物质文化和精神文化为旅游对象，时间维度涵盖历史文化层和现代文化层，表现形态更是丰富多彩，包括历史文化旅游、民俗文化旅游、建筑文化旅游、宗教文化旅游、饮食文化旅游、艺术欣赏旅游等。

(3) 个体的文化创意性，旅游经营主体需将自然与社会文化深度组合创造景观、开发各种富有文化内涵和深度体验的旅游项目。

(4) 活动的文化持续性，注重综合效益的协调、文化旅游资源的保护和可持续发展。

与文化旅游相对的是自然旅游(Nature Tourism)。自然旅游是以各种地理环境或生物构成的自然景观为吸引物的旅游活动。包括森林旅游(Forest Tourism)、草原旅游(Prairie Tourism)、湿地旅游(Wetland Tourism)、观鸟旅游(Bird Watching Tourism)、山岳旅游(Mountain Tourism)、海洋旅游(Marine Tourism)等。

**概念辨析**

**文化旅游与旅游文化**

文化旅游是指以观赏异国异地传统文化、追寻文化名人遗踪或参加当地举办的各种文化活动的旅游形式。

旅游文化是指旅游主体、客体和媒体内在的及其相互作用所产生的物质成果和精神成果的总和。

文化旅游和旅游文化两个概念都是旅游与文化的组合，具有文化属性这一共性。但从词性结构来看，旅游文化中“旅游”是“文化”的限定词，侧重点在文化，强调旅游活动过程的所有文化现象，研究的重点是旅游活动的文化属性；而文化旅游的重心在旅游，“文化”是“旅游”的限定词，强调旅游活动的形式和类型，研究的侧重点是旅游活动的对象物，如文化旅游产品及其开发设计等。

两者的联系在于，旅游文化的理论研究对文化旅游的实践有促进作用，反之，文化旅游的实践性发展有助于旅游文化的理论进一步完善。

### （六）乡村旅游

乡村旅游(Rural Tourism)是指以乡村地区为活动场所，以具有乡村性的自然和人文资源为旅游吸引物，融观光、体验、休闲、学习、娱乐、购物、度假等于一体的旅游活动。

乡村旅游的主要特点如下。

(1) 旅游对象是乡村地区的自然和人文资源，包括自然环境、田园风光、农事生产、农耕文化、农舍村落、生活方式、风土人情等。

(2) 旅游者多为城市游客，活动和消费场所在乡村，活动内容注重参与性和体验性。

**概念辨析**

**乡村旅游与农业旅游**

农业旅游的概念最初起源于西方，目前尚无统一的、普遍认可的概念。我国在研究农业旅游时，经常将乡村旅游、农业生态旅游、观光农业旅游、休闲农业、农家乐、都市农业旅游、体验农业旅游、农村旅游等概念混淆。综合现有的研究，农业旅游的概念集中于乡村类农业旅游、都市类农业旅游、综合类农业旅游三种观点。

张蓓(2012)将都市农业旅游定义为：在城市郊区和城乡接合部范围内，以现代都市农业的生产和生态景观、社会主义新农村风貌、农民劳动生活场景等为旅游资源，以观光农园、农业科技园、农业主题公园、农业会展、农事节庆活动、民俗旅游村、综合度假村等为旅游吸引物，以满足城市居民旅游需求，并实现都市农业观光休闲、示范推广、科普教育等功能拓展，产生经济、环境和社会综合效益的新型复合旅游活动①。

根据《旅游业基础术语》(GB / T 16766—2017)，农业旅游是以农村风光、各类农业(包括林业、牧业和渔业)生产活动，以及各种当地民俗节庆活动作为主要吸引物的旅游活动。

程道品、梅虎(2004)将农业旅游定义为：以大农业资源和农村特色为依托，集科研、观赏、娱乐、文化、购物、度假、健身等功能于一体的特殊旅游活动，其目的是实现社会、经济和生态效益的高度统一。并将农业旅游分为四类，即观光农业旅游、农家乐旅游、乡村旅游(主要是田园风光休闲型农业旅游)和都市农业旅游②。

①张蓓.都市农业旅游研究综述与展望[J].经济论坛，2012(6):124-127.

②程道品，梅虎.农业旅游研究综述[J].改革与战略，2004(10):28-31.

### （七）生态旅游

生态旅游(Ecotourism)的概念由世界自然保护联盟(IUCN)顾问、墨西哥人塞巴洛斯·拉斯奎林(H. Ceballos Lascurain)于1983年首次提出。国际生态旅游协会对生态旅游的解释为：在一定的自然区域中保护环境并提高当地居民福利的旅游行为，是具有保护自然环境和维护当地人民生活双重责任的旅游活动。

《旅游业基础术语》(GB / T 16766—2017)将生态旅游定义为：以独特的生态资源、自然景观和与之共生的人文生态为吸引物，促进旅游者对自然、生态的理解与学习，提高对生态环境与社区发展可持续的责任感为重要内容的旅游活动。

2016年，国家发改委、国家旅游局(现变更为中华人民共和国文化和旅游部)组织编制了《全国生态旅游发展规划(2016—2025年)》，将生态旅游解释为：以可持续发展为理念，以实现人与自然和谐为准则，以保护生态环境为前提，依托良好的自然生态环境和与之共生的人文生态，开展生态体验、生态认知、生态教育并获得身心愉悦的旅游方式。

生态旅游的主要特点如下。

(1) 保护性和可持续性。生态旅游的主要目的是增进环保、崇尚绿色、倡导人与自然和谐共生，要求旅游各利益主体对生态环境具有高度的责任意识，符合可持续发展理念。

(2) 自然性和限制性。生态旅游目的地的自然环境和人文环境大多保留着自然原始的状态，以自然生态风光和原生态的文化和生活方式为主要吸引物，对旅游者数量和接待设施有一定的限制。

(3) 参与性和多样性。我国的生态旅游已初步形成了以自然保护区、风景名胜区、森林公园、地质公园及湿地公园、沙漠公园、水利风景区等为主要载体的生态旅游目的地体系，基本涵盖了山地、森林、草原、湿地、海洋、荒漠及人文生态七大类型，生态旅游产品日趋多样，深层次、体验式、有特色的产品更受到青睐，探险旅游、科考旅游、生态养生旅游、野生动物观赏旅游等逐渐成为新热点。

(4) 教育性和高品位性。生态旅游具有较强的教育功能，不仅是对旅游者的环境伦理教育，还包括对当地居民、旅游经营者和从业人员的教育。生态旅游的高品位性则表现在其强烈的环境意识、丰富的科学和文化信息以及高品位的生态旅游者。

### （八）体育旅游

体育旅游(Sports Tourism)是人们以参加或观看体育运动为目的，或以体育为主要内容，具有体育和旅游双重目的的旅游活动。

体育旅游包括以下几种。

(1) 参与型体育旅游，也称运动型体育旅游，是旅游者以参与某项体育运动为目的的旅游活动，如冰雪运动、水上运动、山地户外运动、传统民族民俗运动等。

(2) 观赏型体育旅游，也称赛事型体育旅游，旅游者的主要目的是以观赏竞技性的体育赛事、欣赏体育表演等为主，融观光、休闲、度假于一体的旅游活动。

（3）怀旧型体育旅游，即因向往返回或重温过去时光，或对历史上某一重大体育事件或与自身有关的体育事件的怀旧而引起的旅游活动，包括实物怀旧和社会经验事件怀旧，如奥林匹克体育场、体育博物馆、主题邮轮等。

体育旅游的主要特点如下。

（1）地域性和季节性明显，参与性和体验性强。

（2）参与者由于对某一活动有着特殊爱好而反复参与，重游率较高。

（3）参与型体育旅游对旅游者的身体素质和特定的技术技能有一定的要求。

（4）部分项目具有向大自然和人类极限挑战的性质，参与时存在一定风险，对突发事故防范的要求极高。

（5）需购置专用服装、工具等用品，或聘请专业向导或教练，消费水平较高。

### （九）红色旅游

2004年12月，中共中央办公厅、国务院办公厅印发《2004—2010年全国红色旅游发展规划纲要》，第一次提出“红色旅游”的概念。红色旅游（Red Tourism）主要是指，以中国共产党领导人民在革命和战争时期建树丰功伟绩所形成的纪念地、标志物为载体，以其所承载的革命历史、革命事迹和革命精神为内涵，组织接待旅游者开展缅怀学习、参观游览的主题性旅游活动。

发展红色旅游，对于加强革命传统教育，增强全国人民特别是青少年的爱国情感，弘扬和培育民族精神，带动革命老区经济社会协调发展，具有重要的现实意义和深远的历史意义。发展红色旅游有利于加强和改进新时期爱国主义教育，有利于保护和利用革命历史文化遗产，有利于带动革命老区经济社会协调发展，有利于培育发展旅游业新的增长点。

红色旅游的主要特点包括思想教育的直接性、政策的扶持性、内容和形式的时代性、旅游资源的整合性。

**概念辨析**

**黑色旅游**

黑色旅游的研究兴起于20世纪90年代，但黑色旅游活动却早已存在，如观看古罗马角斗士表演、宗教信徒前往宗教核心人物遇难地祭拜等，直到1996年，列农和弗勒才提出用“黑色旅游”（Dark Tourism）来定义这种旅游现象，并出版了《黑色旅游：死亡与灾难的吸引力》一书，认为黑色旅游是“以与死亡、灾难、暴力等相关的旅游产品为主要吸引物来引起旅游者基本空间移动的活动”①。之后，黑色旅游逐渐成为国外学术界的研究热点，但对其概念的界定始终未能达成共识。斯通（2005）认为黑色旅游是“旅游者前往以死亡、灾难等为主题的已开发或初步开发的旅游

①Lennon J，Foley M. Dark Tourism：the Attraction of Death and Disaster[M]. London:Continuum，2000.

目的地、纪念馆等进行纪念、参观、游览等的活动”[①]。

### （十）研学旅游

研学旅游(Study Tourism),也称研学旅行、修学旅游、修学旅行,是以教育或求知为目的的旅游活动,包括参加结合课程教学而进行的现场教学、野外实习和考察及参观大学校园等活动。我国古代人民就认识到旅行对增长知识、开阔眼界的重要作用,并对其十分重视。西方中世纪时已有修学旅游,当时西欧一些国家的贵族将其子女送到历史文化悠久的意大利、法国等地学习文化、历史、艺术、语言和科学技术等;16世纪时修学旅行已成潮流,即后世所称的“大游学”或“大旅行”(The Grand Tour),参与者多为青年学生。

2013年,国务院发布的《国民旅游休闲纲要(2013—2020)》,首次提出研学旅行的概念。《研学旅行服务规范》(LB/T 054—2016)中,将研学旅行定义为:以中小学生为主体对象,以集体旅行生活为载体,以提升学生素质为教学目的,依托旅游吸引物等社会资源,进行体验式教育和研究性学习的一种教育旅游活动。

2016年11月,教育部、国家发改委等11部门发布《关于推进中小学生研学旅行的意见》(教基一〔2016〕8号),指出中小学生研学旅行是由教育部门和学校有计划地组织安排,通过集体旅行、集中食宿方式开展的研究性学习和旅行体验相结合的校外教育活动,是学校教育和校外教育衔接的创新形式,是教育教学的重要内容,是综合实践育人的有效途径。开展研学旅行,有利于促进学生培育和践行社会主义核心价值观,激发学生对党、对国家、对人民的热爱之情;有利于推动全面实施素质教育,创新人才培养模式,引导学生主动适应社会,促进书本知识和生活经验的深度融合;有利于加快提高人民生活质量,满足学生日益增长的旅游需求,从小培养学生文明旅游意识,养成文明旅游行为习惯。

### （十一）遗产旅游

遗产旅游(Heritage Tourism)是以遗产资源为旅游吸引物,到遗产所在地去欣赏遗产景观、体验遗产文化氛围的旅游活动。遗产旅游活动产生于18世纪晚期的欧洲,但1975年欧洲的“建筑遗产年”一般被认为是遗产旅游成为大众消费需求的标志。

从旅游者角度来看,遗产旅游是一种高层次的旅游活动方式,其目的主要是获得一种文化上的审美体验和景观欣赏。对遗产旅游产品供给者(旅游企业、当地社区、遗产管理部门等)来说,遗产旅游是一种更深层次的旅游开发经营管理理念,是一种遗产资源的可持续利用模式。对地方政府部门来说,遗产旅游是以相关法律、法规、政策观念为指导,注重保持遗产资源的真实性和完整性,以保护遗产地的原

① Stone P R. Dark Tourism Consumption—A call for research[J]. e-Review of Tourism Research ,3(5),2005.

Note

生态文化和生态系统的平衡，提高居民生活质量，发展地区经济，让社区居民和旅游者在遗产旅游的互动过程中得到教育，是旅游业可持续发展的一种实现方式①。

### （十二）宗教旅游

宗教旅游（Religious Tourism）是以朝觐、求法、取经或宗教考察等宗教活动或体验宗教文化为目的的旅游活动。宗教旅游是世界上的古老旅游类型之一，并逐渐由纯宗教目的的旅游活动发展为观光游览和宗教活动相结合的旅游形式。

宗教旅游的主要特点如下。

（1）客源市场稳定，旅游者逗留时间较长，重游率较高。

（2）目的地一般是环境优雅、历史价值和艺术价值较高的宗教圣地。

（3）旅游活动多与宗教活动相结合，具有一定的周期性和规律性；旅游服务和设施要尊重宗教要求。

### （十三）民俗旅游

民俗旅游（Folklore Tourism）是以民俗活动、民俗风情和民俗节庆为主要吸引物的旅游活动。民俗旅游本质上是一种文化旅游活动，依托于各地不同的民俗文化，包括生活文化、生产文化、饮食文化、婚姻家庭和人生礼仪文化、口头传承文化、民间歌舞娱乐文化、节日文化、信仰文化等。

民俗旅游的主要特点如下。

（1）区域性，旅游地民俗文化资源特色显著，具有较强的吸引力。

（2）传承性，不同地区的民俗文化在祖祖辈辈的繁衍中传承下来，并在不断吸收其他先进文化的过程中向更高的文明迈进。

（3）参与性，包括旅游者在旅游活动过程中的参与和体验，也包括当地居民对于民俗旅游开发的普遍参与。

**概念辨析**

**民族旅游**

民族旅游（Ethnic Tourism）是不同的民族旅游者以某一民族聚居区域为旅游目的地，以体验民族风情、独特自然生态环境和少数民族文化真实性为目的的旅游活动。在国外，民族旅游一般多是指到土著民族居住区旅游，也称为土著民旅游或原住民旅游。②

民族旅游介于自然旅游与文化旅游之间，民族地区的自然景观、社会环境和民族文化都是民族旅游资源的组成部分。

Note

①刘庆余，弭宁，张立明．遗产旅游的概念与内涵初探[J].国土与自然资源研究，2008(1)：75-76.

②李忠斌，文晓国．对民族旅游概念的再认识[J].广西民族研究，2012(4)：177-184.

### （十四）健康旅游

健康旅游(Health Tourism)是以疗养或治疗疾病、恢复体力、增进身体健康为主要目的,以医疗护理、疾病与健康、康复与休养为主题的旅游活动,包括温泉疗养、健身、海水浴疗、沙疗和其他医疗如针灸、草药治疗等。

**概念辨析**

**健康旅游**

具有现代意义的健康旅游的定义最早出自Goodrich(1987),他认为健康旅游是通过推销其健康服务和设施吸引旅游者前往旅游接待设施(如酒店)或目的地(如巴登、瑞士)。在西方的研究中,健康旅游是包括疗养旅游、康养旅游和医疗旅游等概念的统称。

1.疗养旅游

疗养旅游是指体弱者或慢性病患者以治疗疾病、病后恢复和调养身体为主要目的的旅游活动。疗养旅游兴起于20世纪20年代中期,偏重医疗、康复功能,主要面向人群为康复患者和老龄人口。

2.康养旅游

《国家康养旅游示范基地》(LB/T 051—2016)中,康养旅游定义为通过养颜健体、营养膳食、修心养性、关爱环境等各种手段,使人在身体、心智和精神上都达到自然和谐的优良状态的各种旅游活动的总和。

3.医疗旅游

世界旅游组织对医疗旅游的定义是以医疗护理、疾病诊治、康复休养为主要目的的旅游活动。美国国际医疗旅游协会(2017)将医疗旅游定义为:为获得更低价、更便利、更高水平的诊疗或医疗护理服务,游客从某一国家或地区前往另一国家或地区,体验融入了康复、牙科或外科等更优质的医疗护理服务的旅游活动。

### （十五）工业旅游

工业旅游(Industrial Tourism)是以工厂、企业等工业场所为主要目的地,以工业生产过程、工厂风貌、工人生活场景、工业企业文化等工业相关因素为主要吸引物的旅游活动。

工业旅游的主要特点如下。

(1) 以工业场所为主要依托,具有较强的依附性。

(2) 具有极强的科普性、知识性、技术性和产品推介性。

(3) 目标市场明确,重游率相对较低。

### （十六）探险旅游

探险旅游（Adventure Tourism）是为挑战自我，到人迹罕至、充满神秘性或环境险恶的地方，进行带有一定危险性和刺激性的考察旅游活动。探险旅游是大众旅游的先导，一些新的旅游地往往被探险旅游者首先发现，然后经过开发建设而成为众多旅游者前往之处。

探险旅游的主要特点如下。

(1) 目的地多选择相对原始的自然环境。

(2) 参与者有极强的冒险精神，追求刺激。

(3) 活动安排较为自由。

**概念辨析**

**特种旅游**

特种旅游（Special Interests Tourism）是较强自主性和个性化的非常规性的旅游活动，一般带有一定的冒险性和竞技性，如探险、狩猎、潜水、登山、汽车拉力赛及洲际、跨国汽车旅行等。旅游者选择志同道合的人作为旅伴，团体内部有共同的价值观。有的特种旅游要经过非对外开放区，因此在政策上属于需要特别审批的旅游活动，也有的将其称为专题旅游、专项旅游和特色旅游等。

## 第三节　旅游活动的特点

旅游活动的基本特征在本章第一节中已有阐述，本节主要分析现代旅游活动的主要特点。

### 一、大众普及性

20世纪60年代中期以后，大众旅游便成为现代旅游活动发展的一大特点。大众旅游（Mass Tourism）包含双重含义，一是大众化旅游，二是大众型旅游。

大众化旅游，也称旅游活动的大众化，即旅游活动参加者的范围已扩展到普通的劳动大众。世界旅游组织在1980年发表的《马尼拉宣言》中指出：旅游是一种对国家生活至关重要的活动，人必须享有在其本身所需要的闲暇及娱乐时间自由旅行的权利，要将旅游与工人阶级享有带薪休假权利联系起来，使旅游活动从原来有限的富人活动转变为一种广泛的社会经济活动。

大众型旅游，是旅游活动大规模开展的一种标准化形式，以有组织的团体包价旅游为代表，即旅游者在旅行社的组织和安排下，借助各类相关旅游企业提供的产品和服务，按照预定的时间、线路和活动内容，以团体活动的形式有计划地完成全程旅游活动。虽然人们对大众型旅游的评价褒贬不一，但由于其具有帮助人们克服旅游过程中的困难、节省旅游开支等方面的优势，在现代旅游兴起初期顺应了时代潮流，并在相当长的时期内对旅游活动的普及和旅游者数量的迅速增加发挥了重要作用。

2021年底，国务院印发的《"十四五"旅游业发展规划》明确指出："十四五"时期，我国将全面进入大众旅游时代。旅游业发展成果要为百姓共享，旅游业要充分发挥为民、富民、利民、乐民的积极作用，成为具有显著时代特征的幸福产业。

## 二、地理集中性

地理集中性是旅游活动在空间分布上的特点。由于旅游吸引物的不同和地理分布的差异，旅游者的活动范围相对集中在某些国家或地区，甚至相对集中于某些区域乃至某些景点。从全世界国际旅游活动的地区分布格局来看，接待国际旅游者人数最多的是欧洲，其次为亚太地区和美洲，这三个地区接待的国际旅游者的总数量占到全世界国际旅游者总数量的90%以上。不仅如此，即使在某一个国家，旅游活动也往往相对集中在某些省(州、郡)和城市，而在同一个旅游城市中，旅游者也往往集中游览某些知名度高的区域或景点。

了解和认识旅游活动的地理集中性特点，不仅在微观层面上有助于指导旅游企业的选址，更重要的是在宏观层面上指导旅游接待地区的旅游规划工作，从而实现的旅游可持续发展。每一个旅游目的地的承载力都有极限，一旦突破了这一极限，将会带来各种负面影响和现实问题。事实上，现在很多旅游景区日益突出的"人满为患"等超载现象，客观上往往都与旅游活动在空间上的过度集中有关，只有通过科学的规划和有效的游客管理才能避免或改善。《中华人民共和国旅游法》第四十五条规定：景区接待旅游者不得超过景区主管部门核定的最大承载量。景区应当公布景区主管部门核定的最大承载量，制定和实施旅游者流量控制方案，并可以采取门票预约等方式，对景区接待旅游者的数量进行控制。旅游者数量可能达到最大承载量时，景区应当提前公告并同时向当地人民政府报告，景区和当地人民政府及时采取疏导、分流等措施。

## 三、季节变动性

季节变动性是旅游活动在时间分布上的不均衡特点，即旅游者外出旅游时间的选择和旅游目的地接待企业经营业务在时间上表现出明显的淡旺季差异性。

旅游活动季节性形成的原因，可以从旅游目的地和客源地两方面分析。

从旅游目的地方面而言，旅游活动的季节变动性源自旅游资源的季节性。一方面，旅游地的地理位置、气候变化、日月运动、四季变更等，使得自然旅游资源具有

Note

明显的季节性特点。另一方面,旅游地的民俗活动、岁时节令等往往有固定的时间,从而导致人文旅游资源在游客接待量上的季节性波动。

从旅游客源地方面而言,影响旅游活动季节性的主要原因有以下三个。

**1. 出游目的**

根据客源地市场出游的经验性认识,以商务、公务为代表的差旅型旅游活动基本不受季节的影响,以探亲访友为代表的因私事务型旅游活动的季节性影响也很小。真正对当地出游季节性的形成以及对其季节性的依赖程度具有重大影响的是消遣型旅游活动。换言之,如果某客源地旅游市场中,消遣型旅游者占据了绝大部分比例,那么客源地市场出游的季节性会表现得非常强烈。

**2. 放假时间**

如果某客源地带薪假期的放假时间比较集中,则该地居民外出旅游的季节性通常会很强;反之,如果带薪假期的时间分布比较分散,该地居民外出旅游的季节性则会削弱。我国"黄金周""小长假"就会出现旅游高峰,正印证了这一点。

**3. 传统习惯**

近年来的旅游市场调研中还发现,某些国家尽管带薪假期的放假时间分布日趋灵活,但实际上,相当多数量的家庭仍然选择在传统的度假时节外出旅游。

## 四、休闲审美性

旅游活动是在相对自由或闲暇的时间内进行的自由、随意的综合性体验活动,即使是某些与工作结合得比较紧密的旅游形式,休闲娱乐也是其中不可缺少的组成部分。旅游活动是观光、游览、消遣、聊天、交流、健身、运动、审美、求知等众多休闲活动的重新组合,人们把旅游活动当作一种特殊生活方式来享受,远离日常工作和生活的惯常环境,忘情山水、物我融合、慰藉身心,在旅游过程中获得一种解脱感和自由感,作为一个自由的个体去体验旅游活动的休闲性。

现代旅游活动是一种综合性的审美活动,审美性贯穿旅游活动的各个要素。从旅游活动的主体看,虽然旅游者的旅游形式和内容千差万别,但陶冶情操、愉悦身心、获得美的享受是其共同的追求;从旅游活动的客体看,旅游资源是美的载体,蕴含着丰富的自然美、人文美和艺术美,对旅游者具有极大的吸引力;从旅游活动的媒体看,旅游业是创造美和生产美的行业,其任务就是为旅游者生产和打造美的景观、美的艺术、美的商品,提供美的服务和管理。

## 核心关键词

旅游活动(Tourism Activity)
国际旅游(International Tourism)
入境旅游(Inbound Tourism)
出境旅游(Outbound Tourism)
国内旅游(Domestic Tourism)
奖励旅游(Incentive Tourism)
社会旅游(Social Tourism)
大众旅游(Mass Tourism)
观光旅游(Sightseeing Tourism)
度假旅游(Vacation Tourism)

Note

商务旅游(Business Tourism) 会展旅游(MICE Tourism)
文化旅游(Cultural Tourism) 乡村旅游(Rural Tourism)
生态旅游(Ecotourism) 体育旅游(Sports Tourism)
红色旅游(Red Tourism) 研学旅游(Study Tourism)
遗产旅游(Heritage Tourism) 宗教旅游(Religious Tourism)
民俗旅游(Folklore Tourism) 健康旅游(Health Tourism)
工业旅游(Industrial Tourism) 探险旅游(Adventure Tourism)
地理集中性(Geographical Concentration) 季节性(Seasonality)

## 思考与练习

1. 如何理解旅游活动的定义?
2. 如何理解旅游活动的属性?
3. 旅游活动有哪些主要类型?
4. 现代旅游活动有哪些主要特点?

Note

# 第三章

# 旅游发展史

**学习目标**

· 了解旅游的产生与发展的背景与过程。
· 了解西方和我国古代旅游活动的主要类型。
· 掌握近代旅游业的诞生。
· 了解西方和我国近现代旅游的发展。

**问题导向**

旅游作为人类的活动是怎样产生和发展的？

## 第一节　旅游的产生与发展

### 一、原始社会的人类迁徙活动

Note

在原始社会前期的旧石器时代，由于生产工具的简陋和生产力的低下，人类无时不处在饥饿和自然灾害侵袭的威胁之中。到新石器时代，虽有生产工具和生产技术的进步，但都未能有效改变当时人类社会生产的落后面貌，此时人们劳动所得除了供自己食用之外，几乎没有什么剩余，社会活动基本上也只局限在自己的氏族部落范围内。

当然，在这一时期，人类慑于大自然的威力和猛兽的侵害，同时也为扩大生存空间，寻找新的采集和狩猎资源，不断地迁徙。无论是蒙古利亚人、希伯来人，还是纽因特人、印第安人，均是“迁徙往来无常处”[①]。但所有这些迁徙活动都是因为某些自然因素（如气候、天灾等对生存环境的影响）或特定的人为因素（如战争）的威胁而被迫进行的，并且都是出于求生存的需要。我国考古学家对仰韶文化时期多处村落遗址的研究结论，即它们是某一原始部落趋利避害、反复迁徙的结果，也足以证明这一点。由此可知，这些因生存需要而远走他乡的迁徙活动虽然满足了旅行活动基本界定中对于空间位移的限定，但这只是为了生存而产生的逃荒、移民或避难活动。

综上所述，这一时期人类客观上不具备旅行的物质基础，主观上也没有外出旅行的愿望，其迁徙活动所具有的被迫性和求生性也说明它不属于现今意义上的旅行或旅游活动。

## 二、人类旅行需要的产生

原始社会末期，伴随着商业活动的兴起和商品经济的发展，人类产生了外出经商旅行的需要，最初的旅游活动就以商务旅行的形式表现出来。

人类早期的历史上有三次社会大分工。第一次是农业和畜牧业分离，劳动剩余物开始出现，为交换活动奠定了基础。第二次是手工业同农业和畜牧业的分离。新石器时代晚期，随着社会生产力的加速发展、金属工具的推广和改良，手工业开始发展起来，并逐步从家庭生产中分离出来成为专门性的行业。由于社会分工范围的扩大，特别是生产技术的进步和生产效率的提高，劳动剩余物的数量增多，产品交换的范围和数量进一步扩大。到原始社会瓦解和奴隶社会形成时期，开始出现了专门从事易货贸易的商人，商业从农业、畜牧业、手工业中分离出来，这便是第三次社会大分工。社会分工的发展使得不同产品交换的地域范围不断扩大，人们需要了解其他地区的生产和需求情况，需要到其他地区交换自己的产品或货品，因此便产生了旅行经商或外出交换产品的需要。

公元前3000年左右，生活在美索不达米亚南部的苏美尔人发明了楔形文字，出于商品交换的需要又发明了货币，其贸易的发展开启了商务旅行的时代。还有西方学者认为他们是旅游业的奠基者，“因为当时的苏美尔人已经懂得使用钱或通过物物交换来支付交通和住宿费用”[②]。

人类最初的旅行活动不是消遣或度假活动，而是出于基本生存需求和经商贸

①出自《史记·五帝本纪》。

②（美）查尔斯·R.戈尔德耐，J.R.布伦特·里奇，罗伯特·W.麦金托什.旅游业教程：旅游业原理、方法和实践[M].8版.贾秀海，译.大连：大连理工大学出版社，2003.

易、增进对其他地区的了解和满足接触的需要所促发的一种经济活动。纵观历史上遗留下来的诸多著名的旅行线路,如“丝绸之路”“香料之路”“琥珀之路”“食盐之路”等,就是人类早期经商旅行活动最好的佐证。正如世界旅游组织在其相关研究报告中所指出的那样:在最初的年代中,主要是商人开创了旅行的通路。

## 三、旅游发展的历史分期

纵观世界旅游发展史,人类旅行或旅游活动的兴起和发展以社会生产力的发展为主线,并和一个国家或地区的社会、政治、经济状况有着直接联系。不同的历史时期,旅游活动的范围、规模、内容和形式都有所不同。

目前,中外学术界对世界旅游史的分期还存在较大争议,而我国学术界普遍认可的观点是将其分为三个阶段。

### (一) 古代旅行和旅游阶段(19世纪中期前)

这段漫长的历史时期,人类经历了奴隶社会、封建社会、资本主义社会前期等几个不同性质的社会形态,旅行和旅游活动呈现出三个特点。

#### 1. 交通工具落后,活动范围有限

这一阶段旅行的交通主要依靠人力、畜力、自然力,如步行、骑马、驾驭牲畜车、划船或驾驶风帆船等。即使到19世纪上半叶,最高级的交通工具仍然是四轮马车和大型帆船。落后的交通限制了人们的活动范围,大规模、频繁的远距离旅行或旅游基本不可能。

#### 2. 商贸旅行占据主导地位

这一阶段虽然出现了各种不同类型的旅行和旅游活动,如探险、考察、公务、修学等,但占据主导地位的始终都是经商贸易旅行。其中一个重要原因是当时占据世界经济主体地位的是传统农业,其劳动忙闲有致的季节性特点及其对人们生活方式的影响,使得占人口绝大多数的乡村居民普遍缺乏外出旅行的需求。

#### 3. 消遣性旅游活动仅限于特权阶层

就非经济目的的旅行活动,尤其是消遣性的旅游活动而言,参与者多限于统治阶级及其附庸阶层。由于受当时政治、经济的双重压迫,广大劳动人民不可能成为古代旅游活动的主体,因此,这一阶段的消遣旅游活动不具备普遍的社会意义。

**知识拓展**

**旅游和旅行的区别**

在日常用语中,旅游(Tourism)和旅行(Travel)并无太大差别,两者时常通用。但作为专业术语,两者之间的差异主要体现在以下三个方面。

第一,出行目的。旅游通常指的是人们出于消遣的目的而离家外出的活动;而传统上的旅行则泛指人们因任何目的而发生于不同地点间的空间转移活动。

第二，逗留时间。根据现今各国际组织和各国政府对旅游活动的统计标准，其在目的地的逗留时间通常不超过一年；而旅行活动则没有时间限制。

第三，旅游（尤其是其英文词根“Tour”）意味着，出游者在完成其外出访问的活动之后，须返回最初的出发地或惯常居住地；而旅行则没有这种要求，旅行者在完成其前往某地的访问活动后，不一定会返回最初的出发地或惯常居住地。也就是说，旅游所展现的是一种闭合式的环形旅程，而旅行所反映的既有可能是这种闭合式的往返旅程，也有可能是去而不返的线性旅程。

### （二）近代旅游阶段（19世纪中期到第二次世界大战）

18世纪末，产业革命推动人类社会进入“机器时代”，这一场机器取代人力、大规模工厂化生产取代个体手工生产的生产与科技革命，不仅引起了重大的社会经济变革，也使人类的旅游活动产生了质的发展，呈现出两大特点。

#### 1. 旅游活动以消遣度假为主

蒸汽机的发明标志着旅游交通进入机械动力的新时代，火车和轮船的相继出现使大规模的频繁远行成为可能；资产阶级革命打破了封建等级关系的束缚，新兴的工业资产阶级和大量中产阶级的产生，意味着在经济上有条件外出旅游消遣的人群规模明显增加；城市化发展的进程导致人们需要适时纾解节奏紧张的城市生活和拥挤嘈杂的城市环境所带来的身心压力，消遣度假旅游成为旅游活动的主体。

#### 2. 为旅游服务的专门行业诞生

随着旅游者人数的增多，旅游者的食宿接待由客栈、客店发展为宾馆、饭店，世界上第一家旅行社诞生，旅游中介机构、旅游服务业务和人员相继出现，作为经济行业的旅游业应运而生。

### （三）现代旅游阶段（第二次世界大战结束至今）

第二次世界大战后，特别是20世纪60年代以来，世界政治形势相对稳定，经济迅速恢复和发展，推动现代旅游活动和旅游业迅猛发展。

现代旅游阶段，海陆空立体交通体系的形成缩短了旅行的空间距离，旅游活动的内容和方式日趋多样化。旅游活动不再是少数人享有的特权，大众旅游成为主流。1992年，旅游业正式成为世界第一大产业，并被各个国家和地区作为国民经济的重要组成部分，在政治、经济和社会文化等方面发挥着重要作用。

# 第二节　西方旅游发展史

## 一、西方古代旅行和旅游的发展

19世纪之前的西方古代旅行和旅游活动，商务旅游始终占据主体地位，其次是宗教旅游，求知、探险、航海等其他形式的旅行和旅游活动也有所发展。

### （一）上古时期（公元475年前）旅行和旅游的发展

上古时期，随着生产力水平的提高和社会分工的进一步细化，以经商贸易为目的的旅行和旅游活动逐步发展起来。早在公元前3000年左右，腓尼基人就在地中海和爱琴海上通商，其范围西越直布罗陀海峡，东到波斯湾、印度，北至北欧波罗的海沿岸。

奴隶制社会时期，奴隶制国家建立，政治的相对稳定、经济的发展和文化的繁荣，为旅行和旅游活动的发展提供了坚实的基础。这一时期的旅行和旅游活动在古埃及、古印度、古巴比伦等文明古国率先发展起来，并在古希腊和古罗马时期达到全盛。

#### 1. 古埃及旅行和旅游的发展

公元前3100年，美尼斯统一埃及，建立了法老专制的中央集权奴隶制国家，大规模修建金字塔和神庙，吸引了大批游客前来观赏。早在公元前1600年到公元前1200年，就有来自世界各地的游客，或经水路乘着游船顺着尼罗河，或经陆路坐着轿子、乘着四轮马车，前来观赏金字塔这一人类文明的历史奇迹。

古埃及的宗教旅游也很发达。早在4000多年前，就有教徒为主神奥赛里斯举行宗教节日活动。从古王国开始，每年都要举行几次重大的宗教节日集会活动，吸引大量教徒、民众参与，并有多处举行宗教节日的地方，如建于公元前14世纪的卢克索神庙等。

#### 2. 古希腊旅行和旅游的发展

作为西方文明的源头，古希腊不仅有着高度发达的民主政治和辉煌灿烂的文化，其优越的地理环境、便捷的对外交通、适宜的气候条件都十分有利于开展旅行和旅游活动，奴隶制经济的繁荣和发达则为旅行和旅游活动奠定了坚实的物质基础。古希腊时期，商务贸易、航海探险、求学考察等旅行和旅游活动都相当活跃。

航海旅行是古希腊旅行和旅游活动的重要形式。濒海的环境使航海探险成为古希腊人生活中极其重要的组成部分，《荷马史诗》《阿耳戈船英雄记》中均有远距离航海探险的记载。古希腊的航海旅行非常频繁，他们在爱琴海中往来如梭，进而跨越地中海，前往埃及、意大利等地。

发展最鼎盛的则是宗教旅游。古希腊宗教是多神教，宗教渗透到城邦生活的方方面面，教徒为宗教崇拜大肆修建神庙，频繁举行各种宗教仪式和节日庆祝活动，把古希腊宗教旅游推向最高峰。提洛岛、德尔斐、奥林匹斯山等都是世界著名的宗教圣地，以宙斯神庙为例，每当祭宙斯神之日，前来朝圣的信徒络绎不绝。

古希腊产生了世界上最早的体育竞技旅游。第一届古代奥运会于公元前776年在奥林匹克举行，之后每四年举办一次，古希腊各地的运动员和民众前往参加和观看。到公元394年，共举行了293届奥林匹克运动会，每届奥运会均可吸引4万多名来自古希腊各地的观众。

由于古希腊在哲学、文学、艺术、历史学、自然科学等方面取得的巨大成就，前来求学的各地学者、达官显贵的子孙络绎不绝，如马其顿国王腓力二世之子（即后来的亚历山大大帝）、被誉为西方"历史之父"的希罗多德等。与此同时，由于古希腊人的宇宙观和理性精神，许多哲学家、科学家和史学家养成了旅行考察的习惯，经常到国外旅行和游历。如数学家毕达哥拉斯游遍了地中海沿岸，阿基米德曾去埃及游学，亚里士多德在小亚细亚地区旅行和讲演等。

**3. 古罗马旅行和旅游的发展**

古罗马时期，幅员辽阔的疆域版图、极度繁荣的社会经济、四通八达的交通体系、官商共建的驿站设施，将古罗马旅行和旅游活动推向全盛时期。

地跨亚欧非的罗马帝国使得地中海成为"内湖"，由于航海旅行更加频繁，加上"条条道路通罗马"的公路网络形成，以及海上丝绸之路的兴起，罗马帝国境内和境外的商务旅行比较活跃。罗马帝国统治下的各地来往商人源源不断，罗马、亚历山大等大城市成为商品集散地和内外贸易枢纽，外贸远达波罗的海、斯堪的纳维亚、印度、锡兰（今斯里兰卡）和中国。我国史籍中就有罗马帝国使节和商人多次经陆路和海路到达中国的记载，如《后汉书》中曾记载：桓帝延熹九年（公元166年），大秦王安敦遣使自日南（汉代郡名，辖越南北部）徼外献象牙、犀角、玳瑁[①]，双方建立了通商关系。

除了经济目的的商务旅行，古罗马时期还出现了以享乐、疗养、洗浴、艺术鉴赏、游览古迹、建筑观赏、自然观光等为目的的消遣性旅游活动。罗马帝国的奴隶主消遣娱乐旅行的方式多样，既有以消遣为目的的狩猎旅行，也有以娱乐为目的的竞技旅行、节庆旅行等。每当夏日炎炎之时，许多自由民[②]纷纷离开城市到沿海地区观光、游览、休闲、度假。据史料记载，当时意大利"沿海地带排列着大理石雕刻、浴场、体育馆和寺庙等这些罗马财富的瑰宝"。罗马人还在希腊的温泉和矿泉地建立了度假村。

公元4世纪，基督教取得合法地位，成为罗马帝国的国教，耶路撒冷和麦加作为圣地成了众多基督教徒朝拜之地，宗教旅游在罗马帝国境内以前所未有的速度发展起来，当时有些修道院的主要任务便是为往来的朝觐者提供住宿。

---

①出自《后汉书·西域传》。

②自由民是奴隶社会除奴隶以外的人的通称，包括奴隶主、高利贷者、大商人、独立经营的农民、小手工业者、小商人等，其根本特征是享有财产权。自由民可区分为上层和下层，即贵族和平民两部分。

### （二）中世纪（公元476—1453年）旅行和旅游的发展

公元476年西罗马帝国灭亡，崛起的阿拉伯帝国将西亚地区的旅行和旅游活动推向高潮，而欧洲在经过一段时间的混战和动荡后逐渐进入封建社会，旅行和旅游活动一度陷于沉寂，但也有所发展。

#### 1. 阿拉伯帝国旅行和旅游的发展

公元7世纪前期，横跨亚非欧三大洲的统一大帝国——阿拉伯帝国建立，并在7—8世纪迅速达到发展的鼎盛时期。阿拉伯帝国地处东西交通要道，地理位置优越，成为商务往来最为频繁、最为集中的地区，加之阿拉伯帝国统治者及《古兰经》鼓励人们从事商业贸易，极大地推动了商务旅行的发展。

公元629年，穆罕默德制定伊斯兰教的朝觐制度，规定凡身体健康、备有路费和旅途方便的穆斯林，不分性别，一生中须在希吉来历（伊斯兰教历）十二月内集体朝觐麦加一次。朝觐盛典吸引了世界各地的穆斯林云集圣地麦加、麦地那，商人和艺术家也纷纷云集于此做生意或献艺，宗教旅游的规模迅速扩大。

阿拉伯帝国以首都巴格达为中心，广修驿道，密置驿站，还设立了具有旅游中介功能的驿传局。驿道四通八达，驿站备有马、骡和骆驼，为方便朝圣者、商贾、旅客，驿传局还编写了旅行指南。

以求知求学为目的的旅行活动也有所发展。穆罕默德曾教导穆斯林"学问虽远在中国，亦当求之"，阿拉伯人是寻求知识而爱好旅行的突出代表。自唐朝以来，不少阿拉伯著名旅行家，如苏莱曼、马苏第、伊本·巴图塔等纷纷来到中国，并留有《苏莱曼东游记》《黄金草原》《伊本·巴图塔游记》等旅游文献，为中西文化交流作出了卓越贡献。

#### 2. 欧洲中世纪旅行和旅游的发展

进入中世纪之后，无休止的混战、社会动荡、经济发展滞后、道路交通损毁，旅行和旅游发展的条件陆续丧失。这时的基本经济单位是极端封闭、毫无商品经济可言的封建农庄，构成人口主体的农奴没有人身和迁徙自由，因此，中世纪早期，除宗教旅游外，基本上无其他旅行和旅游活动可言。11世纪之后，伴随着城市的兴起和商业的发展，商务旅行才逐步恢复和发展起来。

许多相关的历史资料表明，从公元5世纪罗马帝国的衰亡到16世纪中叶这一漫长时期，欧洲的旅行和旅游活动非但没有什么真正的进展，反而远不及罗马帝国时期的水平，在很大程度上呈现出一种倒退的态势。

### （三）文艺复兴和大航海时代（14—16世纪）旅行和旅游的发展

文艺复兴起源于14世纪的意大利，随后扩展到欧洲各地，其影响一直持续到16世纪，它改变了中世纪人们固有的"以神为本"的精神面貌，取而代之的是人本主义。与此同时，伊比利亚半岛上的西班牙和葡萄牙开始了史无前例的大航海运动，世界的面貌为之一新，旅行和旅游成为西方人求知、探险、贸易、传教和殖民的重要方式，文明的交流和冲突由此展开。

文艺复兴带来了科学的发展和技术的进步，欧洲社会经济进入快速发展期，商务旅行尤其是远距离的国际商贸旅行成为热潮。著名的意大利旅行家马可·波罗(1254—1324年)就是其中典型的代表。1275年,马可·波罗随父亲和叔叔经商,经两河流域、越伊朗高原和帕米尔高原来到中国,并得到元世祖忽必烈的信任,在元朝任职长达17年,曾到过新疆、甘肃、内蒙古、山西、陕西、四川、西藏、云南、山东、江苏、浙江、福建等十几个地区,并受命出使菲律宾、缅甸、越南等地进行外交访问。1297年,他离开中国,从海路经苏门答腊、印度等地返回到威尼斯。其著作《马可·波罗游记》中记述了他在中亚、西亚、东南亚等地的见闻,盛赞了东方的富庶,尤其重点介绍中国,使欧洲商人、航海家对东方充满了无限的向往,这对新航线的开辟和航海事业的发展有极大影响。

15世纪末到16世纪初,在商业革命的影响下,社会上出现了追求黄金的热潮。在这种“黄金梦”的驱使下,欧洲掀起了一股寻金热和探险热,加之航海技术的突破性发展提供了技术支持,原来局限于宗教、贸易的旅行发展为以探险和淘金为主要目的的旅行,地理大发现时代来临和大航海探险旅行热潮兴起。1487—1488年,葡萄牙航海家迪亚士率船队到达非洲大陆最南端,并发现了好望角。1497年,达·伽马奉葡萄牙国王之命向东远航,开辟了绕过好望角通往印度的新航线。1492年,意大利航海家哥伦布奉西班牙统治者之命,横渡大西洋,到达巴哈马群岛和古巴、海地等地,开辟了欧洲到美洲的新航线。1519—1521年,英国航海家麦哲伦从圣罗卡启航,越过大西洋,沿巴西海岸南下,经美洲大陆和火地岛之间的海峡入太平洋,然后西行,1522年,船队中的“维多利亚”号返回西班牙,完成首次环绕地球的航行,证明了“地圆说”。

文艺复兴带来了文化旅游的发展,建筑、雕塑、绘画等人文艺术的发展促成了众多人文旅游景观的产生,众多的文学家、艺术家和哲学家也在旅游过程中开阔眼界,增长见闻,并在旅途中使自己的思想得以传播。

### (四) 转型时期(16—18世纪)旅行和旅游的发展

这一阶段是西方国家由封建社会到资本主义过渡的转型时期,也是旅行和旅游发展的转折时期。随着土地制度的改革、商品货币经济的发展和自然经济的解体,农民逐步摆脱了封建人身依附关系,自由劳动者纷纷涌现,客观上为旅行和旅游的发展提供了条件。商务、宗教、探险等旅行和旅游活动持续发展,一些新的旅游活动也开始出现。

#### 1. 以保健医疗为目的的温泉旅行

1562年,一位名叫威廉·特纳的英国医生发表了一份研究报告,谈到英格兰、德国和意大利的天然温泉对很多体痛的病症都有疗效,迅速在英国乃至整个欧洲引起轰动。当时已经发现的温泉顷刻之间名声大振,最初是很多体痛病人纷纷慕名前往,继而大批的身体健康者也蜂拥而至,欧洲各地都开始积极找寻温泉。一时之间,温泉洗浴迅速成为流行时尚,并引发了温泉旅行的潮流。

#### 2. 以教育为目的的游学旅行

人们从名人的经历中认识到,外出旅行在增加一个人对异国他乡事物的了解和在开阔眼界方面所起的作用，以教育或求知为目的的旅行活动开始发展和流行起来，并且一直延续至今。当时的游学旅行通常历时三年，其中最流行的路线是先在法国和意大利长时间停留，其间走访巴黎、热那亚、米兰、佛罗伦萨、罗马和威尼斯等城市，然后再去访问德国、荷兰、卢森堡和比利时等国。亚当·斯密在1776年曾写道：在英国，年轻人中学毕业，不等投考大学便被送往外国旅行已成为日渐浓厚的社会风气。人们普遍认为，我们的年轻人完成旅行归来之后，会有很大的长进。

**3. 以观光为目的的自然之旅**

在浪漫主义代表人物卢梭、歌德、海涅等人的"回归大自然"的感召下，自然观光旅游初露端倪。不少欧洲人纷纷走出家门，投向大自然的怀抱，如英国人横渡英吉利海峡来到欧洲大陆，游览阿尔卑斯山的自然风光，世界上第一次出现了真正自觉的、有特定目的的自然观光旅游。这种热爱自然、崇尚自然、回归自然的浪漫主义时代精神，成为未来旅游大发展的思想基础。

## 二、西方近代旅游的发展

产业革命之后，西方进入近代旅游的发展阶段，旅游活动有了突破性进展，规模、范围和内容都发生了巨大变化，专门为旅游者提供旅游服务的近代旅游业也应运而生。

### （一）产业革命对近代旅游的影响

产业革命，也称工业革命，指资本主义机器大工业代替工场手工业的过程，是资本主义政治经济发展的必然产物。产业革命首先发生于18世纪60年代的英国，并很快向欧洲大陆和北美传播，各资本主义国家都在19世纪内相继完成。产业革命既是生产技术的巨大革命，也是生产关系的深刻改革，它促进了资本主义生产力的迅速发展，提高了生产社会化的程度，使建立在机器大工业的物质技术基础上的资本主义制度最终战胜封建制度而居于统治地位。产业革命的出现和完成给当时的人类社会带来了一系列的变化，对近代旅游活动的发展也有重大影响，并为旅游业的诞生奠定了基础。

**1. 促进旅游需求的变化**

产业革命加速了城市化的进程，许多人工作和生活的地点从乡村转移到了工业城市。人口的高度集中带来了拥挤、嘈杂的城市环境，以及生活空间逐渐缩小，快速、紧张的工作和生活节奏使人们的身心压力与日俱增，促使人们产生暂时逃离现实，返回自由、宁静的大自然环境中去的内在需求，从而极大地刺激了近代旅游活动的发展。就外出旅游度假的人数而言，大量的事实证明，城市居民数量远多于乡村居民，时至今日仍是如此。

与生活环境相关联的是，产业革命改变了很多人的工作性质。随着大量人口涌入城市，原先忙闲有致的多样性农业劳动被枯燥、重复的单一性大机器工业劳动所取代，劳动者强烈要求休假，以便获得喘息和调整的机会，这也刺激人们产生追求休闲、轻松的旅游动机。

**2. 扩大旅游者的范围**

产业革命带来了阶级关系的新变化，在促进社会财富总量大幅度增长的同时，也使其分配呈现出新的形态。资产阶级作为新的统治阶级登上历史舞台，并取代封建贵族和土地所有者掌握了大量的社会生产财富，这一变化意味着在经济上有条件外出旅游消遣的人数明显增加。

与此同时，随着生产力的提高和剩余价值的增多，特别是工人阶级为争取自己的权益而进行的不懈抗争，使得资本家在增加工资以及带薪休假等方面作出让步。旅游消遣不再是王公贵族的专利，旅游者的范围逐步扩大到普通的劳动大众。

**3. 推动旅游交通的变革**

产业革命促进了科技的进步，特别是蒸汽机技术在交通运输领域中的应用，出现了蒸汽动力的轮船、火车等新式交通工具。与传统的公共马车等交通工具相比，新的交通工具和交通方式在速度、旅行费用、运载能力和通达范围等方面都具有绝对优势，从而极大地方便了人们的外出旅游，缩短了旅行的时间距离，降低了旅游的交通费用，扩大了外出的活动半径，并使更远距离、更大规模的人员流动成为可能。

### （二）托马斯·库克与近代旅游业的诞生

产业革命带来了社会经济的空前繁荣，为近代旅游的发展奠定了经济基础并提供了良好的交通条件，使更多的人有了外出旅游消遣的机会。然而，当时绝大多数人，包括新兴的资产阶级在内，普遍缺乏外出旅游的传统和经验，对异国他乡的情况及必要的旅行知识不太了解，旅游手续、食宿安排、文化差异、语言障碍、货币兑换等也成为顾虑和担心的问题。在这种情况下，建立专门为旅游者提供各种便利的中介机构，使其在需求与供给之间实现顺利的对接，就成为一种普遍的社会性需要。英国人托马斯·库克（1808—1892年）敏锐地意识到这种需要，并以此为契机创立了一种新的业务形式和组织机构，从而开创了近代旅游业的先河。

**知识拓展**

**托马斯·库克与禁酒运动**

19世纪，英国由于大量进口以白兰地为主的酒类产品而导致外汇大量支出，为扭转这一状况，英国政府决定鼓励民间发展自己的酿酒业。不久，英国本国生产的杜松子酒开始大量投放市场，虽然其酒精度不算很高，但也属于容易致醉的烈性酒，加之售价相对较低，很快便为消费者所接受。尤其是从事机器大工业劳动的工人，由于身心压力和生活折磨，经常借酒浇愁。随着酒类饮品消费量的增加，社会上因醉酒引发的各类事件日趋普遍，并逐渐成为当时的社会问题。在英国政府对此无计可施、拿不出有效对策的情况下，民间开始掀起了禁酒运动的浪潮。

托马斯·库克出生于英格兰南德比郡墨尔本小镇，家境贫寒，四岁丧父,十岁辍学。他先后到一位园艺种植者和一个经营木器作坊的亲戚那里打工,不幸的是,两任雇主均因嗜酒而亡,因此,他从少年时代起心中便深深埋下了对酒害的痛恨。十八岁时,托马斯·库克曾担任过主张禁酒的浸礼教派的传教士,并于1833年元旦签下了远离烈性酒并加盟禁酒活动的个人誓言。1841年,英格兰中部地区禁酒协会决定在7月5日这一天组织各市的民众到拉夫堡举行禁酒示威集会。此时正值托马斯·库克兼任该协会的秘书长,并与家人居住在英格兰中部的莱斯特,于是决定组织并率领莱斯特市民前往拉夫堡参加禁酒示威集会。

**1. 伟大的创举**

1841年7月5日,托马斯·库克采用包租火车的方式,组织了570人从英国莱斯特前往拉夫堡参加禁酒大会,当日往返,全程24英里①。这次活动被当时的人们称为"伟大的创举",并被后世公认为是近代旅游业的开端。严格地讲,托马斯·库克组织的这次活动并不是世界上第一次团体火车旅游,在此之前早已有过一些城市的技工协会包租火车组织自己的会员去其他城市拜访同行或交流联谊。人们之所以普遍看重托马斯·库克组织的这次活动,是因为这次团体旅游活动具有以下与众不同的特点。

(1) 公众性。这次活动具有较为广泛的公众性,参加者来自各行各业,甚至包括家庭妇女和儿童。他们因这次活动聚集到一起,活动结束之后便四散离去,彼此之间不再有什么联系。这与现代旅行社组织的旅游团的情况基本相同。

(2) 规模大。此次活动参与的人数达570人之多,其规模之大不仅在当时是空前的,此后也较为少见,并成为现代组团开展规模化旅游的雏形。

(3) 全程陪同。托马斯·库克本人不仅发起、筹备和组织这一活动,而且自始至终随团陪同照顾,可以说是现代旅行社全程陪同的最早体现。

(4) 团体包价。此次活动,托马斯·库克预先与铁路公司谈妥车票折扣及包车事宜,参加该活动的成员只需预先缴纳1先令②,该费用包括来回交通费,以及一顿野外午餐与午后茶点、一支乐队演奏助兴费用。除了不是以营利性为目的,这与现在的商业包价旅游已无二致。

这次团体旅游活动的成功组织使托马斯·库克名声大噪。在此后的几年中,他每年都应邀为一些组织和社会团体策划和组织旅游活动,甚至连英国王室也邀请他帮忙安排旅游度假的计划。不过按照托马斯·库克的说法,所有这一切都是他尽义务的"业余活动"。然而正因如此,托马斯·库克不但积累了丰富的组织和安排旅游活动的工作经验,更重要的是清楚地认识和了解到人们旅游需求的成熟和开展商业性经营机会的到来。

Note

①1英里≈1.61千米。

②1先令=0.05英镑(约为0.45元人民币)。

### 2. 商业性的尝试

1845年，托马斯·库克决定开办商业性的旅游业务，正式创立托马斯·库克旅行社（通济隆旅行社），并于当年夏天首次组织了一次真正意义上的团体消遣旅游。这次活动从莱斯特出发，在若干地区停留和访问后到达最终目的地利物浦，全程历时一周，参与人数为350人。这次团体旅游活动具有以下特点。

（1）商业性。托马斯·克这次组织的旅游活动已不再是过去的"业余活动"，而是完全出于商业性的目的。需要说明的是，此时这一工作还不是托马斯·库克的主要职业，直到1854年他开始主要经营其旅行社之前，他的主要职业一直是印刷和出版商。

（2）长途过夜。此前托马斯·库克组织的团体旅游活动都是当日往返的一日游，而这一次则是沿途在多处停留访问并需在外过夜数日的长途线路旅游。

（3）线路考察。在策划和组织这次团体旅游过程中，托马斯·库克沿途进行了大量实地考察，以确定沿途所要停留的地点以及所要开展的参观游览活动，尤其注意了解当地有无足够的廉价住宿设施。

（4）编写指南。为了方便参团者了解此次全程活动的安排情况，托马斯·库克组织编印了世界上第一本面向参团旅游消费者的旅游指南——《利物浦之行手册》。其内容为活动全程中的有关时间安排、停留地点、活动内容、活动方式、有关要求和注意事项等。

（5）导游服务。在这次团体旅游活动过程中，托马斯·库克不仅本人担任该团的陪同和导游，而且沿途在某些地方停留和游览时，还雇佣当地人为旅行团进行解说和导览，可谓是使用地方导游的先例。

托马斯·库克这次有意识的商业活动，包括考察线路、组织产品、市场宣传、销售组团，直至提供陪同和导游服务，体现了当今旅行社的基本业务，形成了旅行社业务开展的基本模式。

### 3. 其他开创性工作

托马斯·库克被称为"近代旅游业之父"，并在后来的旅游业中有着广泛的影响，这在很大程度上同他在这一领域的许多开创性工作有关。

（1）1855年，托马斯·库克组织了前往法国巴黎参观世界博览会的团体旅游活动。这次旅游活动在巴黎游览4天，全程采用一次性包价，其中包括往返交通费和在巴黎的住宿费，总计36先令。当时的《曼彻斯特卫报》称此举是"铁路旅游史上的创举"。事实上，这也是世界上组织出国包价旅游的开端。

（2）托马斯·库克创造性地推出一种代金券。持有这种代金券的旅游者可在同托马斯·库克旅行社有合同关系的交通运输公司和旅游接待企业中将代金券代替现金用于支付，并可在指定的银行兑取现金。这便是当今旅行支票的最早雏形。

（3）1865年，为进一步扩展旅行社业务，托马斯·库克让他的儿子约翰·梅森·库克帮助他经营旅游业务，并将原来的托马斯·库克旅行社更名为托马斯·库克父子公司，将总部迁到伦敦，在全国设立77个分理处。

（4）1872年，托马斯·库克组织了世界上首个环球旅行团。不同国籍的9位旅游者沿途经过纽约、尼亚拉加、芝加哥、盐湖城、旧金山、横滨、上海、新加坡、锡兰(今斯里兰卡)、印度、亚丁、苏伊士、巴勒斯坦、土耳其、希腊等地，全程历时222天。旅行期间，《泰晤士报》以当时最快的速度进行了全程连续追踪报道，影响极大。托马斯·库克的名字几乎成为旅游的代名词，特别是在欧美社会中，更是家喻户晓、尽人皆知。

随着托马斯·库克父子公司业务的不断发展壮大，到19世纪后半期，各类旅游组织和旅游企业在世界范围内相继成立。1850年，美国运通公司开始经营旅游代理业务；1857年，英国成立登山俱乐部；1885年，英国成立了帐篷俱乐部；1890年，法国和德国成立了观光俱乐部；1893年，日本设立了专门接待外宾的"喜宾会"；1927年，意大利旅行社成立；1929年，苏联国际旅行社成立。到了20世纪初，英国托马斯·库克公司、美国运通公司和比利时铁路卧车公司成为世界旅游代理的三大"巨头"。

近代旅游的迅猛发展，参加旅游活动人数的增多，为旅游者服务的旅游代理公司的数量也逐渐增多，这些因素共同促进了世界范围内度假区的建设和旅游饭店的发展，加快了近代旅游业的形成与发展。

## 三、西方现代旅游的发展

第二次世界大战结束以后，随着国际政治形势的相对稳定和世界经济的持续发展，旅游活动真正成为一种大众性的活动和人们日常生活不可或缺的一部分。旅游需求持续稳定地扩大，一方面促进了旅游供给不断增长，使旅游业得到快速发展；另一方面推动了旅游方式的改变，各种新兴的旅游活动层出不穷。

### （一）现代旅游发展的背景

19世纪末内燃机技术的问世，给交通运输工具的发展提供了新的动力来源，也带来了旅游交通的又一次大变革。

作为火车之外的另一种陆路交通运输工具，汽车在近代旅游发展的早期便已开始研制和问世。内燃机技术的采用，使汽车的结构和运行速度产生了革命性的进展，汽车的数量迅速增多，成为人们中、短程旅游的主要交通工具。以英国为例，第一次世界大战爆发时，私人小汽车已达到了200万辆，到20世纪70年代末上升到1100万辆，到20世纪80年代末则上升为2000万辆。1950年，英国三分之二的旅游者在假日期间乘坐火车出行，到1970年这个数字便下降为七分之一。

另外，内燃机技术的发展促成了飞机的发明。1903年莱特兄弟发明飞机，1914年世界上最早的一架客机在美国开始飞行。20世纪20年代末，体型较大并且安全的民航客机开始投入使用，从而使航空旅行的吸引力变得越来越强。1939年，欧美各主要城市间都已有了定期客运航班。20世纪50年代中期，喷气式飞机开始用于民航，这些新型客机不仅更安全、更舒适、飞行速度更快，而且更节省能耗，因而票价也更便宜。喷气式客机的发展和普及，有助于人们克服外出旅游的时间障碍，使旅行的时间距离得以有效缩短，从而为远程旅游活动，特别是国际旅游活动的发展提供了新的便利条件。

如果说内燃机的出现预示着近代旅游开始向现代旅游的过渡，那么喷气推进技术在民用航空中的应用则标志着现代旅游的产生。

### （二）现代旅游活动迅速发展的原因

随着第二次世界大战的结束，特别是20世纪60年代以来，旅游活动迅速恢复并保持持续、快速的增长势头，现代旅游业成为战后发展势头较为强劲的行业之一。据统计，1950年全球国际旅游接待量为0.25亿人次，到2001年已增加为6.93亿人次，增长了26倍；国际旅游收入从21亿美元增长至4620亿美元，增长了219倍。旅游消费占全球总消费的比重超过10%，旅游业已经成为世界上较大的产业之一。第二次世界大战结束后，旅游活动之所以如此快速地发展，其主要原因可以从供给和需求两大方面进行分析。

#### 1. 需求方面的影响因素

1）世界人口的增加

第二次世界大战结束初期到20世纪60年代，全世界人口从25亿增加到36亿，增加了44%。世界人口基数的扩大，是旅游需求规模迅速增长的客观基础。

2）世界经济的发展和人均收入的增加

第二次世界大战后，世界各国都致力于经济的恢复和发展，几乎所有国家的经济增长速度都明显高于战前的情况。根据相关统计资料，1949年全球生产总值为2.5万亿美元，到20世纪60年代末则上升为6.2万亿美元（以1979年的美元价值计算）。经济的发展使得众多国家的人均收入迅速增加，为大众旅游的发展提供了稳固的经济基础。据统计，世界发达国家的国民人均收入从1960年的520美元增加到1979年的2690美元，20年内增长了4.17倍。人们收入的增加和支付能力的提高，对旅游活动的迅速发展和普及起到了极其重要的推动作用。

3）交通运输工具的进步

就世界范围而言，特别是在经济发达的工业化国家，铁路、轮船等传统的出行方式逐渐为汽车和飞机所代替。在欧美发达国家中，拥有私家车的家庭比例不断增大，公共汽车运营网络也在不断扩大和完善。民用航空运输的发展也使得人们有机会在较短的时间内进行长距离旅行，特别是国际、洲际乃至环球旅游。交通运输技术的发展，不仅意味着旅行条件的改善，更重要的是刺激了人们的外出旅游需求。

4）生产自动化程度的提高和带薪休假制度的发展

第二次世界大战后，科技发展带来的生产技术进步，许多行业生产过程的自动化程度都在不断提高。生产效率的提高意味着生产同样数量的产品所需要的时间大大缩短。加之劳动者为争取自身利益而不懈努力，人们的带薪假期得以实现和增加。20世纪60年代以后，发达国家纷纷以立法的形式规定和实施了带薪假期制度。闲暇时间的增多意味着外出旅游度假在时间上有了保证，旅游活动的人数迅速增加，旅游的距离和逗留的时间也有所延长。

5）城市化进程的加快

第二次世界大战后，许多国家的城市化进程加快。1950年，世界城市人口所占比重为28.6%，而到1999年已超过50%，在经济发达的工业化国家中更是达到80%以上。城市空间的拥挤、城市环境的嘈杂、生活节奏的紧张和工作压力的增大，使得城市居民需要定期使自己疲惫的体力和紧张的神经得到放松，向往重返没有城市污染和工业污染的大自然，向往能使人耳目一新的异域环境，这成为战后旅游度假迅速发展的重要社会心理原因之一。

6）教育事业的发展和信息技术的进步

第二次世界大战后，随着各国教育事业的发展和国民受教育程度的提高，越来越多的人对自己本土以外其他国家和地区有了更多了解，并因此产生兴趣。这种好奇心的增长，增强了他们的求知欲，助长了人们希望有机会亲历观察和体验某些异乡事物的愿望，激发了探新求异为目的的旅游动机。随着文化水平的提高和知识的增长，人们更愿意走出家门，参加各种旅游活动。

信息技术的进步，特别是网络技术的迅速发展，可以让人们随时随地掌握世界各地的情况，为旅游者提供各种服务及资源，帮助他们更精确地制订旅游计划并圆满地完成旅游活动。饭店管理系统、计算机预订系统、银行结算系统和旅游目的地信息系统等信息技术的广泛应用，都极大地方便了人们的旅游活动。

**2. 供给方面的影响因素**

除了上述需求方面的因素的推动之外，许多供给方面的因素对于第二次世界大战后旅游活动的迅速发展，也起了相当大的拉动作用。

1）政府的支持态度和鼓励措施

由于旅游发展给目的地带来的巨大经济和社会作用，几乎所有国家的政府在发展旅游业和便利旅游者来访方面都采取支持的态度和鼓励的措施。许多国家都把旅游业作为国民经济的重要组成部分，为了创汇在刺激旅游发展方面采取了许多优惠政策。例如1989年日本政府为了鼓励海外旅日游客，将所有食品、运输、观光消费和旅游的住宿费的税率从原来的10%下降到3%～6%，从而使旅游者在食、住、行、购等方面大为受益。还有很多国家通过对航空公司实行政府补贴、用国家资金来新建和扩建机场、通过国家投资兴办旅游企业等方式刺激旅游业发展。世界各国不仅扶持旅游业，也鼓励本国居民积极参与旅游活动，并在出境旅游方面放宽或取消出入境限制、简化边境通关手续等，促进了国民旅游的发展。

2）旅游目的地的建设

随着现代旅游的不断发展，各个国家和地区在旅游目的地的旅游资源开发和接待设施建设方面也做了大量的努力和投入。旅游景点、交通、住宿、餐饮、娱乐、旅行社等都在不断发展，各级旅游管理组织及与之配套的旅游教育、相关的法律法规也都在不断完善，这些都有力地促进了现代旅游的发展。

总之，在上述供需因素的联合作用下，现代旅游活动出现了令人瞩目的发展势头。随着旅游活动人数和消费额在世界各地的普遍增长，旅游业也逐渐发展成为世界经济中的"巨人"。

# 第三节　中国旅游发展史

## 一、中国古代旅行和旅游的发展

### （一）中国古代旅行和旅游发展概况

#### 1. 先秦时期

先秦时期，是中国古代旅行和旅游的蒙昧阶段。在当时的文字中，关于旅行和旅游现象最早的记载要数甲骨文中的“旅”字（图3-1）。甲骨文中的“旅”字呈两人为伍行走之貌，反映出当时的旅行和旅游活动是集体的行动，除了部落联盟首长和早期的帝王巡游有较为充足的条件以外，个人旅行和旅游的条件并不具备。

图3-1　甲骨文中的“旅”字

**知识拓展**

**神话传说中的旅游与部落首领巡游**

史前社会是一个漫长而无文字记载的社会，这一时期的旅游活动多是从神话传说中反映出来的，虽有神秘的色彩和虚构的内容，但仍是远古时代人们现实生活在某种程度上的客观反映。它们至少说明：旅游几乎是人类与生俱来的一种天性。在遥远的古代，人们就渴望远游，这种天性与渴望真切地体现在神话中，在瑰丽浪漫的外层形式下，就是远古时代少数人非被迫性旅行或旅游的社会实践活动。

中国神话传说中的旅行最早可以追溯到“伏羲氏始乘桴”[①]，即乘坐竹木筏。在河姆渡遗址中发现了迄今为止时间最早、保存最完好的两支木桨。之后才有“轩皇变乘桴以造舟楫”[②]，即制造了木船；《汉书·地理志》也记载“昔在黄帝，作舟车以济不通，旁行天下”。

黄帝是中华民族的始祖，也被视为中国旅游活动的先驱和旅游文化的播种者。黄帝经常外出旅行，他曾经东临大海、西到崆峒、南至长江流

①出自《淮南子·物原》。桴，就是小木筏。

②出自东晋时期王嘉编写的古代中国神话志怪小说集《拾遗记》。

域、北达釜山[①]。相传黄帝在昆仑山上筑有行宫[②]，宫阙楼台庄严华美，奇珍异兽护持左右，仙树神花琳琅满目。青要山、槐江山都是黄帝游居之地，而华山、首山、太室山、泰山和东莱山则是黄帝游览并与神仙相会的地方[③]。黄帝不仅进行着寻幽历险的旅游活动，还是旅游文化的缔造者，安徽黟山因他而得名黄山。《白泽图》则是最早的旅游博物图。《白泽图》又名《白泽精怪图》，相传黄帝在恒山游玩的时候，在海边偶遇一头神兽“白泽”。白泽是祥瑞之兽，能口吐人言，尤其对天地间的鬼神怪物了如指掌。于是，黄帝便令人记下白泽所说的11520种怪物，绘成图，加以注释，告知其属下臣民。此后，黄帝还将此图铸在君王权力的象征物和庙堂神器——黄帝宝鼎之上。

继黄帝之后，尧、舜、禹等部落首领效法“风吹拂于地而遍及万物”的精神，省视四方，留心民风民俗，用教育来感化民众[④]。据《史记·五帝本纪》记载，颛顼“北至于幽陵，南至于交址，西至于流沙，东至于蟠木”。《贾谊新书·卷第九》记载，尧“身涉流沙，地封独山，西见王母”。舜在位39年，先后巡游了泰山、衡山、华山、恒山[⑤]，晚年到南方巡狩，死于苍梧之野，葬在九嶷山[⑥]。大禹治水，“久旅忘家”[⑦]，其踏勘之路从冀州开始，然遍及兖州、青州、徐州、扬州、荆州、豫州、梁州和雍州[⑧]，开山治湖，疏通河道，平定九州[⑨]，晚年巡狩东方时逝于会稽[⑩]，一生几乎全在旅行中度过。

在中华民族的传统中，还奉祭一位旅行的祖神——脩。据《风俗通义》记载：“共工[⑪]之子曰脩，好远游，舟车所至，足迹所达，靡不穷览，故祀以为祖神。”祖神，即旅行之神。古时候人们每次出外旅行，都要先祭祖神，称之为“祖道”或“祖饯”，同时还要设酒宴，给出外之人送行，求祖神保佑，一路平安。

①出自《史记·五帝本纪》：“东至于海，登丸山，及岱宗。西至于空桐，登鸡头。南至于江，登熊、湘。北逐荤粥，合符釜山，而邑于涿鹿之阿。”

②出自《山海经·西山经》：“昆仑之丘，实惟帝之下都”“青要之山，实维帝之密都。”

③出自《史记·封禅书》：“中国华山、首山、太室、泰山、东莱，此五山黄帝之所常游，与神会。”

④出自《周易·观卦》：“风行地上，观。先王以省方观民设教。”

⑤出自《尚书·尧典》：“（帝尧令舜）岁二月，东巡守，至于岱宗……五月南巡守，至于南岳，如岱礼。八月西巡守，至于西岳，如初。十有一月朔巡守，至于北岳，如西礼。”

⑥出自《史记·五帝本纪》：“践帝位三十九年，南巡狩，崩于苍梧之野。葬于江南九疑，是为零陵。”

⑦出自明代学者杨慎释岣嵝碑文。

⑧出自《史记·夏本纪》。

⑨出自《史记·五帝本纪》：“披九山，通九泽，决九河，定九州。”

⑩出自《史记·夏本纪》：“十年，帝禹东巡狩，至于会稽而崩。”

⑪又名共工氏、康回、孔壬，中国古代神话中的水神。炎帝后裔，祝融之子。

在奴隶制社会鼎盛时期的商朝，生产工具和生产技术的进步以及新的社会分工使得生产效率空前提高，剩余劳动产品的增加和以交换为目的的商品生产得以扩大，加之商人阶级对生产和流通的促进，商品经济发达，易货贸易得到了很大发展。发明于夏朝的舟车到了商朝更加普及和先进，牛、马等大牲畜也普遍用于交通运输，商人的足迹从“东北到渤海沿岸乃至朝鲜半岛，东南达今日浙江，西南达到了今日之皖鄂乃至四川，西北达到了今日之陕甘宁绥乃至远及新疆……已经走遍了他们所知道的世界”（翦伯赞《中国史纲·第一卷》）。到春秋战国时期，商贾被纳入“四民”（士、农、工、商）之列，贸易经商活动有了更大的发展，出现了许多诸如范蠡、吕不韦等行踪遍天下的大商人。

先秦时期的帝王巡游、政治外交、游说和游学旅行也有所发展。士大夫阶层奉行“学而优则仕”的原则，纷纷踏上游说之旅，朝秦暮楚，穿梭游走于各诸侯国之间，以期达到以布衣取卿相的功利目的。天下学子以求学为目的，不问艰辛，不问路遥，纷纷走向投师问学、切磋学问的游学之旅。诸子百家，齐相争鸣，广纳弟子，游说四方。孔子为了恢复宗周时的礼治和王道，带领部分弟子周游列国达14年，“如齐至卫，所见八十余君”①，进行游学和游说。孟子也曾率领弟子周游诸国，“后车数十乘，从者数百人，以传食于诸侯”（《孟子·滕文公下》），声势颇为浩大。墨家始祖墨子也“周行天下，上说下教”（《庄子·杂篇·天下》），游历于鲁、齐、梁、楚各地，宣传“非攻”和“兼爱”的思想。苏秦、张仪等人也因“合纵”“连横”的外交游说活动而纵横天下。

先秦时期，中国出现了早期旅行或旅游的设施，如道路、旅馆等。据《诗经》记载，早在公元前10世纪，周朝就进行了大规模的道路建设和整治，最早公路称为“周道”或“周行”，但它是专供帝王和贵族们使用的等级特权之路②。周朝还建立了专门接待国宾的食宿设施——馆，并制定了“宾入如归”③的管理方针。此外，还建立了较为完善的官方驿站体系，“凡国野之道，十里有庐，庐有饮食。三十里有宿，宿有路室，路室有委。五十里有市，市有候馆，候馆有积”（《周礼·地官司徒》）。私人逆旅也开始出现。与此同时，旅行制度和规范出现，周朝时就设立了旅行管理的官员。周文王的官吏中设置有交通事务的主管官员，职能是“依其山川，通其舟车”（《逸周书》）。

### 2. 秦汉时期

秦汉时期是中国中央集权建立和发展时期，社会相对稳定，国力强盛。秦始皇统一六国之后，“车同轨”“书同文”④“法度量”，并大兴“驰道”“直道”“五尺道”“新道”及配套的馆舍、邮驿等设施，形成了以咸阳为中心，四通八达的全国道路网。为保障交通、方便出行，汉朝加强了交通要道沿路的食宿设施建设和管理，设立了亭传、传舍、馆舍、邸舍、竭舍、客舍、逆旅等，不仅为传递公文的官员和驿使服务，也为

①出自《吕氏春秋·遇合》：“孔子周流海内，再干世主，如齐至卫，所见八十余君。”

②出自《诗经·小雅·大东》：“周道如砥，其直如矢”“君子所履，小人所视。”

③出自《国语·周语》：“百官以物至，宾入如归。”

④出自《礼记·中庸》：“今天下车同轨，书同文，行同伦。”

平民服务。道路交通和旅游设施的建设,为秦汉时期旅行和旅游的发展提供了客观的便利条件。

远行是这一时期旅行和旅游活动的突出特点,帝王全国性巡游、商务旅行、外交旅行、探险旅行、学术考察等旅游活动兴起。秦始皇、汉武帝热衷于封禅和祭祀,导致帝王巡游大规模地频繁举行。汉初的休养生息政策带动了商务旅行的空前发展,以司马迁为代表的文史考察旅行出现,张骞通西域则是最具代表性的公务旅行。随着丝绸之路的开辟,商人和僧人往来于途,推动了国际商务、宗教旅游的发展。儒家学说独盛一时,游学成风,道家学说也引发了一大批高士逸民的回归自然之旅。

**3. 魏晋南北朝时期**

魏晋南北朝是中国旅游史上的重要转折时期,社会动荡,文化活跃,出现了儒、释、道、玄多元并行的思想格局,超凡脱俗、返璞归真、寄情山水的哲学和宗教思想,对中国山水诗歌、游记等旅游文学创作的兴起有着重要影响。

这一时期的旅行和旅游活动以士人漫游和宗教旅游为主。文人士大夫消极遁世,把注意力转向大自然,走上寄情山水、饱览自然风光、追求适意娱情的漫游道路,以"竹林七贤"、陶渊明、谢灵运、郦道元等为典型代表。道教、佛教盛行,宗教旅游因此而盛,最为突出的是东晋僧人法显,他远赴印度求法并著有《佛国记》。

**4. 隋唐时期**

隋唐时期是中国封建社会的鼎盛时期。这一时期,疆域辽阔、社会稳定、经济繁荣、文化兴盛,加上旅游交通发达和旅游馆舍众多,旅行和旅游活动呈现出前所未有的强劲发展态势。

隋唐时期形成了以国都长安为中心的全国交通网络,"天下之中"的洛阳是全国重要的交通枢纽。唐朝时分别在长安和洛阳各设一馆驿使,进行交通和旅行设施的管理。陆路交通畅通无阻,主要驿道宽阔平坦,两旁往往还种有树木。大运河的开凿是隋唐时期水路交通发展的重要标志,并成为南北物资交流的大动脉和商业旅客往来的要道。旅馆包括政府的驿馆、民间的旅舍和外国商人兴办的胡邸。唐玄宗时,每隔30里设一驿站,全国共计1639所,设有驿站的道路里程近25000公里。

士人漫游成风、宗教旅游盛行、国际旅行活跃、旅游创作繁荣是隋唐时期旅行和旅游发展的特点。科举取士制度的实施掀起了读书热和官吏文人化的浪潮,求学旅行、赶考旅行、赴任旅行、谪宦旅行的发展,推动了游山玩水、寻访古迹等审美旅游的风行,促进了旅游诗文、游记、山水画等文学艺术创作的大发展。宗教旅游方面,僧侣和香客的旅行活动屡见不鲜,其中尤以玄奘和鉴真两位高僧的宗教旅游活动最为后人称颂。国际旅行方面,来华的外国使者、商人、学者、僧侣络绎不绝,长安呈现出一派"万国衣冠拜冕旒"的盛大景象。如日本曾先后16次派遣使者来唐朝学习中国文化。唐朝民间节日郊游的习俗也已十分普遍,如元宵观灯、上巳修禊、清明踏青、重阳登高等。盛唐时,政府鼓励游乐,官员实行"旬假"休息制度[①],市民在休息或节庆之时,会到近郊进行郊游活动。

Note

①出自《资治通鉴·唐纪·二十九》:"百官于春月旬休,选胜行乐……各赐钱五千缗。"

5. 宋元时期

宋元时期是中国封建社会发展和动荡交融的特殊历史时期。五代和两宋时期，陆上丝绸之路被阻断，南方海上丝绸之路及航海旅游兴起。宋元时期指南针出现并应用于航海，使航海技术和造船技术有了高度发展，海外贸易十分发达，“舟舶继路，商使交属”(《宋书·夷蛮传》)。元朝的建立使整个欧亚大陆的草原通道得以连通，海陆交通网络覆盖了欧亚大陆的广大地区，并直达东多瑙河畔，东西方两大文明区域之间的联系更加紧密。元朝进一步扩大开放，国际旅游来往频繁，与140多个国家或地区建立了海上贸易往来，广州、杭州、泉州、扬州等港埠开辟有专供外国人居住的“番坊”，由此可见当时外国人来中国经商旅行的盛况。

汉民族的封建王朝日益衰败，但壮游天涯的旅游观迅速发展，士人漫游活动极为普遍，并与游学相结合，“读万卷书，行万里路”的求学、交友和旅游观念进一步深化。此期，游记文学进入鼎盛时期，如《岳阳楼记》《石钟山记》《赤壁赋》《入蜀记》等都是千古流传的旅游名篇。

宋朝商业的发展为私营旅馆的发展提供了良好的社会条件，宗教旅游的兴盛也使部分寺院客舍向僧俗旅客提供食宿服务。宋朝政府还修建了不少旅游景观，如北宋对桂林漓江的建设、南宋对杭州西湖的整治等。

6. 明清时期

明清时期是中国封建社会走向衰败、资本主义萌芽的时期，城市与商品经济发达，旅行和旅游活动空前普及化、大众化，形成了全国性的旅游热潮。许多大城市附近的风景区都成为庶民聚集的游玩地，以宗教信仰为表征的进香活动、民间庙会大量涌现并成为新的节庆，带动了民众旅游的发展。

明清时期，文人学士寄情于山水之间，以遍游五岳名胜为目标，仕隐旅游成为社会风尚。明朝晚期，专业性较强的科学考察旅行表现得十分突出，李时珍的药物考察和徐霞客的地学考察可以说是这类科学考察旅行中的典型代表。郑和下西洋的航海旅行，更是促进了中西文化与经济的交流与发展。但明末至清朝的闭关锁国政策导致国际交流倒退，传教士来华是这一时期国际旅行和旅游活动中少见的亮点。

## （二）中国古代旅行和旅游的类型

作为文明古国，中国是世界上旅行和旅游活动兴起较早的国家之一，自上古时期一直延续封建社会数千年。随着朝代的更迭，社会经济、政治和科技文化的发展变化，旅行和旅游活动也经历着兴衰起伏，但总体来说却是异彩纷呈、绚丽多姿。中国古代的旅行和旅游活动，归纳起来主要有以下几种基本类型。

1. 帝王巡游

巡游，古代称作“巡”“巡守”或“巡狩”。《孟子·告子》云：“天子适诸侯曰巡守。巡守者，巡所守也。”帝王巡游实际上是历代最高统治者对自己所管辖的国家或领土所做的巡视游览活动。通过巡游，一方面可以炫耀自己至高无上的权威，威加四海，观察政情民风，以稳固统治；另一方面可以游赏名山大川，享受美景风光，祭祀封禅,以娱乐身心。

我国有史记载最早的天子巡游是周穆王西行漫游。周穆王是西周第五代君王,他喜欢远巡游猎,一心想要随心所欲走遍天下[①]。据《列子·周穆王》记载:"穆王不恤国是,不乐臣妾,肆意远游,命驾八骏之乘……遂宾于西王母,觞于瑶池之上,西王母为天子瑶,王和之,其辞哀焉。"周穆王此次巡游的行程大致是出洛阳后先向北行,越太行山,经河套,然后折向西,到达昆仑山,拜见了西王母,又沿叶尔羌河北上到巴基斯坦的瓦罕,然后从喀什东归。其所走的路线,与后来张骞出使西域的路线也即今天的丝绸之路基本相同。

秦始皇统一六国后,公元前220至公元前210年五次巡游天下,并七次立碑刻石记功,足迹遍及黄河上下、大江南北。汉武帝在位期间,东巡十三次,西巡六次,南巡、北巡各一次,其巡游范围和规模均远胜之前历代帝王。隋炀帝在大运河开通后,沿水路出游,开创了帝王龙舟巡游的先河。清朝的康熙和乾隆均六下江南,或立碑记功,或挥毫题词,大兴土木建亭台楼阁,以满足其享乐的需要,留下了大量的巡游印迹。

**2. 商务旅行**

中国古代社会,各地漕运水路四通八达,驿道陆路遍及各地,而且西南各省有栈道,沿海地区有海运。商路的开辟,为商旅的兴起奠定了基础,是商务旅行发达的重要标志。《尚书·酒诰》中记载的"肇牵车牛远服贾",说明商周时期就已有商务旅行活动的出现。《史记·货殖列传》中"天下熙熙,皆为利来;天下攘攘,皆为利往"的记载,也印证了我国古代商务旅行的蓬勃发展。

丝绸之路的开辟,更是将我国与西亚、南亚乃至古埃及和古希腊、古罗马连接起来,大大方便了中国与西方诸国之间的贸易往来。各国商人纷纷来到中国,中国商人也将贸易发展到海外,国际性经商贸易旅行颇为兴盛。

**3. 公务旅行**

公务旅行,是指为了达到某种政治或经济目的,受帝王派遣为完成某项任务而进行的旅行活动。公务旅行最早起始于先秦时期,主要表现为各诸侯国之间士人频繁的外交游说。汉朝张骞、班超、甘英先后出使西域,明朝郑和七下西洋,都是公务旅行的典型代表。

张骞曾于公元前138年、公元前119年两次出使西域。第一次历时12年终于到达大月氏(今阿富汗境内),虽无功而返,但"凿通"了千年古道,是中原人第一次有文字记载的直达西域之旅。第二次出使到达乌孙、大宛、康居、大月氏、大夏、安息等国,使中国的影响波及中亚一带。张骞的两次出使,促进了汉朝与西域的交流,开拓了从我国甘肃、新疆到今阿富汗、伊朗等地的陆路交通,丝绸之路逐渐形成并繁荣起来,从此"使者相望于道,商旅不绝于途",印度佛教也经此传入中原。

公元97年,班固遣甘英出使大秦,他率领使团从龟兹(今新疆库车)出发,西行至疏勒(今新疆喀什),越葱岭(今帕米尔高原),经大宛(今乌兹别克斯坦费尔干纳

①出自《左传·子革对灵王》:"昔穆王欲肆其心,周行天下,将皆必有车辙马迹焉。"

盆地）、大月氏至安息（波斯帕提亚王国，今伊朗境内），后历阿蛮（今伊朗哈马丹）、斯宾（今伊拉克巴格达东南）、于罗（今伊拉克东南部幼发拉底河下游），而抵条支（今伊拉克境内）。甘英到达了安息西界的西海（今波斯湾）沿岸，安息人害怕中国直接与东罗马帝国沟通，欺骗甘英说到罗马必须渡海且正常出海要坐三年船并伴有各种危险[①]，甘英听罢放弃西行，使当时世界东西方两大文明古国失之交臂，是为历史的遗憾。但甘英此次西行，行程15000多公里，“穷临西海而还，皆前世所不至”（《后汉书·西域传》），刷新了中国人西行的记录。

郑和是明代伟大的航海家，自1405年始，明成祖先后派郑和七下西洋，历时20余年，先后抵达亚非30多个国家和地区，促进了中外政治、经济和文化的联系与交流，成为中国直航波斯湾、阿拉伯半岛、红海及非洲的第一人，比葡萄牙人达·迦马直航印度洋早80年。2005年，为纪念郑和下西洋600周年，国务院批准每年7月11日为“中国航海日”，同时也作为“世界海事日”在中国的实施日期。

**4. 士人漫游**

士人漫游主要是指文人学士为了各种目的而进行的旅行和旅游活动，历朝历代的漫游目的各有侧重，其形式和内容也有相应的变化。先秦时期的士人漫游主要是从政，故而游说之士较多。魏晋南北朝时期的士人漫游，则是政治上不得志转而寄情于山水。唐朝以后，科学制度调动了中下层知识分子从政的热情，因而“宦游”（为谋取官职的旅游）和“游学”十分兴盛。

士人在漫游的过程中，通过对山川景物及其他自然风光的游览观赏，寄情山水，创作了大量的山水画、山水诗及散文游记。

唐朝大诗人李白“五岳寻仙不辞远，一生好入名山游”（李白《庐山谣寄卢侍御虚舟》），24岁时“仗剑去国，辞亲远游”（李白《上安州裴长史书》），先后游历湖南、江苏、湖北、河南、山西、山东、浙江、陕西、河北、安徽、江西、四川等地，写下大量洋溢着浪漫主义情怀的诗篇。在他的笔下，万里长江“孤帆远影碧空尽，唯见长江天际流”（李白《黄鹤楼送孟浩然之广陵》）；九曲黄河“黄河西来决昆仑，咆哮万里触龙门”（李白《公无渡河》）；庐山瀑布“飞流直下三千尺，疑是银河落九天”（李白《望庐山瀑布》）；西北高原“明月出天山，苍茫云海间。长风几万里，吹度玉门关”（李白《关山月》）。旅行游览为他提供了创作的题材、意境和灵感，他为后人留下了脍炙人口、动人心弦的诗歌。

**5. 考察旅行**

考察旅行是一些专家、学者或矢志求学之士为了考证先贤遗著的正误或探索客观世界的奥秘而进行的治学和旅游相结合的实践活动，这是“读万卷书，行万里路”的中国优秀文化传统之一。这些文人学者，如司马迁、郦道元、沈括、李时珍、徐霞客等，经过长期艰苦的实地考察旅行，在学术和科学上取得巨大成就的同时，也成为著名的旅行家。

---

①出自《后汉书·列传·西域传》：“海水广大，往来者逢善风三月乃得度，若遇迟风，亦有一二岁者，故入海皆赍三岁粮。海中善使人思土恋慕，数有死亡者。”

著名的史学家司马迁从20岁开始壮游天下的文史考察之旅。他从长安出发，出武关，经南阳，南渡长江，越洞庭，到汨罗吊屈原，溯湘江，入潇水，窥九嶷瞻仰舜陵，而后东向“登庐山，观禹疏九江，遂至于会稽”(《史记·河渠书》)，接着进入江苏南部，上姑苏山，眺望五湖，观察水乡泽国，然后渡江北上淮阴侯故乡，再渡淮水，到达曲阜拜谒孔陵孔庙，之后取道当年孟尝君的封邑薛县，往楚汉之争的古战场彭越(今徐州市)，再折向大梁(今开封)，然后又漫游到安徽大泽乡一带，最后西出大梁返回长安[①]，历时10年，行程万里，走遍了中国的南部和东部。回长安后，司马迁被任命为郎中官，作为皇帝的侍从跟随皇帝巡游，先后游历今甘肃清水县、平凉市等地，北上到碣石(河北昌黎)，过辽西，转向北至九原(今包头)，前往泰山封禅之后沿“直道”南归长安。司马迁一生周游近20年，采风万里，足迹遍历祖国的名山大川(涉及今13省)，为他的鸿篇巨制《史记》打下了坚实基础。

著名的地理学家和旅行家徐霞客，十几岁就立下遍游“九州五岳，问奇名山大川”的志向，22岁开始周游名山大川、从事地理考察和探险旅游。在1609—1635年的20多年间，他主要以游山玩水、欣赏祖国的壮丽山河为目的，先后攀登过五岳及五台山、太行山、黄山、庐山、天台山、雁荡山、武泰山、珞珈山等，每每以“寻源探脉”“披奇抉奥”为快事，并对所游名山写下了详细的记录。1636—1640年，他的游历是以“万里遐征”为目的，沿长江一路西行，北历三秦，重点是考察西南的石灰岩地貌，对各地不同的石灰岩地貌进行了详细的描述、记载和研究。他通过亲身考察，以无可辩驳的史实材料论证了金沙江是长江的正确源头[②]。徐霞客也是世界最早的石灰岩地貌学者，对岩溶地貌的形成提出科学的解释，比西欧地质学家领先200多年。他一生都在跋涉，走遍了当时的两京13省，行程近10万里。清代学者潘耒为《徐霞客游记》作序：“以性灵游，以躯命游，亘古以来，一人而已。”

## 知识拓展

### 中国旅游日

中国旅游日与我国明代伟大的旅行家、地理学家、史学家、文学家徐霞客有关。徐霞客30年来足迹遍布大半个中国，写下了许多游记。他三次到过天台山，并写下了《游天台山日记》及《游天台山日记后》两篇游记。翻开《徐霞客游记》，第一篇就是《游天台山日记》，有“癸丑之三月晦，自宁海出西门，云散日朗，人意山光，并有喜态”的记述。

2001年，浙江宁海人麻绍勤以宁海徐霞客旅游俱乐部的名义，向社会发出设立“中国旅游日”的倡议，建议将《徐霞客游记》首篇《游天台山日

①出自《史记·太史公自序》：“二十而南游江、淮，上会稽，探禹穴，窥九疑，浮于沅、湘；北涉汶、泗，讲业齐、鲁之都，观孔子之遗风，乡射邹、峄；厄困鄱、薛、彭城，过梁、楚以归。”

②徐霞客之后很长时间内没有人找到长江正源，直到1978年，国家派出考察队才确认长江的正源是唐古拉山主峰各拉丹冬峰的沱沱河。

记》开篇之日(5月19日)定名为中国旅游日。

2011年3月30日,国务院常务会议通过决议,自2011年起,每年5月19日为"中国旅游日"。

6. 宗教旅游

宗教旅游是一种古老的旅行和旅游活动,自西汉末年佛教传入中国以来,我国的宗教旅游发展日趋兴盛。

中国古代的佛教旅行,主要是佛教徒以朝拜、学佛、传法为目的的旅行活动。国际性的宗教旅游也有所发展,尤以唐代的玄奘、鉴真为代表。玄奘于贞观三年(公元629年)从长安出发,历时17年,行程5万余里,"所闻所履,百有三十八国",贞观十九年(公元645年)回到长安,开创了中国人旅行南亚次大陆的最高纪录。鉴真从唐玄宗天宝元年(公元742年)着手东渡,历经磨难,先后5次受挫,到天宝十二年(公元753年)第六次东渡成功,到达日本九州,不但创立了日本的律宗,而且带去了灿烂辉煌的中华文化,如建筑、书画、医药、饮食文化等。

道教是中国本土宗教。秦汉时期,秦始皇、汉武帝为求长生不老,曾派高士遍访奇山异水,人们将这些高士的活动称为"仙游"。魏晋时期,随着道教的兴盛,旅行活动的参加者不仅有道士,文人墨客、宦海官吏、普通百姓也加入了这一行列。葛洪是东晋时期著名的道教领袖,擅丹道,习医术,不仅对道教理论的发展卓有建树,而且在治术、医学、音乐、文学等方面亦有成就,更是为"穷九丹之秘术"(《晋书·葛洪传》)仙游大江南北,足迹遍及江苏、浙江、湖南、湖北、江西和河南等地。丘处机也是道教大师,1219年,成吉思汗派专使到山东蓬莱昊天观敦请丘处机,丘处机率弟子李志常、赵道坚等18人应诏西游。他们从山东莱州北上燕京,出居庸关,继续北行过野狐岭(今张家口西北),到陆局河(今克鲁伦河),再折向西行,过镇海城(今哈拉湖南岸),向西跨越阿尔泰山,穿过准噶尔盆地,再南下阿里马城(今新疆霍城),渡过伊犁河,经撒马尔罕到达大雪山(今阿富汗兴都库什山),历时三年,终于见到成吉思汗,从而打破了此前所有通西域的宗教旅游者都是佛教徒,由佛教独游西域、独言西域的局面。

7. 大众旅行

我国古代普通劳动人民基于生产方式、经济基础、政治制度等各方面的原因,绝大部分没有旅游活动。一般城市居民和普通读书人与农民相比有一定的机会外出,但范围是相对较近的短途旅游,既包括踏青,也包括市内的节庆娱乐活动。如孔子的学生曾点所描述的"莫春者,春服既成,冠者五六人,童子六七人,浴乎沂,风乎舞雩,咏而归"(《论语·先进》),就是很生动的春游画面。

魏晋南北朝是一个思想解放的时代,也是社会对妇女较为宽容甚至是妇女地位相对较高的时代,妇女不但可以抛头露面,而且郊游成风。她们经常结伴游玩或串亲戚,"承星举火,不已于行,多将侍从,炜晔盈路,婢使吏卒,错杂如市……或宿于他门，或冒夜而反。游戏佛市，观视渔畋，登高临水，出境庆吊”（葛洪《抱朴子·外篇·疾谬》）。

## 二、中国近代旅游的发展

我国的近代旅游阶段主要是指1840年鸦片战争到1949年之前这段时期。从鸦片战争开始，帝国主义用坚船利炮打开了中国的大门，中国从此逐步沦为半殖民地半封建社会。西方文化开始进入中国，公路、铁路、汽车、火车等新的旅游交通及新式旅馆、近代旅行社等旅游设施和旅游组织的发展，对中国的近代旅游产生了深刻的影响。

### （一）近代旅游活动的发展

鸦片战争失败后，中国被迫与帝国主义列强签订了一系列不平等条约，这一时期的外国人来华旅行和旅游，与帝国主义的殖民侵略活动是密不可分的。西方的商人、传教士、学者和一些冒险家纷纷来到中国，甚至在一些风光优美的地方，如北戴河、庐山等地，建造房屋作为居住区，中国成为外国“冒险家的乐园”。

与此同时，中国人出国旅游的人数也大大增加，其中有的是出国考察游历的旅行者，有的是出国求学的留学生。还有一些爱国人士，为寻求救国救民的真理，也纷纷出国考察、游历求学。康有为、严复、孙中山，以及后来的共产党人周恩来、朱德等就是杰出的代表人物。

19世纪60年代到90年代的洋务运动，使中国出现“留学热”，清政府为培养“洋务人才”先后派了许多留学生到美国和欧洲国家学习西方的科学技术。中国第一个铁路工程师詹天佑就是第一批去美国的幼童留学生。1873年，李鸿章和船政大臣沈葆桢奏请清政府批准由福州船政学堂挑选学生到英国、法国学习，其中就有严复。19世纪末，戊戌变法时，清政府又派出大量留学生，其中以去日本者居多。至1906年，官派、自费留学生增至8000多人，他们中有近代名人黄兴、陈天华、邹容、朱执信、何香凝、廖仲恺等。

### （二）近代旅游业的产生与发展

#### 1. 旅行社

中国近代旅游业的诞生，是以1923年上海商业储蓄银行旅行部的成立为标志的。

20世纪初，经济发达、交通便利的上海成为当时中国与外部世界联系和交往最多的城市。随着中外人员交往的增多，一些外国旅行社，如英国的通济隆旅行社、美国的运通旅游公司等，已经开始在上海等地设立旅游代办机构，经营旅游业务。面对当时旅游需求日益明显的增长和外国旅行社进入中国市场的现实，民族银行家陈光甫先生经与同仁商议，决定在上海商业储蓄银行的经营范围内增设一个旅行部，一方面谋求扩大生财之道，另一方面也是为了创办中国人自己的旅行社。1923年8月，经当时的北洋政府批准，上海商业储蓄银行旅行部正式成立。

1924年初，该旅行部组织了第一批国内旅行团，由上海赴杭州观光旅游。1925

年春，该旅行部开始组织承办出国旅游业务，第一次组织了有20余人参加的赴日“观樱”旅行团，历时3周，游览了日本的长崎、京都、东京、大阪等地。1927年初，该旅行部编印出版的《旅行杂志》是中国第一本旅行杂志，专门宣传祖国的风景名胜和自然风光。

1927年6月，该旅行部从上海商业储蓄银行中独立出来，以自己的名义申请营业执照，更名为中国旅行社，这是中国第一家旅行社。中国旅行社的业务宗旨是“导客以应办之事，助人以必需之便。如舟车舱之代订，旅舍卧铺之预订，团体旅行之计划，调查游览之入手，以致轮船进出日期，火车往来时间，在为旅客所急需者”(《旅行杂志》1927年春季号)。

中国旅行社设立七部一处，即运输部、车务部、航务部、出版部、会计部、出纳部、稽核部和文书处。经营的业务范围包括代售国内外各种交通票据，办理和提供住宿与餐事，举办赴国内外的团体旅游，出版期刊和编辑各种宣传品，代办各项出国手续和证件。此外还提供旅途服务，接待来当地旅游的游客，提供导游和各项旅行服务，代办邮政电报，经售上海银行的旅行支票及各地的土特产，代办货物运输报关和运输保险，并代理海陆空运输业务等。

随着业务范围的扩大和业务量的增长，中国旅行社在全国各地设立了58个分支社或办事处，还在纽约、伦敦、新加坡、加尔各答、河内、仰光、马尼拉等地设立了驻外办事机构，建立招待所、饭店21家，同时与国际上的多家旅行社建立了业务往来。1947年在伦敦举办的首届世界旅游博览会上，中国旅行社曾以巨幅“中国名胜图”参展。

与此同时，中国还出现了其他类似的旅游组织，如铁路游历经理处、公路旅游服务社、浙江名胜导游团等。社会团体方面也相继成立了旅游组织，如1935年中外人士组织成立中国汽车旅行社，1936年筹组国际旅游协会，1937年出现友声旅行团、萍踪旅行团、现代旅行社等。这些旅行社和旅游组织虽然规模都不大，且以组织集体旅游为唯一业务，但对中国近代旅游业的发展起到了极大的促进作用。

**2. 旅游饭店**

清朝末年，近代饭店业逐步发展起来。这一时期的饭店主要有外资经营的西式旅馆、民族资本经营的中西式旅馆、铁路沿线的招商旅馆以及公寓等。

20世纪20年代至30年代，由于通商口岸的对外开放，西方来华人士骤增，西式旅馆不断营建，欧美式大饭店和商业旅馆的经营方式也陆续引入中国，中国旅馆数量大幅增长，新式旅馆“接踵而来，连绵不绝”。国内一些交通枢纽城市和商业港口城市，如上海、北平、天津、汉口、青岛、大连、长沙、郑州、南京等，掀起了一股建造现代饭店的热潮。以上海为例，中西旅馆、饭店达到三百多家，其中比较著名的有中央饭店、大中华饭店、扬子饭店、和平饭店、国际饭店等。如果加上地方交通旅馆，全国共有一千多家。

**3. 旅游交通**

1901年，上海首先引入欧洲生产的汽车，到1911年，天津、北京等大城市也相继出现汽车、电车等先进交通工具，这为城市旅游提供了极大便利。

铁路是近代旅游的主要交通工具，出于侵略和掠夺的需要，帝国主义列强在中国境内修建和经营铁路，如德国修建了胶济铁路、法国修建了滇越铁路、英国修建了广九铁路等。1881年以后，中国也自行修建了部分铁路，如京张铁路、大冶铁路、山海关内外铁路、粤汉铁路、新宁铁路等。铁路的兴建和发展，有力地推动了旅游业的发展。民国年间已有旅游专线车出现，如每年农历八月中旬钱塘江大潮来临之际，从上海到杭州都增开专线车，以满足广大观潮游客的需求。沪杭铁路局还采用发售莫干山游历联票、特开假日列车等措施，促进旅游业的繁荣。

20世纪30年代，上海在中国沿海航运业的枢纽地位和中国海运中心、东亚交通中心地位已经确立。民用航空已有中国航空公司、欧亚航空公司、西南航空公司3家，开辟了10条航线。远洋航运企业有轮船招商局、中国邮船公司、中华航业公司等，通航于欧洲、美洲、亚洲、大洋洲之间。

除此之外，在旅游资源开发工作方面，曾有人或机构在庐山、北戴河、莫干山、鸡公山等地开辟和建设避暑度假区；在旅游促销活动方面，除了参展芝加哥博览会和伦敦博览会，中国还于20世纪30年代分别在上海和杭州举办过具有相当规模的国货博览会和西湖博览会。

近代中国，外有列强侵略，内有政府腐败，加上连绵的战争影响，旅游业作为一个新的经营领域虽然已经出现，但始终未能全面发展。

## 三、中国现代旅游的发展

中国的现代旅游始于1949年中华人民共和国成立，以改革开放为节点可以分为两大阶段。

### （一）中华人民共和国成立至改革开放前的旅游发展

这一时期，一方面，由于我国生产力水平落后和商品经济的不发达，制约了国人的旅游和度假需求，也限制了社会各界差旅活动的规模，从而使国内旅游业很难具备实现发展的市场条件。另一方面，由于当时所处的国际政治环境，我国旅游部门的主要任务是服务外交工作，承担接待国际友人来华访问的接待任务。因此，这一时期旅游部门的工作只是政治性接待而非商业性经营，旅游业务主要是国际旅游，旅游者大多为华侨，以及来自东欧等国家的旅游者和极少数西方国家的旅游者。

#### 1. 旅游接待部门的建立和发展

1）华侨旅行服务社

基于巩固新生政权、扩大统一战线和贯彻侨务政策的需要，新中国第一家国营旅行社——华侨服务社于1949年11月在福建省厦门市成立，其任务是接待海外侨胞归国探亲和观光旅游。此后几年，广东省的深圳、广州、汕头等地都成立了华侨服务社，并陆续更名为华侨旅行社，以福建、广东等地为首的全国主要省市、主要的出境口岸初步形成接待网络，为开创新中国的旅游业奠定了基础。1957年4月22日，华侨旅行服务总社在北京成立，服务对象也扩大为来中国大陆访问的海外华侨、港澳同胞和外籍华人。自此，新中国的旅游业从早期的公费接待少量观光团，发展到组织华侨、港澳同胞自费回国或到内地观光、旅游、探亲，侨乡探亲旅游成为这一时期的主要旅游形式之一。

2）中国国际旅行社

1952年，亚洲及太平洋区域和平会议的召开扩大了我国的国际影响，此后来华执行公务和旅游的外国宾客逐渐增多。出于接待工作的需要，在周恩来总理的提议下，经当时的政务院批准，中国国际旅行社（简称“国旅”）总社于1954年4月15日在北京正式成立，并在上海、天津、杭州、南京、汉口、广州、沈阳、哈尔滨、安东、大连、满洲里、南宁、凭祥、南昌等地成立了14家分社。根据当时的规定，中国国际旅行社的任务是“作为统一招待外宾食、住、行事务的管理机构，承办政府各单位及群众团体有关外宾事务招待等事项；并发售国际联运火车、飞机客票”。中国国际旅行社的性质定为“国营企业”，由国家实行差额补贴，主要任务是做好政治接待工作而不在于营利。到1957年年底，中国国际旅行社已和11个社会主义国家的旅行社有业务往来，另外还与西方国家113个旅游机构建立了联系，新中国旅游业得到初步的发展。

**2. 旅游管理部门的成立**

为了加强对旅游工作的领导和管理，中国旅行和游览事业管理局作为国务院的直属机构于1964年正式成立，其主要职能如下。

（1）负责对外国自费来华旅游者的管理工作。

（2）领导各有关地区的国际旅行社及其直属服务机构的业务，组织我国公民出国旅行。

（3）负责有关旅游事务的对外联络工作和宣传工作。

国务院明确规定，发展我国旅行和游览事业的方针和目的，首先是为了学习各国人民的长处，宣传我国社会主义建设的成就，加强和促进同各国人民之间的友好往来和相互了解；其次才是通过发展旅行和游览事业增加外汇收入，为国家建设积累资金。

**3. 旅游市场的发展**

自1954年日内瓦会议后，特别是1955年万隆会议的召开，中国的国际地位得到空前提高，国际影响日益扩大，与中国建立外交关系的国家数量明显增加，自费来华旅游的外国宾客也逐渐增多。据不完全统计，1956年初到1957年10月，中国国际旅行社总社共接待了各国自费旅游者3885人。

20世纪60年代初期，西方资本主义国家来华访问的人数逐渐增多。到20世纪60年代中期，欧美已成为当时我国旅游业的主要客源市场。1965年，我国仅国旅系统就接待了外国来华旅游者21235人次，包括12877名外国团体旅游者和8358名外国散客，实现旅游收入200余万美元，其中86%来自西方资本主义国家，创造了十年来的最好成绩。

之后，周恩来总理出访亚非14国，中法建交，以及中国和古巴通航等一系列外交成果的出现，给我国旅游事业的发展带来了新的契机，第三世界国家的来华访问者也有了明显的增加。中日友好往来也很频繁，1966年，日本来华旅游者占来华旅游者总数的12.9%，成为当时中国最大的旅游客源国。来华旅游者的人员构成也有较大变化，散客增多，民间组织的旅游团所占的比重日益增长，经济效益也有较大提高。

**4. 20世纪60年代中期以后的停滞和低谷期**

20世纪60年代中期，正当世界大众旅游兴起，全球旅游业以空前的速度蓬勃发展之时，我国的旅游业却因政治运动的开展而跌入低谷。1966—1976年，旅游业几乎处于瘫痪状态，每年仅接待三四百名外国游客，华侨旅行服务总社被迫撤销，各地旅游行政机构停止正常工作。

1971年，周恩来总理亲自部署召开全国旅游工作会议，提出旅游工作的方针是“宣传自己，了解别人”，并指示在经济上旅游事业的收入应略有盈余。这次会议之后，中国的旅游业才开始有了转机。

1971年10月，我国在联合国的合法席位得以恢复；1972年，中美、中日建交，尼克松总统和田中首相先后访华。这一系列国际关系方面的重大进展，为旅游业的发展提供了有利的国际环境。美、日来华游客的数量逐渐增多，其他西方国家来华访问的人数也开始有所增长。由于发展的需要，华侨旅行服务总社于1973年恢复成立，并于1974年同时加用“中国旅行社总社”的名称。

### （二）改革开放后的旅游发展

中国共产党十一届三中全会之后，随着全国工作重点向经济建设的转移和改革开放政策的实施，旅游业的发展步入正轨，进入了全面振兴的发展时期。根据这一时期旅游业的市场结构和演进过程，可以将其划分为以下三个阶段。

**1. 以接待入境旅游为主的发展阶段（1978—1986年）**

改革开放初期，我国的经济建设百废待兴，急需大量外汇支持。基于此，我国旅游业的发展没有采取“先国内、后国际”的常规模式，而是选择了优先发展入境旅游，国内旅游实行“不提倡，不鼓励，不反对”的政策。从客观的市场条件来看，一方面，国门初开，许多外国游客对到中国旅游表现出极大的兴趣；另一方面，当时国内经济还比较落后，国内旅游市场未能形成规模。因此，这一阶段我国旅游业的性质还没明确定义为经济产业，对入境旅游的接待仍带有较浓的政治色彩。

经过艰苦的努力，旅游产业的雏形初步形成，旅游饭店的大批兴建、旅游景点的广泛开发、旅行社业务的深入拓展、旅游交通的改进、旅游人才的培训、旅游商品的生产，都促使旅游接待的人数大幅增加和旅游外汇收入成倍增长。1980—1986年，来华入境旅游的人数增加了2倍多，旅游外汇收入增加了1.5倍。

**2. 入境旅游和国内旅游并行发展阶段（1987—1997年）**

20世纪80年代中期，随着我国社会经济的发展和人民生活水平的不断提高，我国居民的旅游需求大幅上涨，国内旅游人数迅速增加，国内旅游收入增幅惊人。国家对国内旅游的政策也由原先的“不提倡，不鼓励，不反对”逐渐过渡到“因地制宜，正确引导，稳步发展”，进入90年代后，更进一步转变为“积极发展”。

1986年，旅游业的接待人数和创汇收入指标正式纳入《中华人民共和国国民经

Note

济和社会发展第七个五年计划》(1986—1990年),这是我国旅游业发展史上新的里程碑。1987年,国务院又一次提出“要大力发展旅游业”。1991年,第七届全国人民代表大会第四次会议批准了《中华人民共和国国民经济和社会发展十年规划和第八个五年计划纲要》,正式将旅游业的性质定为产业,并将其列为加快发展的第三产业的重点。

**3. 入境旅游、国内旅游和出境旅游全面发展阶段(1997年以后)**

经国务院批复,国家旅游局和公安部联合颁布的《中国公民自费出国旅游管理暂行办法》于1997年7月1日起正式实施,这标志着国家正式允许旅行社行业开办组织中国公民自费出国旅游的业务,也标志着中国出境旅游市场的形成。我国旅游业走上了“大力发展国内旅游,积极发展入境旅游、有序发展出境旅游”的全面发展之路,并向世界旅游大国的方向迈进。

1999年,国家对原有的法定节假日安排进行了调整,形成了“春节”“五一”“十一”三个连休7天的长假。这种休假安排,为居民出行和休闲提供了时间上的便利,为旅游经济的增长作出了积极贡献。2008年,国家对原有的法定节假日安排再次调整,国家法定节假日的总天数由原来的10天增加到11天,增加了清明、端午、中秋三个传统节日,并允许周末上移下错形成两个七天的“黄金周”(春节和国庆节)和五个三天的“小长假”(元旦、清明、国际劳动节、端午、中秋),增加了假日的次数,从而为大众出行在时间上提供了更大的可能,强有力地促进了国内短途旅游的发展。

2009年,《旅行社条例》和《旅行社条例实施细则》正式实施,国务院发布《国务院关于加快发展旅游业的意见》(国发〔2009〕41号),提出要把旅游业培育成国民经济的战略性支柱产业和人民群众更加满意的现代服务业。2013年4月25日,《中华人民共和国旅游法》由第十二届全国人民代表大会常务委员会第二次会议通过,自2013年10月1日起施行,这标志着我国旅游发展进入法治化、规范化发展的新时期。2018年,中华人民共和国文化和旅游部成立,文化事业、文化产业和旅游产业走向融合发展的新局面。

**知识拓展**

**“十三五”时期我国旅游业发展的主要成就**

“十三五”时期,在以习近平同志为核心的党中央坚强领导下,全国文化和旅游行业坚持稳中求进工作总基调,贯彻落实新发展理念,坚持文化和旅游融合发展,加快推进旅游业供给侧结构性改革,繁荣发展大众旅游,创新推动全域旅游,着力推动旅游业高质量发展,积极推进旅游业进一步融入国家战略体系。

旅游业作为国民经济战略性支柱产业的地位更为巩固。“十三五”以来,旅游业与其他产业跨界融合、协同发展,产业规模持续扩大,新业态不断涌现,旅游业对经济平稳健康发展的综合带动作用更加凸显。

旅游成为小康社会人民美好生活的刚性需求。“十三五”期间年人均出游超过4次。人民群众通过旅游饱览祖国秀美山河、感受灿烂文化魅力,有力提升了获得感、幸福感、安全感。

旅游成为传承弘扬中华文化的重要载体。文化和旅游深度融合、相互促进,红色旅游、乡村旅游、旅游演艺、文化遗产旅游等蓬勃发展,旅游在传播中华优秀传统文化、革命文化和社会主义先进文化方面发挥了更大作用。

旅游成为促进经济结构优化的重要推动力。各省、自治区、直辖市和重点旅游城市纷纷将旅游业作为主导产业、支柱产业、先导产业,放在优先发展的位置,为旅游业营造优质发展环境。

旅游成为践行"绿水青山就是金山银山"理念的重要领域。各地区在严格保护生态的前提下,科学合理推动生态产品价值实现,走出了一条生态优先、绿色发展的特色旅游道路。

旅游成为打赢脱贫攻坚战和助力乡村振兴的重要生力军。各地区在推进脱贫攻坚中,普遍依托红色文化资源和绿色生态资源大力发展乡村旅游,进一步夯实了乡村振兴的基础。

旅游成为加强对外交流合作和提升国家文化软实力的重要渠道。"十三五"期间,出入境旅游发展健康有序,年出入境旅游总人数突破3亿人次。"一带一路"旅游合作、亚洲旅游促进计划等向纵深发展,旅游在讲好中国故事、展示"美丽中国"形象、促进人文交流方面发挥着重要作用。

(资料来源:节选自《"十四五"旅游业发展规划》。)

## 核心关键词

古代旅行(Ancient Travel)
近代旅游(Modern Tourism)
现代旅游(Contemporary Tourism)
产业革命(Industrial Revolution)
托马斯·库克(Thomas Cook)

## 思考与练习

1. 世界旅游发展史分为哪几个时期?各个时期的旅游活动呈现出怎样的特点?
2. 西方古代旅行活动的形式有哪些?呈现出怎样的特点?
3. 托马斯·库克对近代旅游业的贡献有哪些?
4. 第二次世界大战后现代旅游活动迅速发展的原因有哪些?
5. 中国古代旅行主要有哪些主要形式?
6. 简述中国近现代旅游活动的发展。

# 第四章

## 旅游者

**学习目标**

- 了解旅游者的不同界定。
- 了解旅游者形成的客观条件。
- 了解旅游者形成的主观条件。
- 了解旅游者的不同类型与特点。

**问题导向**

什么样的人才算旅游者?

### 第一节　旅游者的界定

旅游者是旅游活动的三个基本要素之一,是旅游活动的主体。由于人们旅游活动的动机多种多样,旅游活动形式层出不穷,而且各国旅游业的实际情况也不同,

Note

在制定旅游统计标准时就出现对旅游者不同的界定。综合来看，大致可以分为概念性定义和技术性定义两种。

概念性定义主要是对旅游者概念进行一般性描述。旅游者，英文为“Tourist”，最早在1800年出版的《牛津词典》中出现，意思是以观光游览为目的的外来游客。国内外一般性的语言词典中对“旅游者”的界定几乎都是“出于消遣目的而离家外出旅行的人”。可以看出，这种认识是有悖于世界旅游组织对旅游活动的规范界定的，没有将那些非消遣性的旅游者包含在内，比如商务旅游者、会议旅游者等。随着社会经济的发展，非消遣性的旅游活动规模日益扩大，人们对旅游者也有了新的认识。有人将旅游者界定为“为了某些目的离开常住地到异国他乡旅行或访问的人”，又有人将旅游者界定为“出于身心愉悦等目的而离开常住地，并在旅游目的地停留时间不超过一年的人”。比如，谢彦君将旅游者定义为“利用其自由时间并以寻求愉悦为目的而在异地获得短暂的休闲体验的人”。综合来看，这些概念性定义大多都是由一些学者基于个人不同的学科认识和背景，为适应各自的研究而提出的，因此并不统一。

## 一、国际旅游者的技术性定义

在旅游经营管理实务中，特别是在旅游统计工作中，需要从技术上界定旅游者，即将一些能够测量或者可借以区别的限定性标准纳入，从而有效地将旅游者与那些并非属于旅游者的其他旅行者区别开来。

早在第二次世界大战之前，旅游者的技术性界定就引起过人们的注意和探讨。例如，英国学者奥格威尔在其1933年所著的《旅游活动》一书中曾提出，基于对到访地区的经济影响，旅游者应是指符合以下条件的人：第一，离开自己的居住地而外出他乡旅行，到访目的地的连续停留时间不超过一年；第二，外出旅行期间，在所到访的地方花钱，而不是去到访之地挣钱。另一位英国学者诺沃尔在其1936年所著的《旅游业》一书中提出：不论是出于何种原因（除了寻求长期定居或就业目的），凡进入外国境内，并在该国暂时停留期间花钱消费者（所花的钱必须是在别国所挣），均可算是旅游者。

第二次世界大战结束之后，伴随着旅游业在经济中的地位日渐凸显，旅游研究和旅游统计工作也越发得到重视，尤其是一些权威机构的关注。从第二次世界大战之前的国际联盟（The League of Nations）到第二次世界大战之后的国际官方旅游组织联盟（IUOTO）、世界旅游组织（UNWTO）、经济合作与发展组织（OECD）以及很多国家的旅游行政机构，都曾为推进旅游者定义的标准化做了大量的工作。

### （一）国际联盟的界定

1937年，国际联盟统计专家委员会（Committee of Statistics Experts of the League of Nations）对“国际旅游者”（Foreign Tourist）的解释为“离开自己的居住国，到异国旅行和访问至少24小时的人”。可列入国际旅游者统计范围的人员包括以下几种。

·为了消遣、家庭事务或身体健康原因而出国旅行的人；

·为出席国际会议或作为公务代表(包括科学、管理、外交宗教、体育等会议和公务)而出国旅行的人；

·因工商业务原因而出国旅行的人；

·在海上巡游度假过程中登岸访问的人员，即使上岸停留时间不足24小时，亦视为入境旅游者(凡停留时间不足24小时者，应分开另作一类，必要时可不论其惯常居住地为何处)。

同时，该委员会还明确规定，下面这些来访的入境人员不在“国际旅游者”的统计之列：

·来访目的为打工、任职(不论是否订有合同)或在该国从事营业活动者；

·前来该国定居者；

·前来该国入学就读，膳宿在校的外国留学生；

·跨境前来工作的邻国边境居民；

·途经该国而不作停留的“中转过境旅行者”，不论其置身该国的时间长短。换言之，即使在该国境内的途经时间超过24小时，只要不离开规定的中转国境区域，也不纳入国际旅游者的统计范围。

1950年，国际官方旅游组织联盟根据国际旅游发展的变化，将国际联盟统计专家委员会对“国际旅游者”的界定重新进行了修订，主要包括：

·将前来修学旅行的外国学生也纳入“国际旅游者”的统计范畴；

·在对“国际旅游者”的统计中，增设了一个新的类别，称为“国际短途游览者”(International Excursionist)，并将其界定为“因消遣目的而到访别的国家，停留时间不足24小时的国际来访者”。

·对“中转过境旅行者”(Transit Travelers)做了新的界定，即“中转过境旅行者”包括那些途经该国而不作停留的旅行者，以及那些以不足24小时的时间途经该国，其间只是做了一些非旅游性质的短暂停歇的中转旅客。

1953年，联合国(UN)制定了《关于便利旅游者入出境的海关常规》，对(国际)旅游者的界定问题做了具体说明，即在旅游统计工作中，除了执行国际官方旅游组织联盟对旅游者的界定标准之外，还规定来访旅游者在到访国境内的连续停留时间最长为6个月。

### (二) 联合国罗马会议的界定

1963年，在国际官方旅游组织联盟(世界旅游组织的前身)的积极推动下，联合国在意大利的罗马召开了一次由全体成员国参加的国际旅游会议(以下简称罗马会议)，对上述定义进行了修改和补充，对入境来访的国际旅游者的统计范围进行了新的规定，具体内容如下。

凡纳入旅游统计中的入境来访人员统称为“游客”(Visitor)，指除为获得有报酬的就业以外，基于任何原因到一个不是自己通常居住的国家访问的人。其访问目的可为以下之一。

(1) 消遣性目的，包括娱乐、度假、疗养、保健、学习、宗教、体育活动等。

(2) 事务性目的，包括工商业务、家庭事务、公务出使、出席会议等。

在旅游统计中，“游客”分为两类。

一类是在目的地停留过夜的游客，称为“旅游者”(Tourist)，指到一个国家作短期访问至少逗留 24 小时的游客。其访问目的可属下列之一：①消遣(包括娱乐、度假、疗养、学习、宗教、体育活动等)；②工商业务、家庭事务、公务出使、出席会议。

另一类是在目的地不停留过夜当日往返的游客，称为“短程游览者”(Excursionist)，又称“一日游游客”，指到一个国家短暂访问，停留时间不超过 24 小时的游客(包括在海上巡游过程中到访上岸者)。引入了“一日游”的概念是这次罗马会议的贡献。但这一定义不包括那些在法律意义上并未进入所在国的过境旅客(如未离开机场中转区域的航空旅客)。国际联盟统计专家委员会界定的不属于旅游者的五种人员继续适用。

这一定义内容的基本特点如下。

·将所有纳入旅游统计的入境来访人员，统一称为“游客”。

·在统计工作中，以是否在到访国家停留过夜为区分标准，将来访游客进一步细分为两类：一类为停留过夜的“旅游者”；另一类为不做过夜停留的“短程游览者”。

·根据入境来访者的惯常居住地，而不是根据其所属的国籍，来界定其是否属于应纳入旅游统计的游客。

·根据所规定的访问目的界定入境来访者是否属于应纳入旅游统计的游客。

根据上述特点，人们在对旅游者(旅游统计中所称的游客)进行技术性界定时，所采用的主要指标是离开定居地或常住地、访问目的、在目的地停留时间三大方面。

1967 年，联合国统计委员会召集专家统计小组采纳了 1963 年罗马会议的定义，并建议各国都采用这一定义。1976 年，联合国统计委员会第 19 次会议又对国际旅游者做了更为明确的规定，将国际旅游者分为入境旅游者和出境旅游者两类。

### (三) 世界旅游组织的界定

世界旅游组织成立后，开始也将罗马会议的定义作为本组织对应纳入旅游统计的解释，但在进一步推动旅游统计工作的标准化和规范化方面，发现旅游统计方面的乱象并没有得到解决，各国国家旅游行政部门、旅游行业协会、旅游接待社区、学术界及旅游企业等对旅游统计的要求都存在很大差异，在 1991 年于加拿大渥太华召开的一次国际会议上，世界旅游组织表达了上述观点。同时，这次会议上也对旅游活动的定义及将“游客”这一概念用作整个旅游统计系统的基础概念方面达成了共识。在关于旅游活动的界定中，指出“旅游活动是出于消遣、度假、观光、商务、公务、会议、疗养、学习和宗教等不从访问地获得经济利益的目的，短期(历时不超过一年)离开自己的惯常环境，前往他乡的旅行活动及在该地的停留访问活动”。这一定义指出旅游活动涵盖了包括国内旅游在内的所有各种类型的旅游活动，旅游

Note

者的范畴也突破以往只有国际旅游者的认识。在关于游客的统计中，指出无论是国际游客还是国内游客，在旅游统计中，都可以进一步划分为两类：一类为停留过夜的“旅游者”；另一类为不做过夜停留的“短程游览者”或“一日游游客”。

### （四）中国国家统计局对入境旅游者的界定

随着1978年中国对外开放政策的实施，入境旅游者统计工作便提上了工作日程。1979年，国家统计局和国家旅游局对应纳入旅游统计的境外来访人员范围进行了一系列的解释和规定。其中强调指出，凡属应纳入我国旅游统计的来访入境人员，一律称为入境游客。对入境游客的具体界定是来我国内地（大陆）观光、度假、探亲访友、就医疗养、购物、参与会议或从事经济、文化、体育、宗教交流活动的外国人、华侨或港澳台居民。

入境游客界定中的一些用语规定具体如下。

·外国人：属于外国国籍的人，包括外籍华人。

·华侨：持有中国国籍，但侨居在外国的华人。

·港澳台居民：居住在中国香港、澳门及台湾地区的同胞。

为便于界定，我国还规定，入境游客是指那些出于上述原因或目的，离开其惯常居住国或地区前来我国内地（大陆）访问，连续停留时间不超过12个月，并且来访的主要目的不是通过所从事的活动获取报酬的境外来访者。其中所谓的“惯常居住国或地区”是指一个人在最近一年的大部分时间都在所居住的国家或地区，或虽然在该国家或地区只住了较短时间，但在未来12个月之内仍将返回该国家或地区居住。

根据在我国内地（大陆）访问期间的停留时间，统计工作中将入境游客分为以下两类。

·入境旅游者：在我国内地（大陆）住宿设施内停留至少一夜的入境游客。

·入境一日游游客：未在我国内地（大陆）住宿设施内停留过夜，而当日离境的入境游客，包括乘坐游船、游艇、火车、汽车、飞机来华旅游、在车（船、飞机）上过夜的游客和机、车、船上的乘务人员，但不包括在境外（内）居住而在境外（内）工作，当天往返的港澳台居民和周边国家的居民。

此外，我国还规定，纳入旅游统计的入境游客不包括以下人员。

·应邀来华访问的外国政府部长及以上的官员及其随行人员。

·外国驻华使、领馆官员，以及外交人员及其随行家庭服务人员和受赡养者。

·在我国驻期已达一年以上的外国专家、留学生、记者、商务机构人员等。

·乘坐国际航班过境，不需要通过护照检查进入我国口岸的中转旅客。

·边境地区（因日常工作和生活而入出境）往来的边民。

·来我国内地（大陆）定居的华侨和港澳台同胞。

·已在我国内地（大陆）定居的外国人以及离境迁出后重又返回我国内地（大陆）定居的外国侨民。

·归国的我国出国人员。

我国对入境游客的界定虽在个别条款上与罗马会议的解释有一定区别，但所反映的基本内容是一致的。目前，世界各国在对国际旅游者界定和统计时往往都是以罗马会议定义或世界旅游组织的定义为基础。可以说，各国就国际旅游者的界定原则上已达成共识。

## 二、国内旅游者的技术性定义

目前对国内旅游者的技术性定义，因为各国都根据自己国家的情况加以界定，因此国际上尚无统一标准。

### （一）世界旅游组织的界定

为了推动在国内旅游统计方面实现国际间的口径一致及统计结果的可比性，世界旅游组织早在20世纪80年代中期，就曾参照已有的国际旅游者定义，对国内旅游者统计所涉及的人员范围提出过推荐性意见。此后，在上述提到的1991年的加拿大渥太华会议上，在关于旅游活动的界定中，指出“旅游活动是出于消遣、商务及其他目的，短期（历时不超过一年）离开自己的惯常环境，前往他乡的旅行活动及在该地的停留访问活动”。这一定义指出旅游活动涵盖了包括国内旅游在内的所有各种类型的旅游活动，因此旅游者的范畴除了国际旅游者，也包括国内旅游者。因此，国内旅游统计应采用和国际旅游统计相同的体系，即同样采用“旅游者”这一概念作为国内旅游统计系统的基础性概念。在旅游统计中，对所有应纳入国内旅游统计的国内旅游活动参加者，同样一律称为“国内旅游者”，之后在旅游统计中以在目的地逗留时间是否超过24小时将其划分为两类：一类为过夜国内旅游者（Domestic Tourist）；另一类为不过夜国内旅游者（Domestic Excursionist）。

### （二）各国的界定标准

尽管世界旅游组织和联合国统计委员会做出了努力，但是世界上很多国家在对其国内旅游情况调查和统计时，在有关界定标准和统计口径的使用上，多依照本国的理解，结合本国的具体情况提出，并且这种状况至今未能有效得到改变。

#### 1. 距离标准

北美的加拿大和美国是以出行距离为标准来区别是否属于国内旅游者，而不考虑逗留时间。在美国，使用较为广泛的国内旅游者定义是1973年美国国家旅游资源评定委员会所做的界定，即“旅游者是除了上下班通勤之外，出于商务、消遣、个人事务或任何其他目的，外出旅行至少50英里（单程）的人，而不管其在外过夜还是当日返回”。美国旅游业协会（TIA）也是使用了这一标准。而美国人口调查统计局则坚持用至少为100英里的标准。在加拿大，加拿大统计局和加拿大旅游委员会（Statistics Canada and Canadian Tourism Commission）对旅游人数的统计口径是以外出旅行的距离至少为50英里为基准，旨在将那些距离过短，尤其是将那些完全是在诸如多伦多之类的大都市区域之内完成的旅行活动排除于旅游者统计之外。不过，加拿大各地在开展国内旅游调查中，也有如安大略省界定为25英里的不同做法。

北美这种以距离为标准来界定国内旅游者和进行国内旅游统计，往往容易使统计结果低于实际数字。比如，那些居住在城市边缘地区的人，即使距离达不到50英里的距离要求，但却在越出其居住地的行政区界，但即使外出的目的是观光度假，并且在目的地发生了消费，无论他停留时间多久，也不会被界定在国内旅游者的统计范围之内。

**2. 时间标准（是否过夜）**

欧洲的英国和法国正好与北美的加拿大和美国的统计标准相反，其判断国内旅游者的标准不是出行距离，而是异地逗留时间的长短，并且强调必须在外过夜。

英格兰旅游局在每年一度的英国旅游调查中对国内旅游者的定义是：基于上下班以外的任何原因，离开居住地外出旅行过夜至少一次的人，至于外出旅行的距离则未作任何明确规定。

法国旅游总署对国内旅游者的定义是：基于下列原因离开自己的主要居处，外出旅行超过24小时但未超过4个月的人。这些原因包括：①消遣；②健康；③出差或参加各种形式的会议；④商务旅行；⑤改变课堂教学的修学旅游等。按规定，下列人员不在国内旅游者之列：①外出旅游活动不超过24小时的人；②为了就业或从事职业活动而前往某地的人员；③到某地定居的人；④在异地求学、膳宿在学校的学生及现役军人；⑤到医疗机构治疗或疗养的人；⑥在规定假期内，为家庭事务而探亲访友的人。

这种没有明显提到出行距离，但必须在外过夜的规定，从另一方面也说明外出已达到一定距离，否则不会在外过夜。所以，按这种标准来统计国内旅游者，能在一定程度上较全面地反映真实情况。

**3. 距离+时间标准**

澳大利亚产业经济局在旅游统计工作中将旅游者定义为"离开自己的惯常居住地，到至少40公里以外的某地去访问的人，在该地至少停留24小时，但最多不超过12个月"。根据这一定义，该机构是将停留时间和旅行距离同时作为界定旅游者的标准。

澳大利亚统计局在国内旅游统计工作中赞成使用世界旅游组织的有关定义，但却认为该组织对"惯常环境"的界定较为模糊。为此，澳大利亚统计局做出明确规定，当地居民对当地旅游景点的访问不应纳入国内旅游的统计范畴；人们前往国内"第二住宅"所在地的访问活动，只有在"其明显是因暂时性的娱乐目的而来访的情况下"，才应纳入国内旅游的统计范畴。

### （三）我国关于国内旅游者的界定

在我国的国内旅游统计中，纳入国内旅游统计范围的人员统称为国内游客，具体解释如下：国内游客是指任何因休闲、娱乐、观光、度假、探亲访友、就医疗养、购物、参加会议或从事经济、文化、体育、宗教活动而离开惯常居住地到我国境内其他地方访问，连续停留时间不超过6个月，并且访问的主要目的不是通过所从事的活动获取报酬的人。

在这一界定中的"惯常居住地"是指一个人最近一年的大部分时间都在此居住

的城镇（乡村），或者虽然在这个城镇（乡村）只居住了较短的时间，但未来12个月内仍将会返回那里居住。根据这一解释，国内旅游者理应包括那些在我国内地（大陆）居住已满一年或以上，离开其惯常居住地到我国内地（大陆）其他地方旅行和访问的外国人、华侨和港澳台同胞。

在我国的国内旅游统计体系中，国内游客分为国内旅游者和国内一日游游客两类。

国内旅游者是指我国内地（大陆）居民离开其惯常居住地，去我国内地（大陆）其他地方旅行和访问，并在到访之地的住宿设施内停留至少一夜，最长不超过6个月的国内游客。

国内一日游游客是指我国内地（大陆）居民离开其惯常居住地，去我国内地（大陆）10公里以外的其他地方旅行和访问，出游时间超过6小时但不足24小时，并未在到访地区的住宿设施内停留过夜的国内游客。

此外，我国国内旅游统计还规定，下列人员不在统计范围内。

·到各地巡视工作的部级以上的领导干部；

·驻外地办事机构的临时工作人员；

·调遣的武装人员；

·到外地入学就读的学生；

·到外地基层锻炼的干部；

·到其他地区定居的人员；

·无固定居住地的无业游民。

从以上我国在国内旅游统计方面所做的界定中可以看出，这些解释和规定同世界旅游组织所建议的做法虽然基本上吻合，但我国的国内旅游统计将离开常住地6小时、10公里算作一日游游客，这个要比世界上大部分国家宽泛。

## 第二节　旅游者的形成条件

从前面旅游者的界定来看，旅游者包括消遣型和非消遣型两大类。非消遣型旅游者属于因“公”差旅性外出，是基于工作的需要，这类旅游者往往不受个人因素的影响。因此，在讨论旅游者的形成条件时，针对的是消遣型旅游活动。

对个人而言，能否成为现实的旅游者，主要取决于外部客观条件和内部心理因素。外部客观条件是指一个人的经济收入水平、闲暇时间以及其他一些客观因素；内部心理因素是指一个人主观上是否具有外出旅游的动机。

### 一、旅游者形成的客观条件

Note

旅游活动必须花费一定的时间和金钱才能进行。因此，一个人要想成为旅游者，实现旅游活动，必须具备两个基本的客观条件：足够的可自由支配收入和足够的闲暇时间。

### （一）足够的可自由支配收入

旅游是一种高级消费形式，需要有足够的财力作保障。虽然近几年出现了“穷游”这种旅行方式，但“穷游”只是旅游者想要用最经济的方式去看天下美景，并不是不花钱旅游。因此，一个人要成为旅游者，只有在一定的社会物质条件下才能实现。也就是说，旅游者的产生依赖于其个人或其所在家庭的收入水平，收入水平影响着人们的旅游消费水平。当一个家庭的收入不足以购买基本生活必需品时，该家庭很少会外出旅游；然而当这个家庭的收入水平超过这一临界点时，该家庭用于旅游的消费便会迅速增加，且增加比例会超过收入增加比例。超过这一临界点后，每增加一定比例的收入，旅游消费就会以更大的比例增加。国际官方旅游宣传组织联盟（世界旅游组织前身）曾估测这种旅游消费的收入弹性系数为1.88。当然，这一收入临界点在各国并不相同。

对于个人或家庭来说，收入显然不可能全部都用于外出旅游。一个人或家庭能否实现旅游的愿望，以及旅游时间长短、目的地路程的远近、旅游消费水平的高低和消费结构的组成，最终取决于其可自由支配收入水平。

在西方经济学研究中，常使用可支配收入和可自由支配收入来研究旅游消费。可支配收入是指个人或家庭收入中扣除全部纳税后的收入；可自由支配收入是指扣除纳税及各种社会消费（如养老、医疗、失业等保险）及日常生活必需的消费部分（如在衣、食、住、行等方面的消费）之后所余下的部分。这部分收入可供人们随意选择其用途，也是一个家庭中真正可用于旅游消费的收入部分。因此，有足够的可自由支配收入是个人或者家庭能够实现旅游活动，成为旅游者的首要物质条件。

当然，这并不是说所有可自由支配收入水平很高的人都会外出旅游，事实上，即使在旅游度假普及程度很高的发达国家，也会有一些人其收入水平虽然很高，但由于消费观念不同而不愿意外出旅游。这说明，无论可自由支配收入水平如何重要，也只是旅游者形成的经济条件，而并非唯一决定性条件。

### （二）足够的闲暇时间

在汉语中，闲暇和休闲是近义词，甚至经常相互替代使用。但在社会经济研究中，这两个词有严格的区分。最近30年来，西方从经济学角度区分了闲暇和休闲的概念及两者的经济作用。闲暇时间是相对于工作而言的非工作概念，就等于非工作时间。而休闲时间是闲暇时间的一部分，休闲活动只是闲暇时间内可以从事的诸多活动之一。

人们通常将时间划分为两部分：工作时间和闲暇时间。这种传统的时间观认为，人除了工作之外的时间全部属于自己可随意支配的时间，其实不然。有些时间虽然是工作时间之外的，但还不能够由人自己随心所欲地支配。而且，基于个人不同的情况，现代的工作时间包括法定的就业工作时间和必需的附加工作时间两部分，其中法定的就业工作时间不能由个人随意支配，必需的附加工作时间对于受雇于他人的就业者来说，主要指必要的加班工作时间，不能随意支配；对于第一职业收入有限、难以维持家庭生计的人来说，从事第二职业的时间，也不能由个人随意支配。闲暇时间被划分为三种类型：必要型闲暇时间、受教育时间和享受型闲暇时间（休闲时间）。必要型闲暇时间是用来进行必要的休息和维持基本生存的自理性家务活动的时间；受教育时间是用来接受教育与培训等增进知识和提高技能的时间，享受型闲暇时间是用来旅游、娱乐、强身健体、休闲等文体活动的时间，这部分时间可以由个人随意支配[①]。由此可见，旅游是发生在享受型闲暇时间内的一种休闲活动。不少事实证明，有些人虽然支付能力很强，但却依然不能实现外出旅游，原因就是他们根本没有闲暇时间。因此，拥有足够的闲暇时间也是旅游者形成的客观条件之一。

## 知识拓展

### 闲暇时间

闲暇时间是人们非工作时间中的一部分，在现代社会中，它有四种分布情况：每日闲暇、每周闲暇、公共假日和带薪假期。

每日闲暇是每天在工作（学习）和生活之余的闲暇时间，其特点是零散地分布在一天的几个时段中，虽可用于休息或娱乐，但却很难用于旅游活动。

每周闲暇通常指周末休息日或每周轮休日。目前，我国与世界绝大多数国家已实行了5天工作制，周末休息两天（我国自1995年5月1日起实行每周五天工作制）。此类闲暇时间虽比较集中，但由于时间短，一般只适合开展一些近距离旅游活动。

公共假日即通常说的法定节假日。由于各国不同的历史文化和宗教信仰方面的原因，其公共假日的分布也有所不同。目前，我国的公共假日主要有元旦、春节、清明节、劳动节、端午节、国庆节和中秋节。公共假日通常连续多日，这为人们出门探亲访友或旅游度假提供了好时机，公共假日形成了旅游的高峰期。

带薪假期是一些经济发达国家以法律的形式规定的对就业员工实行带薪休假优惠制度。这种假期时间长，如瑞典为6周，西欧平均为4周，美国一般为2～4周，欧洲每年平均期限是22～25个工作日，它是人们开展旅游活动的绝好时机，西方国家大多数旅游者都是在带薪假期进行国际旅游的。2022年7月，经国务院同意，国家发展改革委、文化和旅游部联合印发《国民旅游休闲发展纲要（2022—2030年）》，其中将保障旅游休闲时间作为10项重点任务之一，这有助于推动全面落实带薪休假制度，保障更多国民具备闲暇时间这一出游条件。

Note

①魏翔，吕腾捷．闲暇时间经济理论研究进展[J]．经济学动态，2018(10)：131-144．

### （三）其他客观条件

针对消遣型旅游活动，足够的可自由支配收入和足够的闲暇时间是两个重要的基本条件。但这并不等于说，一个人只要具备了这两项条件便肯定能成为旅游者。实际上，一个人能否成为现实的消遣型旅游者，还受到其他客观条件的影响和制约。

#### 1. 个人身体状况

旅游是一项耗费体力的活动，而且其异地性或者离开惯常居住地6小时以上对身体素质也有较高的要求，不具备相应的体力和环境适应能力就很难成行。因此，个人的身体状况是旅游者能否成行的客观条件。

#### 2. 家庭生命周期

家庭是一个动态的消费主体，每个生命周期阶段中的家庭，其消费意向、消费结构和水平都具有独特的特点[①]。因此，一个人处于不同的家庭生命周期阶段，会影响旅游者是否能够成行，也会影响其旅游消费偏好、旅游目的地的选择及旅游消费结构与消费水平。

## 二、旅游者形成的主观条件

要成为旅游者仅具备客观条件还不够，还需要内在心理因素的推动。只有当一个人认为旅游是一种合理而有价值、有意义、值得消费的活动时，他才会把时间和金钱投入到旅游活动中去。也就是说，主观上的旅游动机是旅游者形成的主观条件。

### （一）旅游动机的概念

动机是一个心理学概念，是促发一个人做出某一行为的内在驱动力。动机与需要之间有着密切的关系。这种关系体现在，一个人的行为动机总是为了满足某种需要而产生。在这个意义上，动机是需要的反映，而需要则是促使动机得以产生的原因。因此，旅游动机就是一个人为了满足自己的某种需要而决定外出旅游的内在驱动力，也就是促使一个人有意于外出旅游，以及选择到哪里旅游、开展何种旅游活动的心理动因。

### （二）马斯洛的需要层次理论

在有关行为动机的各种理论中，流传最广的一种就是人本主义心理学家马斯洛（Maslow）提出的需要层次理论。很多学者用这一理论去解释人的行为动机的产生，以及旅游消费者的购买行为。

马斯洛认为人的需要是有层次的，从基本的生理需要到最高层次的自我实现的需要，存在着阶梯式的过渡关系（图4-1）。高级需要有赖于低级需要的满足，但只有高级需要得到满足才能产生更令人满意的主观效果或更深的幸福感和丰富感。

①李志兰，江林．家庭生命周期对我国居民消费意愿的影响研究[J]．上海经济研究，2014(2)：126-132.

根据马斯洛的需要层次理论，促使旅游者外出旅游的内在驱动力，一般会超越基本的生理需要和安全需要这两个基本层次。一个人在最基本的生理需要没有满足的情况下，不可能产生外出旅游的需要。即使旅游离不开生理需要的满足，但不会为了单纯满足生理需要而选择旅游。例如，现在很多人选择到成都的宽窄巷子和锦里、武汉的户部巷、上海的城隍庙、桂林的西街等小吃街开展美食旅游活动，这已经超出了基本的生理需要，通过旅游去享受和体验美食，是一种文化和审美的需要。另外，虽然旅游者在外出旅游期间确实会存在人身及个人财产安全的需要，但一个人似乎不大可能为了追求安全需要的满足而离开惯常的生活环境去异地旅游。旅游所具有的审美规定性及休闲、消费和社会属性，决定了它是以满足更高层次的需要为驱动力的行为。例如，通过旅游获得某种归属和认同，赢得别人的尊重和认可，获得审美享受和增长知识，或者通过旅游发现自我、认识自我、表现自我和实现自我。所以，总体来说，马斯洛的需要层次理论，为解释旅游动机提供了一个结构性的框架。

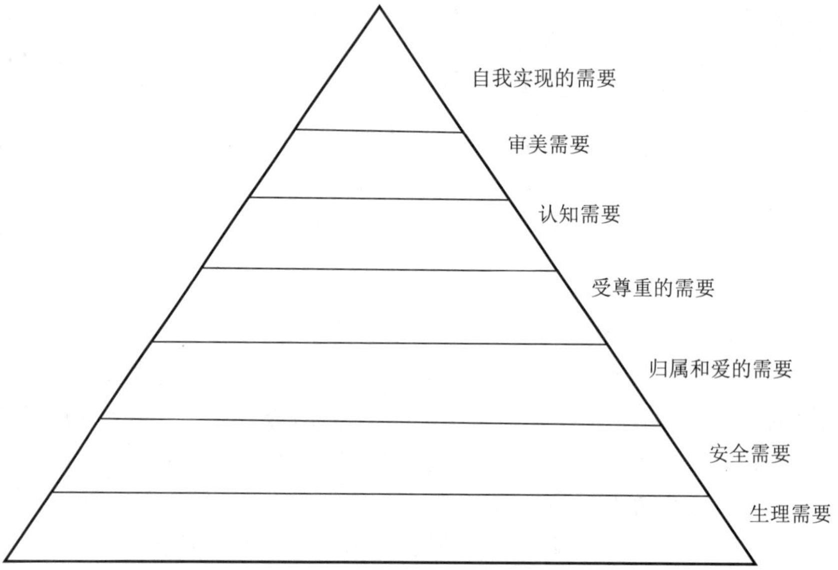


**图4-1　马斯洛的需要层次理论示意图**

### （三）旅游动机的类型

随着人们生活需要的多样化和复杂化，旅游动机变得多种多样。国内外很多学者都对具体的旅游动机做了很多研究，但由于他们选取的方法不同，研究的角度不同，所以研究结果也不一致。

美国学者罗伯特·麦金托什关于旅游行为动力的研究，其实属于旅游动机研究的范畴。他认为，旅游动机可以分为以下四类。

第一类，身体健康的动机。这个动机的特点是以身体的活动来消除紧张和不安，包括休息、运动、娱乐、治疗及其他与健康有益的动机。

第二类，文化动机。这类动机表达了一种求知的欲望，包括了解和欣赏异地文化、艺术、风格、语言和宗教等动机。

第三类，交际动机。这类动机表现为对熟悉的东西的一种反感和厌倦，出于一种逃避现实和免除压力的欲望，包括向往在异地结识新伙伴、探亲访友、逃避日常琐事等动机。

第四类，地位与声望的动机。这类动机表现为在旅游活动交往中关心个人利益和前途，他们希望通过旅游受到赏识、引起注意、得到称赞或达到圆满的竞争目的等动机。

虽然罗伯特·麦金托什提出的四种旅游动机基本类型的划分广为人们所用，但似乎仍难以全面涵盖所有可能的旅游动机，即购物方面的动机。

日本学者田中喜一在1950年由日本旅游事业研究会出版的《旅游事业论》中将人的旅游动机也归为四类。

第一类，心情的动机。这类动机的需要（或心理）主要包括思乡心、交友心和信仰心等。

第二类，身体的动机。这类动机的需要（或心理）主要包括治疗需要、保养需要和运动需要等。

第三类，精神的动机。这类动机的需要（或心理）主要包括知识需要、见闻需要和欢乐需要等。

第四类，经济的动机。这类动机的需要（或心理）主要包括购物目的和商业目的等。

以上这些分类就其内容来说，实际上大同小异。结合现在旅游发展实际来看，旅游动机大体可归纳为如下几个方面。

第一，文化动机。每个人都有不同的文化背景，都会有对异域文化有探奇求知的心理，因此会产生接触异域文化的动机，希望通过旅游了解和体验其他国家、地区和民族的文化生活、社会经济生活、风土人情等。这种探索不同文化及社会生活方式的旅游动机，有利于增长知识，开阔眼界，丰富自己的精神世界，在普通的旅游活动中占有的比例最大，持这类动机外出旅游的旅游者一般不会重复选择同一个旅游目的地。

第二，健康动机。随着生活节奏的加快和生活压力的增大，亚健康现象日渐普遍，加上人们健康理念的改变，对健康养生的需求渐渐增多。一方面希望通过旅游放松身心，消除疲劳，恢复体力，让自己的精神更加饱满健康；另一方面希望通过旅游达到调摄保养、增强体质的目的，如抗老养生、温泉养生、高山养生、庄园养生等，增强自己对外界环境的适应能力和抗病能力，让身心处于较佳的状态，从而延缓衰老。

第三，购物动机。随着经济的发展和人民生活水平的提高，单纯出行购物的旅游活动越来越多。这类旅游者往往会选择商品丰富且价格相对低廉、交通便利、环境优美，以及美食、娱乐等配套设施相对齐全的旅游购物目的地，他们会把购物和体验购物环境作为两个主要目的。

第四，交往动机。探亲访友、寻根问祖的旅游动机自古就有，现在很多年轻人更

Note

喜欢通过旅游结交新朋友，比如“驴友”结伴旅游就是一种体验结识新朋友快乐的旅游活动。另外，随着人口老龄化加深，很多老年人害怕与社会脱节，他们渴望融入社会、接触社会，因此旅游也成了他们与社会交流的主要渠道，既可以锻炼身体、有益身心，又可以缓解孤独、扩大交际。

第五，业务动机。业务动机就是出于不同业务或者社会交往的需要而进行旅游活动的动机，包括各种学术交流、商业考察和各种会展活动。比如，在经济全球化的大背景下，商业交流成为一种互惠互利的学习方式，在国际旅游活动中，各种商业交流考察团就占有较大的比例。另外，近几年，我国举办国际会议、研讨会、论坛及各种展览会而开展的会展旅游发展较快，参加会展的旅游者大多是为了洽谈贸易、技术合作、信息沟通和文化交流等。

## 第三节　旅游者的类型与特点

在旅游研究和实际工作中，经常需要根据研究和工作的目的，将旅游者按照不同的标准分为不同的类型。了解几种常见类型的旅游者特点，便于旅游目的地政府部门及旅游企业开展针对性的宣传和促销活动。

### 一、分类

比较常见的分类标准有国境国界标准、地理区域标准、组织形式标准、费用来源标准、活动内容标准。

#### （一）国境国界标准

依据旅游者定居或长居（连续居住1年以上）国的境界和旅游者是否跨越国界为标准对旅游者进行分类。按照这一标准，可将旅游者分为国际旅游者和国内旅游者两类，这是最常见的分类标准。

#### （二）地理区域标准

依据旅游者所达的地域范围和他们所处的地理位置为标准对旅游者进行分类。

以旅游者所达的地域范围为标准，可将旅游者分为洲际旅游者、环球旅游者和世界旅游者三类。

以旅游者所处的地理位置为标准，可对世界旅游者进一步分类。世界旅游组织把世界旅游者分为欧洲旅游者、美洲旅游者、非洲旅游者、中东旅游者、南亚旅游者、东亚及太平洋地区旅游者等。

#### （三）组织形式标准

依据旅游者的组织形式对旅游者进行分类。

依据组织形式，旅游者可分为团体旅游者和个体旅游者两类。

团体旅游者，又称团体包价旅游者，是指参与通过旅行社或其他旅游组织事先策划、统一组织、精心安排旅游项目、提供相关服务工作并以总价格形式一次性地收取旅游费用的旅游团体的旅游者，其团队人数一般不少于10人。

个体旅游者，又称散客旅游者或者零星旅游者，是相对团体旅游者而言的，指个人、家庭或10人以下自行结伴旅游的人。

**（四）费用来源标准**

依据旅游费用的来源对旅游者进行分类。按照这一标准，可将旅游者分为自费旅游者、社会旅游者和奖励旅游者。

自费旅游者，旅游费用全部由自己承担的旅游者。

社会旅游者，享受社会给予福利性补贴的旅游者，这类旅游者往往自身没有能力支付旅游开支，费用一般由政府、雇主、工会、俱乐部或其他部门组织资助。

奖励旅游者，在工作中或因参加某种活动而得到以外出旅游为奖品的旅游者。

**（五）活动内容标准**

依据旅游活动的内容对旅游者进行分类。

依据旅游活动的内容，旅游者分为商务旅游者、观光旅游者、文化旅游者、度假旅游者、会议旅游者、宗教旅游者、民俗旅游者、体育旅游者、专项（如购物、美食、医疗保健、登山、寻根祭祖）旅游者等。

## 二、不同类型旅游者的特点

根据出游目的，可以将旅游者划分为观光型旅游者、娱乐消遣型旅游者、医疗保健型旅游者、文化型旅游者、公务型旅游者、家庭事务型旅游者、宗教朝觐型旅游者、购物型旅游者。

**（一）观光型旅游者的特点**

观光型旅游者是指传统意义上的以观光游览为目的而外出旅游的旅游者。“观光”一词出自《易经》的“观国之光”，即巡游其他地区以开阔视野、增进见闻。国外称为“单纯的观景旅游”。20世纪90年代以前，观光型旅游者是世界各国最普遍、最常见的旅游者。这一类型旅游者在所有旅游者中占绝大多数，也成为旅游者中的主要类型。

观光型旅游者的主要特点如下。

·旅游者外出旅游受气候影响大，季节性较强。

·旅游者流动性大，在旅游活动过程中消费不大。

·旅游者在旅游活动中缺乏参与性和交流性。

·旅游者在目的地的活动空间和自由选择度大。

·旅游者兴趣构成的广泛性、多样性。

·旅游者在目的地逗留时间短，重游率低。

### （二）娱乐消遣型旅游者的特点

娱乐消遣型旅游者是指以娱乐、消遣求得精神松弛，享受临时变换环境所带来的欢愉为主要目的的旅游者。进入20世纪90年代，客源结构逐渐由观光型向娱乐消遣型转化。

娱乐消遣型旅游者的主要特点如下。

·旅游者追求物有所值，要求体验内容丰富。

·旅游者对娱乐体验的场景要求较高。

·旅游者对产品质量和价格较为敏感。

·旅游者在旅游目的地的停留时间根据旅游产品类型和个人感受而定。

### （三）医疗保健型旅游者的特点

医疗保健型旅游者主要是指通过参加一些有益于身心健康方面的旅游活动，以达到消除疲劳、增进身心健康、治疗慢性疾病等目的而外出的旅游者。

医疗保健型旅游者的主要特点如下。

·主要参与者是较高收入者，其中老年人居多。

·消费较大，选择的旅游目的地主要是一些带有医疗保健特色的旅游景点。

·市场潜力巨大。

### （四）文化型旅游者的特点

文化型旅游者是指以历史文化、自然文化、地域文化、民族文化、民俗文化、宗教文化、艺术文化等文化资源为旅游对象，寻求不同文化体验为目的的旅游者，他们希望通过旅游丰富自己的文化知识，增长见识。

文化型旅游者的主要特点如下。

·旅游者具有较高的文化修养，求知欲强。

·旅游者一般具有某种专长或特殊的兴趣，希望在旅游活动中与同行交流。

·对旅游目的地的相关知识性和文化内涵要求较高，喜欢重游和深层游。

### （五）公务型旅游者的特点

公务型旅游者指的是出于工作方面的需要而外出的旅游者，其目的是在一定的时间内完成一定的工作任务。公务旅游包括商务旅游、会议旅游、展览旅游和奖励旅游四种。

公务型旅游者的主要特点如下。

·旅游者消费水平高，对价格不太敏感。

·对旅游服务方面要求较高。

·旅游者出游率高，出行次数频繁。

·旅游者对目的地选择无自由度，季节性不明显。

### （六）家庭事务型旅游者的特点

家庭事务型旅游者指的是以探亲访友、寻根问祖、出席节庆典礼活动等涉及处理个人家庭事务为目的而外出的旅游者。

家庭事务型旅游者的主要特点如下。

·旅游者外出季节性较弱,偶发性和时间限制性强。

·旅游者多为自费旅游,因此对价格较为敏感。

·食宿大多由亲朋好友联系安排,使用目的地设施较少。

### (七)宗教朝觐型旅游者的特点

宗教朝觐型旅游者是指以宗教朝觐为活动内容的旅游者,包括宗教人士的云游、朝圣,也包括非宗教人士到宗教圣地拜神求福,其活动是对宗教环境、宗教建筑、宗教艺术和宗教仪式的观光体验或欣赏宗教音乐。这类旅游者是一种特殊类型的旅游者。

宗教朝觐型旅游者的主要特点如下。

·宗教圣地是这类旅游者的旅游目的地。

·旅游者出游时间相对固定、参与性强。

·旅游者主要追求精神上的归属感,不能违反宗教习俗和规定。

### (八)购物型旅游者的特点

购物型旅游者是以到异地都市购物为主要目的结合都市观光的旅游者。这类旅游者的出现和形成,是社会经济发展、交通发达、人民生活水平不断提高的结果。

购物型旅游者的主要特点如下。

·关注范围大:关注目的地商品的品种、价格、丰富程度;关注出行环境,如便利的交通、简便的进出境手续、良好的治安等;关注优美的景致。

·对旅游产品的价格不太敏感,但对旅游目的地商品价格比较敏感。

·季节、时间的限制性不强,全年均可进行购物旅游活动。

·旅游消费总量大,经济效益可观。

## 核心关键词

旅游者(Tourist)　　概念性定义(Conceptual Definition)

技术性定义(Technical Definition)　　游客(Visitor)

一日游游客(Day Visitor)　　距离标准(Standard of Distance)

时间标准(Standard of Time)　　闲暇时间(Leisure Time)

可自由支配收入(Discretionary Income)　　旅游动机(Motivation for Travel)

## 思考与练习

1. 罗马会议对应纳入旅游统计的来访者是如何界定的？这一界定有哪些特点？

2. 我国对海外来华入境旅游者及国内游客是如何界定和分类的？有哪些具体规定？

3. 一个人要成为现实的旅游者需要具备哪些客观条件和主观条件？

4. 根据旅游者的访问目的，可将其划分为哪些类型？这些不同类型的旅游者群体分别具有哪些基本特点？认识这些特点有何实际意义？

# 第五章

# 旅游资源

**学习目标**

· 掌握旅游资源的概念、特征。
· 认识旅游资源的分类。
· 理解旅游资源调查的步骤及评价方法。
· 了解旅游资源开发的目的，理解旅游资源开发的原则。
· 认识旅游资源破坏的原因，掌握旅游资源保护的具体措施。

**问题导向**

如何做好旅游资源合理开发、有效保护及可持续利用与其自身特点的有效衔接？

## 第一节　旅游资源的定义与特征

### 一、旅游资源的定义

尽管在大部分旅游学著作中都曾提到旅游资源是旅游活动的客体之一，是旅游主体的实践活动和认识活动所指向的对象，但给旅游资源下一个较为科学的定义却并非易事。目前，人们对旅游资源的本质和内涵的认识，呈现出众说纷纭、观点各异的状态。

### （一）代表性观点简介

目前国内学术界有关旅游资源的定义种类较多，但常被学界和业界引用的主要有以下几种。

（1）旅游资源（Tourist Resources），又称“旅游吸引（因素）”（Tourist Attraction），即在现代社会能够吸引旅游者产生旅游动机并实施旅游行为的因素的总和。它能够被旅游业利用，并在通常情况下能够产生社会效益、环境和经济效益（刘振礼等，1990）。

（2）旅游资源是指对旅游者具有吸引力的自然存在和历史文化遗产，以及直接用于旅游目的的人工创造物（保继刚，1993）。

（3）旅游资源是指通过开发后能够吸引旅游者的客观存在物，就是在自然环境和人文环境中，可以引起旅游者的兴趣并可加以利用的物质条件。具体地说，旅游资源是指为旅游者提供游览、观赏、求知、兴趣、度假、娱乐、探险猎奇、考察研究、体育锻炼及友好往来的客体和劳务（钱今昔，1993）。

（4）所谓旅游资源，除自然资源和人文资源外，对旅游者来说，就是旅游目的地及有关旅游的一切服务设施；对旅游地来说，就是客观存在着的客源市场（杨振之，1996）。

（5）旅游资源是指自然界或人类社会中凡能对旅游产生吸引性、有可能被用来开发成旅游消费对象的各种事与物（因素）的总和。简单地说，旅游资源是能够激发旅游动机和实施旅游行为的诸多因素的总和。它不仅是一定地理空间范围内的旅游目的地，也包括旅游者和各种能传达旅游地相关信息的事和物（苏文才、孙文昌，1998）。

（6）旅游资源是自然界和人类社会凡能对旅游者产生吸引力，可以为旅游业开发利用，并可产生经济效益、社会效益和环境效益的各种事物和因素（尹泽生等，2003）。

（7）旅游资源是指那些凡是能够激发旅游者的旅游动机并促动其实现旅游活动可为旅游业发展所利用，并由此产生一定的经济、社会及生态环境效益的一切自然存在和社会创造（马勇、周霄，2008）。

（8）旅游资源是指存在于一定地域，能够激发旅游者前往游览、体验的吸引因素（全华，2011）。

（9）旅游资源是指客观地存在于一定地域空间并因其所具有的愉悦价值而使旅游者为之向往的自然存在、历史文化遗产或社会现象（谢彦君，2011）。

上述旅游资源定义的不同表述，基本上代表了目前国内学术界对旅游资源的主流研究成果，对于深入理解旅游资源这一概念的本质和内涵具有重要的借鉴和指导意义。

Note

### （二）旅游资源的界定

为了科学准确地下定义，进一步梳理和认识旅游资源这一概念所包含的特定内涵，需对旅游资源进行如下界定。

（1）旅游资源必须具有可观赏性，能满足人们观赏体验和审美需求。旅游资源是人们在旅游过程中所感知和体验的对象。与其他资源相比，其最大的特点就是对旅游者具有较强的吸引力，它能引起旅游者的旅游需要，激发旅游者的旅游动机，最终吸引旅游者前来旅游观光、休闲度假与审美消遣。

（2）旅游资源是一种客观存在，存在状态包括潜在的未开发状态和尚未得到完全开发的状态。旅游资源是一种自在性的客观存在，它先于人类旅游活动的产生而客观存在，只是在到此旅游的人发现了它的旅游价值，并被众多旅游者纳入欣赏和体验的内容之后，才成为旅游资源。这些因旅游者的发现而由客观存在的资源转变来的旅游资源，因未被开发当属于旅游资源而非旅游产品。那些虽已经得到部分开发，但还没有开发完的旅游资源，在本质上仍属于旅游资源，只有在彻底开发完后，才属于旅游产品。

（3）旅游资源可以是有形的，也可以是无形的，但无形的旅游资源必须附着在有形的旅游资源之上或者依附于一定的物质载体。旅游资源所涵盖的范围十分广泛，几乎包括了自然存在、历史遗产、社会现象或文化现象中的一切事象与要素。有形的如名山、秀水、溶洞、瀑布、湖泊、古遗址、古建筑、珍稀动植物等，看得见，摸得着，将其视为旅游资源毋庸置疑，易于理解，但要将那些无形的文化艺术、文学、科技、技艺、神话故事等也视为旅游资源，就需要将它们与一定的有形资源与物质载体相联系，使其通过物质显现和人们的思维想象带给旅游者以审美快感和愉悦。如苏州寒山寺吸引了大批中外游客，尤其得到受中国文化影响的日本、韩国及部分东南亚国家游客的青睐，其吸引力不是寒山寺自身的寺庙和那一口铁钟，而是寒山寺的灵魂——唐代张继留下的那首脍炙人口的诗"月落乌啼霜满天，江枫渔火对愁眠；姑苏城外寒山寺，夜半钟声到客船"。游客在游览寺庙、凭吊枫桥、抚摸大钟之时，无不在潜心体会张继诗中的意境。

鉴于此，本书对旅游资源进行如下定义：旅游资源是客观地存在于一定地域空间并对旅游者有吸引力的自然、文化、社会或其他任何事物，包括自然景观、人文景观和历史文化、风物习俗、文学艺术等，其内涵包括：

（1）旅游资源是一种物质和精神存在体；

（2）旅游资源存在于一定的地域空间范围内，体现一定的地域特征；

（3）旅游资源对旅游者具有吸引力，能满足其观赏体验和审美需要；

（4）旅游资源可以是有形的，也可以是无形的，还可以是有形和无形的统一体。

## 二、旅游资源的特征

旅游资源是自然、历史、社会等因素共同作用而形成的一种特殊的资源，既有其他资源的一些共性特征，又在许多方面表现出自己独具的特性；它是地理环境的一部分，体现了地理环境组成要素所具有的时空分布特征和动态分布特征；它是旅游活动的客体，受社会、文化因素的影响，具有历史人文等特征。因此，看似简单的关于旅游资源的探讨，从来都是众说纷纭，莫衷一是。

### （一）代表性观点述评

目前，国内学术界在旅游资源特征研究方面具有代表性和影响较大者当数李天元和谢彦君的观点。

李天元在《旅游学概论》中指出，旅游资源的特征包括多样性、吸引力的定向性、垄断性、易损性、可创新性。这些关于旅游资源特点的概括，简洁、明快、易懂，特别是将可创新性视为旅游资源的特点，体现出一定的发展眼光，对于人们认识和理解旅游资源的特点具有重要的指导意义。

谢彦君在《基础旅游学》中提出，旅游资源是一种特殊的资源，具有以下的特征：可观赏性、自在性、潜在性和不可转移性。应当说，这是目前关于旅游资源的特点研究中得到较为广泛认同的观点，也符合旅游资源的实际情况。从一定意义上来说，事物之间的差异表现在不同的层面、范围、程度、角度上。只要差异存在，无论大小，事物之间就存在不同的特点。就旅游资源而言，既可以从内在本质和外表形态与一般资源的差异中确定其特点，也可以从旅游资源与消费者关系的差异中确定其特点。由此，谢彦君从内在本质中提出了旅游资源的可观赏性特点，认为旅游资源主要对旅游者有用，其观赏价值是旅游资源的核心成分，而其他的科学价值和文化价值是旅游资源价值体系中的附加成分。此外，他又从旅游资源与旅游者的关系角度，提出了旅游资源的不可转移性特点。这对于人们科学、准确地理解旅游资源的特点及其内涵具有极其重要的指导意义。

### （二）旅游资源特征界定

综合吸收和借鉴前人的研究成果，分析旅游资源的概念内涵和本质，旅游资源的特性可以从时间维度、空间维度和经济价值维度三个方面来理解。时间维度主要体现在季节性、时代性和民族性等方面；空间维度主要体现在区域性、不可转移性、广泛性、自在性等方面；经济价值维度主要体现在可观赏性、可替代性、价值的不确定性、永续性等方面。

#### 1. 旅游资源的时间特征

1)季节性

旅游资源的季节性主要体现在两方面。其一，部分旅游资源存在其特定的观赏季节。例如，洛阳的牡丹，只有在四月时节才能领略其“唯有牡丹真国色. 花开时节动京城”的神韵；山东的泰山，只有在夏季多雨时节才能看到“云烟竞秀”的浩瀚云海与“悬崖峭壁、瀑布争流”的雄伟景观。其二，随着季节的变化，同一旅游资源在一年四季有不同的景致。如山岳旅游资源，有春的生机盎然，有夏的姹紫嫣红，有秋的层林尽染，还有冬的银装素裹；西湖十景中的苏堤春晓、曲院风荷、平湖秋月和断桥残雪更是这一特点的真实写照。

2)时代性和民族性

时代性和民族性指不同的时代和不同的民族对旅游资源的构成及其价值判断

会呈现出较大的差异性。同一种资源，有的时代可以看作是旅游资源，而有的时代则不行；有的民族可以视为旅游资源，而有的民族则万万不可。例如：昔日封建帝王的宫阙禁地，如今已经成为人们游乐观览的胜地；博彩等旅游项目在部分国家或地区可以用来吸引旅游者，但在我国内地（大陆）地区则是明令禁止的。之所以如此，主要是不同时代、不同民族的人们的社会规范和审美观念不同。

**2. 旅游资源的空间特征**

1）区域性

区域性指旅游资源空间分布上具有明显的地域分异性，即不同的旅游资源具有其存在的特殊条件和相应的地理环境。以自然景观为例：大尺度的，如北欧挪威海岸的峡湾景观、地中海沿岸的“3S”景观以及中国西南大面积岩溶地貌景观、热带海岸红树林景观等；中、小尺度的，如四川盆地的方山景观、江南丘陵的红层和丹霞景观、罗布泊的雅丹景观等都呈现出一定的区域性。一个地方的旅游资源越具有其地域独特性，对旅游者的吸引力就越大。

2）不可转移性

不可转移性指旅游资源一般在地域上是固定的，不可移动的。首先，自然旅游资源是在一定自然地理环境下形成的，因其规模巨大或与地理环境的紧密联系性，无法通过人工力量来搬迁或在异地再现。其次，人文旅游资源是特定的地域环境和特定的历史条件下的人类社会产物，人为割裂其环境联系，会影响旅游资源所承载信息的完整性、原生性和真实性，降低资源价值。最后，旅游资源在被开发成旅游产品并向旅游者出售时，旅游资源或旅游产品的所有权不能转移。

3）广泛性

旅游资源的广泛性体现在其种类繁多和构成要素众多两方面。国家标准《旅游资源分类、调查与评价》（GB/T 18972—2017）将旅游资源基本类型分成8大主类、23个亚类和110个基本类型，可见中国旅游资源种类之纷繁，范围之广泛，内容之丰富。

4）自在性

旅游资源的自在性是指旅游资源在客观上已经自然地或社会地存在着，或是因其他功用而被创造出来。因此，它是一种不以人们的意志为转移的自在物象，旅游企业只能对它进行开发利用而不能生产。

**3. 旅游资源的经济特性**

1）可观赏性

旅游资源之所以能为社会创造经济利益，全在于其自身的观赏价值与体验价值，且无论是天然形成抑或是人工创造的旅游资源均存在某种程度的观赏价值，这一价值正是旅游资源可观赏性的直接体现。可观赏性指旅游资源能满足人们的感官享受、心理愉悦和精神升华的需要，使人们获得内心的感受和体验，这是旅游资源与一般资源最主要的区别。虽然旅游动机因人而异，旅游内容丰富多彩，但观赏活动几乎是一切旅游过程都不可缺少的内容，有时更是全部旅游活动的核心内容。无论是“水光潋滟晴方好，山色空蒙雨亦奇”的西湖美景，还是“大漠孤烟直，长河落日圆”的塞外风光,无不具有观赏价值。可观赏性构成了旅游资源吸引力的最基本要素。观赏性影响旅游资源的品质,一般来说,旅游资源的观赏性越强,对旅游者的吸引力就越大。

2)可替代性

我国旅游资源种类繁多,同类旅游资源之间存在许多相似之处,这些相似之处便是旅游资源具有可替代性的根源。对于天然的旅游资源,其可替代性主要由自然环境的相似造成。如“五岳归来不看山”便是五岳之景对其他山峰景色的替代;还有同是北方海滨城市的大连、青岛,在一定程度上也起到相互替代的作用。对于人工创造的旅游资源,其可替代性主要是由“跟风修建”这一开发心理造成的。因这种心理导致的盲目开发,使景观资源之间产生恶性竞争,这也是很多大型游乐场、人工微缩景观只能“盛极一时”的原因所在。

3)价值的不确定性

旅游资源的经济价值是不能量化的,无法用数字精确地表达出来,不像其他资源可以科学地计算出其内在价值。究其原因,旅游资源的价值是随着人们审美需求、认知水平及开发利用情况等方面的变化而变化的。例如,在审美、认知方面,旅游地居民习以为常的生活设施、司空见惯的行为很可能是外来旅游者所寻求的真实的文化旅游资源,这便是因审美需求与认知水平方面的变化引起的价值的不确定。在旅游资源的开发利用方面,开发目的和利用方式不同,也会使后期产生的经济价值存在一定程度的差别。例如,同一处海滨资源,用于度假、观光或疗养,其经济价值均会有所不同,甚至有很大差异。

4)永续性

永续性指的是旅游资源不会因旅游者的消费和使用而被消耗掉,而是会永续存在,体现旅游资源具有可重复使用的特点。如大多数的观赏性旅游,旅游者带走的只是观赏过后的感受,而非资源本身。因此,从理论上讲,旅游资源可以长期甚至永远使用下去,但实践证明,旅游资源如果利用和保护不当也会遭到破坏。一些过度使用的有形旅游资源可能被毁坏,甚至不可再生。例如,为世人所熟知的布达拉宫,随着近年来到布达拉宫的旅游者与日俱增,给这座千年古建筑带来了许多无法修复的损害。因此,为了保护这类不可再生旅游资源,很多旅游景区提出了限制客流的政策。这就要求旅游资源的开发工作必须与保护和管理相结合,必须以科学可行的旅游规划为依据,有序、有度地进行。

## 第二节　旅游资源分类

### 一、分类方法概述

Note

从旅游资源分类的现状来看,为了方便和实用,人们常从各自的研究目的和研究视角出发对旅游资源进行分类。

(1) 根据旅游资源可否人工再生，分为可再生性旅游资源和不可再生性旅游资源。

(2) 根据旅游资源目前存在或使用状态，分为现实的旅游资源和潜在的旅游资源。

(3) 根据旅游资源的基本属性，分为自然旅游资源和人文旅游资源。

(4) 根据旅游资源的内容属性，分为自然旅游资源、人文旅游资源和社会旅游资源等。

(5) 根据旅游资源的品位或级别，分为世界级旅游资源、国家级旅游资源、省级旅游资源和市(县)级旅游资源。

(6) 根据旅游资源的功能，分为观光游览型旅游资源、保健疗养型旅游资源、购物型旅游资源、参与型旅游资源等。

(7) 根据旅游资源的成因，分为自然赋存形成的旅游资源、人类历史形成的旅游资源、天然和人工结合的旅游资源、人工创造的旅游资源。

(8) 根据旅游资源的景观组合分类，分为自然景观旅游资源、人文景观旅游资源、历史遗产景观旅游资源、社会风情景观旅游资源。

(9) 根据旅游资源特点与游客体验，分为市场推动型旅游资源、资源依托型旅游资源、资源和市场兼顾型旅游资源等。上述有关旅游资源的分类方法，虽然众说纷纭、观点各异，但对于科学认识和理解旅游资源的类别划分问题仍具有重要的指导和借鉴意义。

目前，在旅游资源分类方面权威性较高、影响较大，也较为实用的分类方法是国家标准分类法。

## 二、国家标准分类法

### (一) 国家标准分类法的主要内容

2018年7月1日国家标准《旅游资源分类、调查与评价》(GB/T 18972—2017，代替GB/T 18972—2003，以下简称“国标”)开始实施。本标准充分考虑了GB/T 18972—2003颁布以来，旅游界对旅游资源的含义、价值、应用等多方面的研究和实践成果，对旅游资源的类型划分进行了修订，对旅游资源的类型划分、调查、评价的实用技术和方法，做了较为明晰的规定。标准依据旅游资源的现存状况、形态、特性、特征，将旅游资源划分为地文景观、水域景观、生物景观、天象与气候景观、建筑与设施、历史遗迹、旅游购品、人文活动等8个主类，含23个亚类和110种基本类型。

其中，地文景观类分为自然景观综合体、地质与构造形迹、地表形态、自然标记与自然现象4个亚类；水域景观类分为河系、湖沼、地下水、冰雪地、海面5个亚类；生物景观类分为植被景观、野生动物栖息地2个亚类；天象与气候景观类分为天象景观、天气与气候现象2个亚类；建筑与设施类分为人文景观综合体、实用建筑与核心设施、景观与小品建筑3个亚类；历史遗迹类分为物质类文化遗存、非物质类文化遗存2个亚类；旅游购品类分为农业产品、工业产品、手工业艺品3个亚类；人文活动类分为人事活动记录、岁时节令2个亚类(表5-1)。

**表5-1　旅游资源分类表**

| 主　类 | 亚　类 | 基本类型 |
|---|---|---|
| A地文景观 | AA自然景观综合体 | AAA山丘型景观，AAB台地型景观，AAC沟谷型景观，AAD滩地型景观 |
| | AB地质与构造形迹 | ABA断裂景观，ABB褶曲景观，ABC地层剖面，ABD生物化石点 |
| | AC地表形态 | ACA台丘状地景，ACB峰柱状地景，ACC垄岗状地景，ACD沟壑与洞穴，ACE奇特与象形山石，ACF岩土圈灾变遗迹 |
| | AD自然标记与自然现象 | ADA奇异自然现象，ADB自然标志地，ADC垂直自然带 |
| B水域景观 | BA河系 | BAA游憩河段，BAB瀑布，BAC古河道段落 |
| | BB湖沼 | BBA游憩湖区，BBB潭池，BBC湿地 |
| | BC地下水 | BCA泉，BCB埋藏水体 |
| | BD冰雪地 | BDA积雪地，BDB现代冰川 |
| | BE海面 | BEA游憩海域，BEB涌潮与击浪现象，BEC小型岛礁 |
| C生物景观 | CA植被景观 | CAA林地，CAB独树与丛树，CAC草地，CAD花卉地 |
| | CB野生动物栖息地 | CBA水生动物栖息地，CBB陆地动物栖息地，CBC鸟类栖息地，CBD蝶类栖息地 |
| D天象与气候景观 | DA天象景观 | DAA太空景象观赏地，DAB地表光现象 |
| | DB天气与气候现象 | DBA云雾多发区，DBB极端与特殊气候显示地，DBC物候景象 |
| E建筑与设施 | EA人文景观综合体 | EAA社会与商贸活动场所，EAB军事遗址与古战场，EAC教学科研实验场所，EAD建设工程与生产地，EAE文化活动场所，EAF康体游乐休闲度假地，EAG宗教与祭祀活动场所，EAH交通运输场站，EAI纪念地与纪念活动场所 |

Note

续表

| 主　类 | 亚　类 | 基本类型 |
|---|---|---|
| E建筑与设施 | EB实用建筑与核心设施 | EBA特色街区,EBB特性屋舍,EBC独立厅、室、馆,EBD独立场、所,EBE桥梁,EBF渠道、运河段落,EBG堤坝段落,EBH港口、渡口与码头,EBI洞窟,EBJ陵墓,EBK景观农田,EBL景观牧场,EBM景观林场,EBN景观养殖场,EBO特色店铺,EBP特色市场 |
| | EC景观与小品建筑 | ECA形象标志物,ECB观景点,ECC亭、台、楼、阁,ECD书画作,ECE雕塑,ECF碑碣、碑林、经幢,ECG牌坊牌楼、影壁,ECH门廊、廊道,ECI塔形建筑,ECJ景观步道、甬路,ECK花草坪,ECL水井,ECM喷泉,ECN堆石 |
| F历史遗迹 | FA物质类文化遗存 | FAA建筑遗迹,FAB可移动文物 |
| | FB非物质类文化遗存 | FBA民间文学艺术,FBB地方习俗,FBC传统服饰装饰,FBD传统演艺,FBE传统医药,FBF传统体育赛事 |
| G旅游购品 | GA农业产品 | GAA种植业产品及制品,GAB林业产品与制品,GAC畜牧业产品与制品,GAD水产品及制品,GAE养殖业产品与制品 |
| | GB工业产品 | GBA日用工业品,GBB旅游装备产品 |
| | GC手工工艺品 | GCA文房用品,GCB织品、染织,GCC家具,GCD陶瓷,GCE金石雕刻、雕塑制品,GCF金石器,GCG纸艺与灯艺,GCH画作 |
| H人文活动 | HA人事活动记录 | HAA地方人物,HAB地方事件 |
| | HB岁时节令 | HBA宗教活动与庙会,HBB农时节日,HBC现代节庆 |

### （二）国家分类方法的评价

上述分类是迄今为止国家颁布的唯一标准分类方法,对促进旅游资源开发与保护、旅游规划与项目建设、旅游行业管理与旅游法规建设、旅游资源信息管理与开发利用等产生了积极的作用和影响。同时,由于国标在对旅游资源进行类别划分时重点突出"科学实证"和"定量分析",使标准具有较强的实践操作性,在旅游规划与开发的实践中,不少地方的规划文本都采用这一国家颁布的统一标准,足见其影响之大。

虽然上述分类已经被列入国家标准,并在实践中产生了巨大的影响,但根据旅游资源普查实践的检验,目前这一标准尚有诸多值得商榷和有待修订之处。对此,谢彦君(2001)撰文指出,旅游的本质是个人所追求的愉悦体验。旅游体验的本质是整体感,不是对所谓资源单体的断片式的、肢解性的观察,更不是一个艰苦的科学计算过程。当一个旅游资源单体用科学单位(如米、克等)描述出来之后,它的旅游价值已经荡然无存了。谢彦君认为,首先,在旅游资源的定义问题上,国标没有坚持旅游资源的潜在性、不可移动性、自在性这样一些基本的学术认识,这将会导致旅游商品、已经成为产品的东西等混淆为旅游资源。其次,在旅游资源的分类问题上,如果要从旅游资源作为旅游观赏的客观对象物的角度出发,旅游资源有人文旅游资源和自然旅游资源,但这种概念性的分类常常不能落实在现在国标所主张的"单体"层面,因为很多单体事实上都包含了复合性的难以分开的双重品质。硬性地进行分类,在实践层面就难以保证单体的分类达到规则上的完备与互斥。最后,在对旅游资源价值的评价问题上,将旅游资源的价值硬性分裂成并列的几个方面或维度,是不合适的。应该有一个主导的维度——可能是观赏价值,其他价值都依附于这个主导的维度,只有这样,才能解释人们为什么还会前往某些只有单一价值的地方旅游的事实。

由此看来,要科学地对旅游资源进行分类,使之既在旅游规划与开发实践中具有较强的可操作性,同时又不破坏旅游者在旅游活动中对旅游资源整体的体验与感受,还有很长的一段路要走。

## 第三节　旅游资源调查与评价

### 一、旅游资源调查的目的

旅游资源调查是指依据一定的标准,运用一定的方法,对与旅游资源有关的各种数据和资料进行科学性、客观性、准确性分析,完成统计、填表和编写调查文件等几项工作。

旅游资源调查是进行旅游资源评价、开发规划及合理利用与环境保护的最基本工作,表现为对旅游资源的基本描述、前期诊断、未来预测及后期管理等作用。其主要目的是了解一个地区旅游资源的数量、分布、类型、特点、功能、价值等,并建立一个较为全面的资源信息系统,从而为旅游资源开发导向、开发规划提供有力的参考依据。

### 二、旅游资源调查的步骤

旅游资源调查应贯彻为旅游业服务的思想,根据客观市场现实、潜在需求,分析、筛选旅游资源,调查应重点突出,树立综合调查的观念,注重经济效益、社会效益和生态效益,以适应旅游业发展对旅游产品的要求。

旅游资源的调查工作大致分为三个阶段,即室内准备阶段,野外考察阶段,整理总结、形成成果阶段。分阶段性地对旅游资源自身及其外部条件进行深入调查,确定资源的开发导向、开发重点和相应的管理措施,提供翔实可靠的材料,为当地旅游管理部门及时、准确地发展该地旅游业提供决策依据。

## 三、旅游资源评价的定义及目的

旅游资源评价是科学开发和利用旅游资源的前提，是指在旅游资源调查的基础上，以调查区中的旅游资源、资源环境及其开发条件作为评价的对象和内容，采取一定的方法，对旅游资源的特点及其开发做出评价和鉴定，并为调查区旅游资源的规划、开发和管理工作提供理论依据。旅游资源评价的目的可以归纳为以下三个方面。

(1) 通过对旅游资源类型、规模、等级、功能、价值等多方面进行评价，为确定旅游发展目标、市场定位、旅游开发导向、主题形象及发展规模提供参考依据。

(2) 通过对旅游资源规模、品位的评价，为国家和地区进行旅游资源分组规划和管理提供系统资料和判断对比标准。

(3) 通过对区域旅游资源的综合评价，为合理利用资源、保护环境、发挥整体效应提供支持，并以此为依据确定不同旅游地的建设顺序。

## 四、旅游资源评价的方法

旅游资源评价及其理论研究始于20世纪70年代，评价方法可分为以下两类：①定性评价方法，也称为经验分析法，即在大量调查、考察的基础上，凭经验进行评价；②定量评价方法，即将评价指标数量化，建立量化模型。一般采用旅游资源质量等级加权，即评价为各评价指标的标准值分别加权后的数值和。

旅游资源的多样性、复杂性，给定量评价带来许多困难，纯粹的定量评价往往带有机械性，而单纯的定性评价包含主观成分，只有将两者有机地结合起来，才能做出科学评价。

### (一) 定性评价方法

定性评价方法又称经验法，是在资源调查的基础上，基于评价者(旅游者或专家)的主观判定对旅游资源的质量体验。定性评价通常从旅游资源的价值、景观类型、旅游资源的综合开发条件等方面进行评议。常用的定性评价有一般体验性评价和美感质量评价等。

一般体验性评价是在统计大量的旅游资源信息的基础上，凭经验来主观判定旅游资源的价值。如1985年《中国旅游报》主持的“中国十大名胜”和1991年国家旅游局主持的“中国旅游胜地四十佳”等的评选，就是采用这一方法。这种方法仅限于少数知名度较高的旅游资源(地)。一般的或尚未开发的旅游资源(地)无法采用这一方法。

美感质量评价是一种专业性的旅游资源美学价值的评价，这类评价一般是在旅游者或旅游专家体验性评价基础上进行深入分析，其评价结果具有可比性的定性尺度。其中有关自然风景视觉质量评价较为成熟，已发展成为专家学派、心理物理学派、认知学派、经验学派四个公认的学派。

另外，北京师范大学卢云亭教授提出“三三六评价法”，即“三大价值”（历史文化价值、艺术观赏价值和科学考察价值）、“三大效益”（经济效益、社会效益和环境效益）、“六大条件”（景区的地理位置和交通条件、景物或景类的地域组合条件、景区旅游容量条件、施工难易条件、投资能力条件、旅游客源市场条件）。

### （二）定量评价方法

定量评价方法是在考虑多种要素的基础上运用一定的数学方法进行的资源评价。可以在定性评价的基础上，将评价要素系统量化，从而以数学方法得到评分数值。定量评价相比定性评价，结果更直观、更准确。定量评价可分为单因子评价和综合评价两种。

单因子评价是集中考虑某些典型而又关键的因子，对这些关键因子进行技术性的适宜度或优劣评判。这种评价对于开展专项旅游活动，如登山、滑雪、游泳等非常适用。针对不同的评价对象，现在较为成熟的方法有海滩和海水浴场的评价（乔戈拉斯，1970）、地形适宜性评价（日本洛克计划研究所，1980）、滑雪旅游资源评价等。

综合评价是在考虑多因子的基础上，运用一些数学方法，通过建模分析，对旅游资源及其环境和开发条件进行综合定量评价，评价结果为量化的指数值，便于不同资源评价结果的比较。与前述方法相比，具有更为客观、准确和全面的优点。这类评价方法较多，有菲什拜因-罗森伯格模型（M.Rosenberg，1956；M.Fishbein，1963）、综合价值评价模型（李功阳、丁文魁，1986）、层次分析法（保继刚，1989）、价值工程法（罗成德，1992）和指数分析法。

保继刚将旅游资源的评价分成若干层，构成旅游资源评价模型树。然后邀请专家以填表的方式按重要、稍重要、明显重要等评判级别，以1、3、5、7、9或其倒数作为量化标准，对同一层次的各因素相对于上一层次的某项因素的重要性给出判断，提出意见，再在计算机上进行整理、综合、检验，排出最后的结果。

#### 知识拓展

**旅游资源评价**

《旅游资源分类、调查与评价》（GB/T 18972—2017）（以下简称国标）中阐述了旅游资源评价，评价体系中设“评价项目”和“评价因子”两个档次，评价项目包括“资源要素价值”“资源影响力”“附加值”三项。“资源要素价值”项目包含“观赏游憩使用价值”“历史文化科学艺术价值”“珍稀奇特程度”“规模、丰度与几率”“完整性”五项评价因子；“资源影响力”项目包含“知名度和影响力”“适游期或使用范围”两项评价因子；“附加值”包含“环境保护与环境安全”一项评价因子。旅游资源评价赋分标准如表5-2所示。

Note

**表5-2　旅游资源评价赋分标准**

| 评价项目 | 评价因子 | 评价依据 | 赋值 |
| --- | --- | --- | --- |
| 资源要素价值（85分） | 观赏游憩使用价值（30分） | 全部或其中一项具有极高的观赏价值、游憩价值、使用价值 | 30～22 |
| | | 全部或其中一项具有很高的观赏价值、游憩价值、使用价值 | 21～13 |
| | | 全部或其中一项具有较高的观赏价值、游憩价值、使用价值 | 12～6 |
| | | 全部或其中一项具有一般观赏价值、游憩价值、使用价值 | 5～1 |
| | 历史文化科学艺术价值（25分） | 同时或其中一项具有世界意义的历史价值、文化价值、科学价值、艺术价值 | 25～20 |
| | | 同时或其中一项具有全国意义的历史价值、文化价值、科学价值、艺术价值 | 19～13 |
| | | 同时或其中一项具有省级意义的历史价值、文化价值、科学价值、艺术价值 | 12～6 |
| | | 历史价值、或文化价值、或科学价值、或艺术价值具有地区意义 | 5～1 |
| | 珍稀奇特程度（15分） | 有大量珍稀物种，或景观异常奇特，或此类现象在其他地区罕见 | 15～13 |
| | | 有较多珍稀物种，或景观奇特，或此类现象在其他地区很少见 | 12～9 |
| | | 有少量珍稀物种，或景观突出，或此类现象在其他地区少见 | 8～4 |
| | | 有个别珍稀物种，或景观比较突出，或此类现象在其他地区较多见 | 3～1 |
| | 规模、丰度与几率（10分） | 独立型旅游资源单体规模、体量巨大；集合型旅游资源单体结构完美、疏密度优良；自然景象和人文活动周期性发生或频率极高 | 10～8 |
| | | 独立型旅游资源单体规模、体量较大；集合型旅游资源单体结构很和谐、疏密度良好；自然景象和人文活动周期性发生或频率很高 | 7～5 |
| | | 独立型旅游资源单体规模、体量中等；集合型旅游资源单体结构和谐、疏密度较好；自然景象和人文活动周期性发生或频率较高 | 4～3 |

续表

| 评价项目 | 评价因子 | 评价依据 | 赋值 |
|---|---|---|---|
| 资源要素价值(85分) | 规模、丰度与几率(10分) | 独立型旅游资源单体规模、体量较小;集合型旅游资源单体结构较和谐、疏密度一般;自然景象和人文活动周期性发生或频率较小 | 2~1 |
| | 完整性(5分) | 形态与结构保持完整 | 5~4 |
| | | 形态与结构有少量变化,但不明显 | 3 |
| | | 形态与结构有明显变化 | 2 |
| | | 形态与结构有重大变化 | 1 |
| 资源影响力(15分) | 知名度和影响力(10分) | 在世界范围内知名,或构成世界承认的名牌 | 10~8 |
| | | 在全国范围内知名,或构成全国性的名牌 | 7~5 |
| | | 在本省范围内知名,或构成省内的名牌 | 4~3 |
| | | 在本地区范围内知名,或构成本地区名牌 | 2~1 |
| | 适游期或使用范围(5分) | 适宜游览的日期每年超过300天,或适宜于所有游客使用和参与 | 5~4 |
| | | 适宜游览的日期每年超过250天,或适宜于80%左右游客使用和参与 | 3 |
| | | 适宜游览的日期超过150天,或适宜于60%左右游客使用和参与 | 2 |
| | | 适宜游览的日期每年超过100天,或适宜于40%左右游客使用和参与 | 1 |
| 附加值 | 环境保护与环境安全 | 已受到严重污染,或存在严重安全隐患 | −5 |
| | | 已受到中度污染,或存在明显安全隐患 | −4 |
| | | 已受到轻度污染,或存在一定安全隐患 | −3 |
| | | 已有工程保护措施,环境安全得到保证 | 3 |

# 第四节　旅游资源开发与保护

## 一、旅游资源开发的含义

旅游资源开发是指借助现代科学技术手段把资源改造成为旅游吸引物,并使旅游活动得以实现的技术经济活动。旅游资源开发具有重要意义,其开发的目的是使旅游资源对旅游者具有吸引力，以将旅游资源的潜在资源优势转化为现实的经济功能。旅游资源只有经过开发形成旅游产品才能进入旅游市场，实现旅游资源的经济效益。旅游资源在开发前可进入性差，旅游服务和基础设施缺乏，不能适应大规模的旅游活动。开发后，可以改善交通条件，增大对旅游者的吸引力。通过开发能对旅游资源实施有效的保护，延长旅游地的生命周期，减缓旅游地衰退。

从开发、建设状况角度，旅游资源可分为尚未开发利用的旅游资源和已经开发利用的旅游资源两大类。其中，尚未开发利用的旅游资源也称为潜在的旅游资源，是指那些对旅游者能产生吸引力但缺乏交通和接待条件或不大为人所知的旅游资源。对这类旅游资源的开发就是以其现状为依托，通过必要的加工和建设，使之成为对旅游者具有使用价值的旅游吸引物。已经开发利用的旅游资源也称为现实的旅游资源，它分为两种情况：一是目前尚未有计划地开发但已被利用的旅游资源，如已被探险者或科学考察者所光顾的某些深山密林、人迹罕至的沙漠地区，像我国的雅鲁藏布大峡谷等；二是已经有计划开发和利用的旅游资源。

## 二、旅游资源开发的原则

### （一）独特性原则

独特性原则是旅游资源开发的中心原则，体现特色、吸引力。有特色，才有生命力和竞争力，才能吸引更多的旅游者。旅游资源的价值在很大程度上取决于它所具有的与众不同之处。这既是其能够对旅游者产生吸引力之根本，也是其吸引力大小的影响因素。在一定地域范围内，如果存在同类型资源的竞争，独特性往往意味着不可替代性。因此，在旅游资源的开发过程中，注重旅游资源的独特性，有意识地保存和突出这些方面的特征，具有重要的意义。

旅游资源的独特性原则，要求在旅游资源开发中首先以挖掘当地富有特色的旅游资源为出发点，尽量选择开发那些在某些方面堪称“最”的旅游资源。如历史“最悠久”、规模“最大”、造型“最古朴”、工艺“最精湛”等。在旅游开发中要认识到所拥有资源的优势，并通过开发强化其特色，从而形成强大的吸引力和完整、独立的旅游形象。

独特性原则，还要尽最大可能突出旅游资源的特色，努力反映当地文化包括民族特色、地方特色。特定区域内的民族风情、习俗、艺术等民族文化，是旅游资源开发取之不尽、用之不竭的源泉。“只有民族的旅游资源，才是世界的旅游吸引物。”突出民族性、保持某些传统格调不仅突出自身的独特性，同时也有利于当地旅游形象的树立。以旅游开发地的建筑风格为例，如果在开发过程中片面追求西方现代建筑式样，那么西方旅游者来此地后就不会有新奇感。但这并不是说一切只能“旧”而不能“新”，旅游服务设施及内部环境则需与时俱进，既要有民族特色和地方性，也要符合时代要求，使旅游者不仅舒适惬意，还能有新奇感。

### （二）市场导向原则

旅游资源本身不是商品，只有开发成旅游产品后才能销售给旅游者。市场导向

Note

原则,是指旅游资源在开发前一定要进行市场调查和预测,准确掌握市场需求和竞争情况,结合资源状况,积极寻求与其相匹配的客源市场,确定目标市场,以市场需求变化为依据,最大限度地满足旅游者的需求。例如,当前旅游需求正在由大众型观光游览式向个性化、多样化、参与性强的方向发展,因此旅游资源的开发应增加活动项目品种,设计多样的、参与性强的旅游活动项目,以适应市场变化。

### (三) 保护性开发原则

无论是自然旅游资源的开发还是人文旅游资源的开发,都会对旅游资源造成一定的破坏,因此,必须在旅游资源开发的同时,强调旅游资源的保护问题。所谓保护性开发,是指开发和建设不得超过该资源所在地区的环境容量和资源的承载力。因此,在开发旅游资源的同时,要切实制定保护资源的方案,防止资源原貌和环境的破坏。另外,开发和建设项目的性质、布局、规模、体量、造型、色彩等都应与周围环境和自然景观相互协调,开发中不能对周围环境造成破坏。

### (四) 效益原则

旅游资源开发的目的是发展旅游业,从而达到挣取外汇、回笼货币、解决就业、发展地区经济的目的。因此,旅游资源的开发首先必须满足当地社会经济发展的需要。但是,并非所有拥有旅游资源的地区都可以或者都应该发展旅游业。如果开发旅游资源所付出的机会成本大于它能带来的收益,这种开发对当地全局来讲显然是不经济的。

首先,在国家或地方决定发展旅游业的情况下,根据当地的经济实力和有关开发项目的投资效益预测,分期分批有计划、有重点地优先开展某些项目,不能不加选择地盲目开发,更不能不分先后地全面开发。其次,对开发项目投资的规模、建设周期的长短、对旅游者的吸引力、回收期限及经济效益等方面进行投入-产出分析。

但经济效益并非旅游资源开发追求的唯一目标,在讲求经济效益的同时,还要兼顾社会效益和环境效益。旅游开发还要考虑开发活动是否会超过社会和环境的限度,是否会给旅游地带来资源破坏、环境质量下降、社会治安混乱等负面影响。因此,旅游资源开发应遵循经济效益、社会效益、环境效益协调统一的原则。

## 三、旅游资源开发的内容

旅游资源开发的主要内容包括以下四个方面。

### (一) 提高旅游资源所在地的可进入性

任何一个旅游景区(点)的开发,都必须解决旅游者来访的交通问题,使旅游者顺利地进出。这对于开发之初的旅游地更为重要。可进入性是指旅游地与外界的交通联系,以及旅游地内部的交通运输要能够做到便利和畅通无阻,能够有效地缩短时间和空间的距离,即“进得去、出得来、散得开”。便利的交通条件对于一个地区旅游开发的成功至关重要。即使旅游资源自身的品质再好、品位再高,如果该地的交通问题得不到解决，旅游吸引物的市场价值也难以实现。因此，提高可进入性就是要让旅游地与外界的交通联系及旅游地内部交通运输做到便利和畅通无阻。解决旅游地的交通问题并提高可进入性程度，不仅包括陆路、水路和空中通道的基础设施建设，而且还包括各种交通运输工具、手段的合理安排。

### （二）建设和完善旅游基础设施

关于旅游基础设施，学术界的认识和界定不尽相同，比如酒店之类的住宿接待设施，有的学者将其归为旅游基础设施，有些学者则将其划为旅游上层设施。在前人研究的基础上，我们将旅游基础设施界定为：在旅游业发展的有关设施中，凡属其主要使用者为当地居民，同时旅游者在逗留期间必须依赖和利用的不可缺少的设施，既服务于旅游活动也服务于当地社会生活和经济活动。

旅游基础设施主要包括以下两个方面。一是一般公用事业设施，如供水、供电、排污、通信系统以及景区景点交通路网系统等；与此有关的配套设施，如停车场、机场、火车站、码头港口、夜间照明设施等。二是满足现代社会生活所需要的基本设施或条件，如治安管理机构、医院、银行、购物中心、公园等。

少数基础设施欠缺的旅游地的旅游资源开发，须全面建设旅游基础设施。已经存在一定的基础设施的旅游地的旅游资源开发，需要根据可能出现的旅游者的数量进一步增建（扩建）、完善旅游基础设施，提升保障供应的能力。

### （三）建设和完善旅游上层设施

旅游上层设施是指那些虽然也可供当地居民使用，但主要供外来旅游者使用的服务设施，如宾馆、酒店、餐馆、旅游问询中心、旅游商店和某些娱乐场所等。这些设施兴建的初衷就是主要供旅游者使用。如果没有外来旅游者，这些设施也便失去了存在的必要，因此，其设计和建造应满足旅游者的需求。

对于少数处在初始开发阶段的旅游区来说，建设旅游上层设施的必要性显而易见。对于大多数旅游开发地区来说，随着当地旅游者数量的增多，原有设施可能会出现供应能力不足的状况，因此需要根据实际情况进行扩建和增加，以满足旅游者的需要。

### （四）完善旅游服务体系

旅游服务，是旅游产品的核心。旅游者购买并消费旅游产品，除了在餐饮和旅游生活中消耗少量有形物质产品外，大部分是接待和导游服务的消费。所以，旅游资源只是旅游活动的吸引物和旅游产品的基本条件，其开发必须注重旅游服务的完善。从旅游供给的角度来看，旅游服务包括商业性的旅游服务和非商业性的旅游服务。商业性的旅游服务主要是当地旅行社的导游和翻译服务、交通部门的客运服务、酒店业的食宿服务、商业部门的购物服务，以及其他部门向旅游部门提供的营业性接待服务。非商业性的旅游服务则包括当地为旅游者提供的旅游问询服务、出入境服务，以及当地居民为旅游者提供的其他义务服务。这两个方面都需要不断加强和完善。

## 四、旅游资源的保护

旅游资源是旅游业发展的基础，旅游业要长足持续发展，就必须认真做好旅游资源的保护工作。旅游资源的保护不仅包括旅游资源本身的保护，使之不受破坏、特色不受削弱，而且还涉及其周围自然生态环境的保护。目前，世界各国在大力开发利用旅游资源的同时，十分重视旅游资源的保护工作，并将其视为旅游业能否持续兴旺发展的根本保证。

在旅游业发展的历史进程中旅游资源遭受破坏的情况时有发生，尤其是在早期不成熟的旅游开发下，旅游资源的破坏成为旅游业获取经济利益的代价。造成旅游资源破坏的原因很多，基本上可以划分为自然因素造成的资源破坏和人为因素造成的资源破坏。

### （一）自然因素造成的资源破坏

旅游资源是自然的组成部分之一，自然条件的变化会影响旅游资源。

#### 1. 突发性的自然灾害

突发性的自然灾害主要有地震、火山、海啸水灾、飓风等。这些自然灾害对旅游资源的破坏是巨大的，而且这种破坏时间短、破坏力度大，有时会导致旅游资源在一夜间化为乌有，如2005年罕见的印度洋海啸使得印尼的旅游业严重受挫，部分旅游资源被摧毁。2008年四川汶川发生特大地震，周边一些地区的旅游景点受到不同程度的破坏，曾经美丽的"天府之国"满目疮痍，无论是秀丽的自然风景还是历史悠久的人文遗产，都遭受了空前的浩劫。

#### 2. 缓慢性的自然风化

缓慢性的自然风化主要表现为以自然的方式，如流水侵蚀、寒暑变化、风吹雨淋等，使得旅游资源的形态和性质慢慢发生改变，这种缓慢的变化就是自然风化。一些露天的建筑、塑像等会因风吹、日晒等导致表面磨损、木质结构腐朽破败、壁画褪色等。在我国，山西云冈石窟、甘肃敦煌莫高窟、河南洛阳龙门石窟和重庆大足石刻等的岩石雕像都不同程度地受到风化和渗水作用的严重影响。水与岩石长期而缓慢的相互作用是中国石窟艺术遭受破坏的主要原因。

### （二）人为因素造成的资源破坏

#### 1. 战争的破坏

战争是破坏旅游资源最直接的方式，同时也是非常时期破坏程度最严重的。从古至今，无数的人工奇迹都在战火中被损毁，如阿房宫、圆明园均为因遭受战争而被破坏的典型例子。

#### 2. 建设性破坏

建设性破坏主要指在工农业生产中，市镇建设和旅游资源开发建设规划不当引起的破坏。

1）直接拆毁、占用文物古迹

我国历史悠久，具有旅游价值的文物古迹比比皆是。但是，这些文物古迹在建设中遭到了极大的破坏。如我国的古城墙，除西安及少数地方仍保留外，很多地方的城墙均在城市改造中被拆毁。又如在苏州，在城市建设中，很多园林就此逐步消失。普查数据显示，在苏州园林的数量上，1959年存有91处，1982年存有69处，2007年仅存53处，50年不到的时间，苏州园林竟然消失了38处，“园林之城”的园林群体基础逐步衰减，“园林城市”的重要载体正在受到侵蚀。

2)工程建设对风景区自然美的破坏

在风景区，由于工程建设不当，破坏了风景区的周围景观的和谐及古建筑的风格意境。相关文献显示，一些地方在核心景区和近核心景区大量建造宾馆，过度使用景区溪水和抽取地下水，造成溪流、泉水干涸，地下水位下降。有的地区放任占景建房，盲目进行修堤、填湿地造田、截弯取直河道等。如建设部(现变更为中华人民共和国住房和城乡建设部)原副部长仇保兴在某研讨会中指出，浙江著名的风景区雁荡山原以溪景闻名，由于过度抽取地下水，致使绝大多数的溪流干涸，潺潺溪流之景再难呈现。

3)发展工农业生产带来的污染破坏

工业生产带来的“三废”污染对旅游区的影响往往十分严重。如果在旅游区发展污染性的工业，将会对旅游区的空气和水体造成污染。空气污染导致酸雨的产生，不仅会损害旅游区的环境，而且还会腐蚀破坏旅游资源。水体污染同样是旅游环境衰退的突出问题。落后的农业生产方式，无计划的过度伐木、采石、取水对旅游区景观的破坏不仅严重，而且其造成的后果常常不可逆转。如最典型的就是历史上被无数文人墨客赞美的昆明滇池，由于其附近重金属冶炼工厂的废物排入滇池导致其水质恶化严重，在20世纪60年代，滇池的水质优越，被判定为Ⅱ类，然而70年代后水质就变成了Ⅲ类并且不断下降，到了20世纪末已经降到了超Ⅴ类，耗费巨资治理还是没有完全恢复到原有状态。

**3. 旅游者的破坏**

1)旅游活动加速石刻、雕塑、壁画古迹的损坏

我国的三大石窟在自然风化与人为原因(旅游者涌入，改变石窟小气候)的双重作用下，受到的损坏已极为严重。为此我们必须通过控制旅游者数量，以及对古迹作适当仿古重修来维护旅游区的旅游资源。

2)旅游者踩踏带来的破坏

大量旅游者涌入旅游区，使得区内的景观植物、建筑及道路有不同程度的损坏，如旅游者的踩踏使区内地面因过度磨损而失去原有面貌，踩踏还会造成土壤板结、古树死亡等情况。故宫许多大殿前和内部的路面、地面，因旅游者密度较大而严重磨损。颐和园蜿蜒700多米的长廊路面的砖，因踩踏每隔几年要更换一次。

3)低素质旅游者随意毁坏旅游资源

一些低素质旅游者无视旅游区内的提示，在旅游区内对景物随意刻画、涂抹，任意毁坏旅游资源，乱扔垃圾，随手摘花，驱散鸟类等，这些不良行为都给旅游区的环境造成了一定的损害。

4. 旅游管理不善造成的破坏

（1）在旅游开发过程中由于规划不当造成的旅游资源的破坏。一些地方为发展旅游业，开发旅游项目心切，出现低水平的规划和建设，规划建筑与景观环境不协调，随意增加大量人工设施，使景区原有的氛围、格调、布局发生重大变化。

（2）文物管理不善或无人管理。有的人缺乏基本的文物古迹保护知识，在维护、修缮的过程中随意改建、翻拆等，必然降低或丧失文物的历史价值和美学价值。

（3）旅游业的经营者和当地群众为利益所驱动，"重开发，轻保护"，再加上缺乏有效的管理，很容易对当地的生态环境造成极大的破坏。

### （三）旅游资源保护的措施

旅游资源的保护应采取以防为主、以治为辅、防治结合的原则，运用法律、行政、经济和技术等手段，注意加强对旅游资源的管理和保护。根据旅游资源退化与受损的原因，应用可持续发展理论和人与自然和谐共生理论，坚持可持续发展观和绿色发展观，对旅游资源采取相应的以防为主、以治为辅、防治结合的保护措施。虽然灾难性的自然变化不可避免，但可以采取措施，减弱自然风化的程度，延续其过程；对于人为破坏，则可以通过法律、政策、宣传和管理途径予以杜绝。已遭破坏的旅游资源，视其破坏的轻重程度和恢复的难易程度，采取维修和重修措施。

1. 减缓旅游资源自然风化的对策

旅游资源自然风化是自然界大气中光、热、水环境的变化引起的，存在这一问题的主要是历史文物古迹。出露于地表的旅游资源要完全杜绝自然风化是不可能的，但在一定范围内改变环境条件使其风化过程减缓是完全可能的。对于自然作用所带来的危害，主要应采取必要的技术措施加以预防，如建设室内展览馆、架设隔离装置等。因条件限制不宜采取类似措施的，则应经常检查，发现问题及时治理和修缮。

2. 杜绝人为破坏旅游资源的对策

（1）为了防止旅游者对旅游资源造成危害，可采用以下三项应对措施：一是加强本地的旅游规划工作，充分估计环境容量饱和给旅游资源带来的破坏性影响；二是对于重要的文物建筑、珍稀动植物等，应架设隔离装置、避免游人攀爬、触摸；三是对于违反有关规定者要予以制止，并视情节轻重予以批评、罚款乃至追究其法律责任。

（2）对于旅游者以外的其他人为原因，如当地居民、旅游企业等造成的破坏，除应加强旅游资源保护的宣传外，还要制定必要的法律法规加以约束。宣传和立法固然重要，但关键还是要分派和落实有关执法和保护工作的责任。

3. 对被破坏的旅游资源的恢复对策

绝大多数旅游资源，一旦遭到破坏则难以恢复，但有的历史古建筑，文化价值和旅游价值都相当高，虽然已经衰败，甚至不复存在，但仍可以采用治理恢复措施重现其风采。目前主要采用的有三种恢复手段：一是整修复原，修旧如旧；二是仿古重建；三是生态建设。

1)整修复原,修旧如旧

在修复的过程中,对现有旅游资源保存现状或恢复原状,在整修一些因自然风化或人为破坏而破损、变色的历史建筑时,可采取原材料、原构件,或在必要时用现代构件进行加固,但必须以保持原貌为准则,切忌因“翻新”而失去“古”的特色。2001年4月2日开始的“乐山大佛美容工程”既达到了整修的目的,又最大限度地保持了原样,可以说是整修复新历史建筑的成功之作。

2)仿古重建

由于一些历史原因,某种旅游资源已经消失,但其具有较高的历史和文化价值,为了旅游开发的需要,可以进行仿古重建,重现古建筑的风貌。如江南三大名楼之一的武昌黄鹤楼的仿古重建保持了原有的塔式阁楼造型风格和江、山、楼三位一体的意境,是古建筑重建中较为成功的一例。

3)生态建设

许多旅游景区,由于工农业和交通的发展,造成了植被的破坏,区内旅游资源环境质量下降,如太湖和昆明滇池,湖水污染较为严重,许多旅游项目难以开展,限制了旅游业的进一步发展,为此必须努力治理这些景区的空气、水体及环境污染,进行必要的生态建设,重建景区对旅游者的吸引力。中国第二深的云南抚仙湖,水质良好,达到饮用水标准,但美中不足的是山不绿,成为景色的一大缺陷。为改善其景观结构,首要任务是治山、种树,进行生态建设,使山绿起来。旅游区山体的生态建设,不仅要考虑固水固土的生态效益,还要考虑观赏的旅游效益及一定的经济效益。不少湖泊旅游区,存在“山青但水不秀”的状况,也需用生态重建的措施进行弥补。

在旅游资源开发中还要维护好自然生态平衡与协调发展的关系,保持旅游资源对旅游者的吸引力。合理的保护是旅游资源可持续发展的关键,保护与开发理应相辅相成,保护得好才具有开发利用价值,开发利用又推动保护工作。政府主管部门应加强法治建设,旅游企业应提高企业的管理和规划能力,旅游者应强化自身素质,才可以实现旅游资源的可持续利用。

## 核心关键词

旅游资源(Tourism Resources)
地文景观(Physiographic Landscape)
历史遗迹(Historical Site)
人类活动(Human Activity)
旅游调查(Tourism Survey)
旅游基础设施(Tourism Infrastructure)
旅游上层设施(Tourism Superstructure)
旅游服务体系(Tourism Service System)
可进入性(Accessibility)

Note

资源评价(Resource Evaluation)
旅游保护(Tourism Protection)
生态建设(Ecological Construction)
仿古重建(Antique Reconstruction)
修旧如旧(Repair the Old as Old)

## 思考与练习

1. 简述旅游资源的概念及内涵。
2. 旅游资源的主要特点有哪些?
3. 旅游资源的分类标准有哪些?
4. 简述旅游资源开发的基本内容。
5. 试述旅游资源遭受破坏的原因。
6. 如何有效地保护旅游资源?

# 第六章

## 旅游业

### 学习目标

· 掌握旅游业的基本性质,包括定义、性质、构成和特点。
· 掌握旅行社的分类和基本业务,认识在线旅行社。
· 认识旅游住宿业的主要类型,了解旅游饭店和旅游民宿的等级评定。
· 理解旅游交通的作用,了解旅游交通的主要方式。
· 掌握旅游景区的界定,了解旅游景区的主要类型。
· 认识旅游餐饮、旅游购物、旅游娱乐等旅游业的主要经营部门。

### 问题导向

作为国民经济重要组成部分的旅游业是由哪些行业和部门构成的?

Note

## 第一节 旅游业概述

### 一、旅游业的定义

#### (一) 国内外旅游研究中的代表性定义

关于旅游业的定义,国内外学术界有着不同的认识。其中,比较有代表性和影响力的定义主要有以下几个。

(1) 旅游部门或旅游业,从广义上可以表达为生产全部或主要由外国旅游者或国内旅游消费者的产品或服务的工业和商业活动总和的体现(联合国贸易与发展会议,1971)。

(2) 旅游业是由旨在满足旅游者特定需求与愿望的所有企业、组织机构和设施组成的行业(N. Leiper,1979)。

(3) 旅游业是为国内外旅游者服务的一系列相互有关的行业。旅游关联到旅游者、旅游方式、膳宿供应设施和其他各种事物。它构成一个综合性的概念——随着时间和环境不断变化的、一个正在形成和正在统一的概念(Donald Lundberg,1980)。

(4) 旅游业是以旅游消费者为服务对象,为其旅游活动的开展创造便利条件并提供其所需商品和服务的综合性产业(李天元,1999)。

(5) 旅游业有狭义和广义的区别。狭义旅游业是指由各个提供核心旅游产品以满足旅游者的旅游需求的旅游企业所构成的集合;广义旅游业是一种十分综合的产业,是由各种提供能满足旅游者需求的产品的企业所构成的集合(谢彦君,1999)。

(6) 旅游业是以旅游者为服务对象,以旅游市场为联系纽带,以旅游资源和设施为基础,以旅游经营活动为中心,将相关行业和企业集合起来,向旅游者提供旅游过程中所需要的产品和服务的综合性产业(Chris Cooper、张俐俐等,2004)。

(7) 旅游业是参与为旅游者提供旅游体验的多种经济活动、多种服务或多种行业的集合体,它包括所有旅游产品及相关服务的提供者,是一个综合性大产业(Charles Goeldner 、Brent Ritchie,2006)。

以上定义虽各有侧重,仔细分析却能发现两个共同点:一是均从需求的角度界定旅游业,认为旅游业的主要任务是通过提供旅游产品和服务满足旅游者的需要;二是均认为旅游业是众多相关行业的集合,是一个综合性的产业。

#### (二) 关于旅游产业

要对旅游产业进行界定,首先必须遵循一个合理的理论依据。在传统的经济学中,“产业”(Industry)是指“其主要业务或产品大体相同的企业类别的总称”。由此可知,一个产业是由众多同类企业集合而成的,且这些企业生产相对同质的产品或主营相同的业务、因该产品的生产或业务的经营而发生的投入和产出能够清楚地计算、企业的数量及其产出的经济价值的规模达到足以作为一个独立部门来对待和加以统计的程度。而上述这些也成为产业界定的基本依据或标准。

显而易见,除最后一条外,旅游业距离上述标准相去甚远。首先,旅游业并非由同类企业所构成,这些企业的产品或业务也不尽相同;其次,无论宏观的旅游产业还是微观的旅游企业,其投入和产出都难以清晰地测算和确定;再次,绝大多数旅游企业实际上都隶属于某一传统的标准产业,如饭店归属于住宿业,航空公司归属于交通运输业,旅游景区则分散于园林、文博、娱乐业等。因此,从理论上讲,旅游业并不是一个标准的产业。在联合国制定的《国际标准产业分类》和我国的《国民经济行业分类》(GB/T 4754—2017)中,均没有将旅游业列为独立的产业。

但在实践中,旅游业已成为包括中国在内的许多国家国民经济的重要力量,甚至是支柱产业。尽管世界上许多国家在制定产业划分标准时都未明确将旅游业作为一项产业单独立项,但是在其制定国民经济发展规划时,却都将发展旅游业作为其中的一项重要内容纳入其中。2009年发布的《国务院关于加快发展旅游业的意见》(国发〔2009〕41号)中明确指出:把旅游业培育成国民经济的战略性支柱产业和人民群众更加满意的现代服务业。这些事实在很大程度上表明,旅游业作为一项独立的产业,在现实中是客观存在的。

### (三)旅游业的界定

鉴于旅游业的特殊性和客观存在性,在对其进行界定时,应跳出传统产业概念的既有框架,用更加新颖、广阔的视角来理解和看待。

首先,从旅游业服务对象的视角来看,无论哪种类型的旅游企业,其提供的产品或服务项目都是面向旅游消费者的,它们满足的是同一市场的需要。

其次,从旅游业产品的视角来看,旅游企业需要提供旅游者旅游活动全过程(包括旅游活动开始前、旅游活动进行中、旅游活动结束后)所需要的各种产品和服务,这些产业和服务的集合即为整体旅游产品或组合旅游产品,而为旅游者提供该类产品的企业集合体就可以统称为旅游业。

综上所述,旅游业可以定义为:以旅游者为服务对象,在为其提供旅游活动过程中所需的产品和服务的综合性产业。

### 知识拓展

**旅游接待业**

综合当前国内外学术界的研究,旅游接待业有广义和狭义两种理解。广义的旅游接待业,Michael Ottenbacher等(2009)给出了较为清晰的定义。他认为在学术界和业界的影响下,在社会文化、政治的推动下,旅游接待业的核心产业由六大产业构成,包括住宿业、餐饮业、休闲业、旅游景区、旅行业、会展业①(图6-1)。

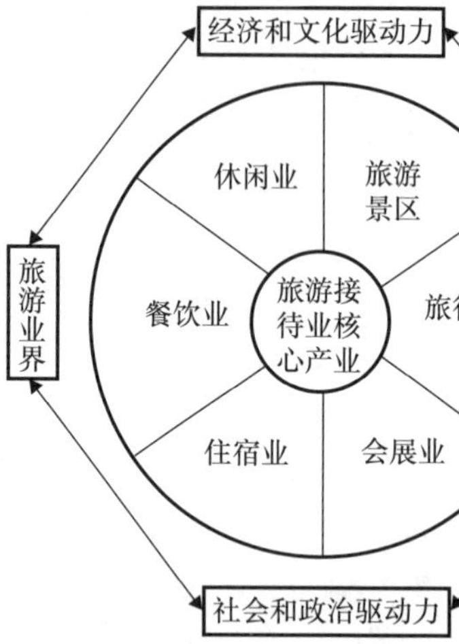


图6-1　广义的旅游接待业

关于狭义的旅游接待业的概念相对权威且得到国际学术界认可的观点,是来自接待业管理国际期刊的主编Pizam的《What is the hospitality industry and how does it differ from the tourism and travel industries?》一文。他认为旅游接待业是向旅游者及当地居民提供住宿、食物、饮料和会议等相关旅游服务的商业集合。俱乐部、餐饮服务机构、辅助类生活服务设施是旅游接待业独有的部分;会展业、休闲业、住宿业和餐饮业既属于旅游接待业,也属于旅游业;旅行社、旅游景区、旅游目的地营销、旅游规划与开发、旅游交通等则只属于旅游业,而不属于接待业(图6-2)。

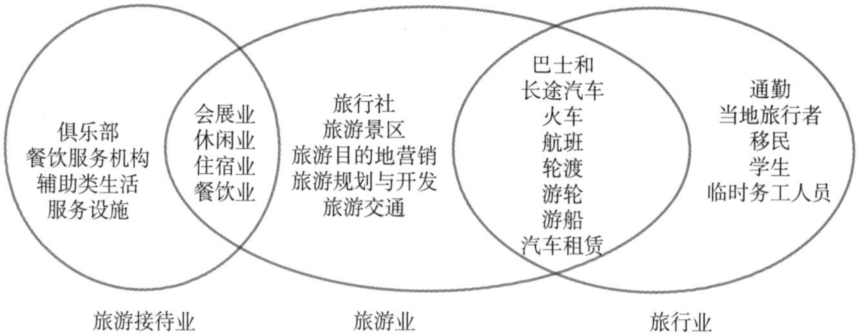


图6-2　狭义的旅游接待业

①Ottenbacher M, Harrington R, Parsa H G. Defining the hospitality discipline: a discussion of pedagogical and research implications [J]. Journal of Hospitality & Tourism Research, 2009, 33(3):263-283.

## 二、旅游业的构成

关于旅游业的构成，较为常见的观点有以下两种。

### （一）“三大支柱”说

早期的旅游研究以联合国制定的《国际标准产业分类》为依据，并对其中参与旅游业务经营的具体经济部门加以分析，认为旅游业主要由三部分构成，即旅行社部门、交通客运部门和以饭店为代表的住宿业部门。这三大部门在我国通常被称为旅游业的“三大支柱”。

### （二）“五大部门”说

在国际旅游研究中，另一种比较有代表性的观点（Middleton，1988）认为，旅游业的单位通常是特定的地域或特定的旅游目的地，从一个国家或地区旅游业发展的角度来看，旅游业应由五大部门组成，即住宿接待部门、游览场所经营部门、交通运输部门、旅行业务组织部门、目的地旅游组织部门（图6-3）。

| 住宿接待部门 | 游览场所经营部门 | 交通运输部门 | 旅行业务组织部门 | 目的地旅游组织部门 |
|---|---|---|---|---|
| · 饭店、宾馆<br>· 乡村农舍客房<br>· 出租公寓/别墅<br>· 分时度假公寓<br>· 度假村<br>· 会展中心（供住宿）<br>· 野营营地/旅行拖车度假营地<br>· 提供住宿设施的船坞 | · 主题公园<br>· 博物馆<br>· 国家公园<br>· 野生动物园<br>· 花园<br>· 自然历史遗产游览点 | · 航空公司<br>· 海运公司<br>· 铁路公司<br>· 公共汽车/长途汽车公司 | · 旅游经营商<br>· 旅游批发商/经纪人<br>· 旅游零售代理商<br>· 会议安排组织商<br>· 预订服务代理商（如代订客房）<br>· 奖励旅游安排代理商 | · 国家旅游组织<br>· 地区旅游组织<br>· 地方旅游组织<br>· 旅游协会 |

图6-3　旅游业的五个组成部分

此外，也有学者对旅游业的构成提出了不同的观点，具体如下。

（1）“广义旅游业的行业构成”说（谢彦君，1999）：从旅游者需求的角度来定义广义的旅游业，应由旅游观赏娱乐业、餐饮住宿业、旅行社业、交通通信业、旅游购物品经营业综合而成。

（2）“六大旅游活动行业”说（邓爱民、孟秋莉，2018）：旅游业由旅行社行业、住宿业、餐饮业、交通客运业、景区游览业、旅游娱乐业和旅游购物品经营业构成。

（3）“八大部门”说（李天元，2014）：基于旅游活动内容的涉及要素，我国旅游业的基本构成至少应包括八个部门，即交通客运部门、旅游景点部门、住宿服务部门、餐饮服务部门、旅游纪念品/用品零售部门、娱乐服务部门、旅行社部门、旅游行政机构和旅游行业组织。

## 三、旅游业的特点

### （一）综合性

作为旅游活动的中介体，旅游业需要满足旅游者在旅游活动过程中食、住、行、游、购、娱等方面的多重需要,这就要由各种不同类型的旅游企业提供相关的产品和服务。按照传统的产业划分,这些不同类型的企业分别隶属于若干相互独立的行业,但满足旅游者需要的这一业务纽带将其联系起来成为一个集合体,因此,旅游业具有了综合性的特点。

### (二)服务性

旅游业属于第三产业,服务性是其基本特征之一。就一次完整的旅游活动或旅游经历而言,旅游者追求的更多是精神层面的满足和享受,旅游产品的价值并不是物化于消费品之中,而是通过服务体现出来,服务才是旅游产品的核心。

### (三)双重性

根据生产要素的比重差异,可将产业划分为资金(资本)密集型产业、劳动密集型产业、知识(技术)密集型产业。旅游业既是劳动密集型产业,也是资金密集型产业。

根据国际学术界的共识性观点,判定一个行业是否属于劳动密集型产业的标准,是工资成本在其全部营业成本和费用中所占的比例。由于旅游业的产品多以服务为主,不存在大量的消耗性原材料或者消耗性原材料成本较少,其工资成本在全部营业成本和费用中占了较大的比重(40%~50%),从而决定了旅游业属于劳动密集型产业。

而判定一个行业是否属于资金密集型产业的重要标准之一,则是每个劳动力占有的固定资产的多少。从旅游业的核心组成部分来看,旅游饭店、交通、旅游景区多为高额投资,人均固定资产占比颇大。如我国涉外饭店人均占有的固定资产为2.5万~5万美元,大型游乐场人均占有的固定资产为1.5万~3万美元。因此,旅游业也是资金密集型产业。

### (四)依托性

旅游业的依托性主要表现在以下两个方面。一是以旅游资源为依托,旅游资源是旅游业的基础,一个地区旅游资源的丰富程度在很大程度上影响旅游业的发展。二是以国民经济的发展为依托,国民经济的发展既影响旅游供给(如旅游资源开发和旅游设施建设的能力),也决定着人们的可自由支配收入和闲暇时间,从而影响旅游需求和旅游消费。

### (五)涉外性

旅游业中的国际旅游业务,不可避免地涉及各国的国际政策和外交关系,以及我国的侨务政策和统战政策。旅游业也带有“民间外交”的属性,旅游业从业人员、目的地居民和出境旅游者的言行举止,都代表着国家形象,因此,旅游业具有较强的涉外性。

### (六)脆弱性

脆弱性是旅游业的基本特征,旅游业也因此被称为“建在流沙上的大厦”。

从旅游业的内部环境来看，其各个组成部分之间必须协调发展，其中某一部分出现脱节，都会造成整个目的地旅游供给的失调，从而影响整个目的地旅游业的发展。

从旅游业经营的外部环境来看，各种自然的、政治的、经济的和社会的因素一旦出现不利变化，都可能导致旅游业经营的危机与挫折。如自然灾害、战争、经济危机、社会流行性疾病等，都可能导致旅游业的停滞甚至倒退。

## 典型案例

### 疫情对中国旅游业的影响

自2019年底新冠疫情暴发以来，我国旅游业遭受到极大的冲击，国际旅游基本处于停滞状态，国内旅游人数和收入均大幅下降。根据文化和旅游部公布的数据，2019年度我国国内旅游总人数为60.06亿人次，全年实现旅游总收入6.63万亿元。受疫情影响，2020年度国内旅游人数28.79亿人次，比上年同期减少30.22亿人次，下降52.1%；国内旅游收入2.23万亿元，比上年同期减少3.50万亿元，下降61.1%。2021年，国内旅游总人次32.46亿，比2019年同期减少27.6亿，下降46.0%；国内旅游收入2.92万亿元，比2019年同期减少2.81万亿元，下降49.0%。2022年一季度，国内旅游总人次8.30亿，比上年同期减少1.94亿，下降19.0%。

受疫情的影响，旅行社、饭店、旅游景区等旅游企业的经营状况也受到极大影响（表6-1）。

**表6-1　2018—2021年我国旅游企业经营情况**

| | 2018年 | 2019年 | 2020年 | 2021年 |
|---|---|---|---|---|
| 全国旅行社数量/个 | 37309 | 38943 | 31074 | 42432 |
| 全年旅行社营业收入/亿元 | — | 6621.76 | 2389.69 | 1857.16 |
| 全年旅行社营业利润/亿元 | — | 30.06 | －69.15 | －55.43 |
| 全国星级饭店数量/个 | 8965 | 10130 | 8423 | 8771 |
| 全年星级饭店营业收入/亿元 | 2090.97 | 1907.77 | 1221.53 | 1379.43 |
| 全年星级饭店平均出租率/(%) | 56.18 | 56.7 | 39.0 | 41.8 |
| 全国A级景区数量/个 | 11924 | 12402 | 13332 | 14196 |
| A级景区接待总人数/亿人次 | 60.24 | 64.75 | — | 35.4 |
| A级景区旅游收入/亿元 | 4707.54 | 5065.72 | — | 2228.1 |

（数据来源：国家统计局、国家文旅部官方网站）

除对旅游业的直接影响外，疫情还对旅游者出游意愿、空间环境容量、市场主体经营、旅游政策供给、公共卫生环境等方面产生综合影响（图6-4）①。

①唐承财，张宏磊，赵磊，等.新冠肺炎疫情对中国旅游业的影响及其应对探讨[J].中国生态旅游，2022，12(1)：169-183.

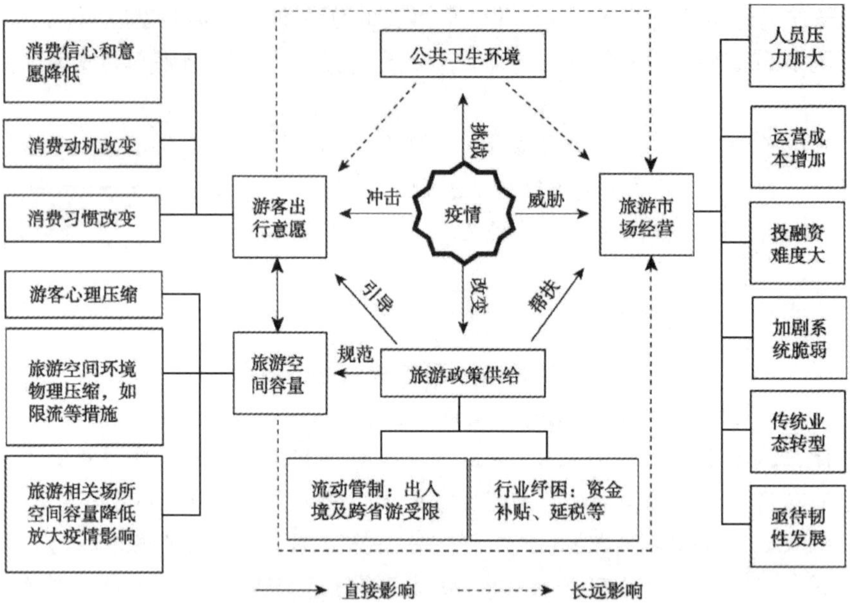


**图6-4　疫情对中国旅游业的综合影响**

虽然疫情给旅游业带来了巨大的冲击，但居民的旅游需求仍然存在，甚至出现"报复性"旅游"井喷"现象。相关统计数据显示，2020年国庆节期间国内旅游总数为7.82亿人，创造旅游收入近6500亿元的，基本已达到2019年同期70%～80%的水平。2021年国庆节假期，全国国内旅游出游5.15亿人次，按可比口径恢复至疫情前同期的70.1%；实现国内旅游收入3890.61亿元，恢复至疫情前同期的59.9%。

此外，疫情也催生了一批新的旅游方式，如云旅游、AR旅游等，网络和科技在旅游业中的作用更加凸显，旅游业的产品内容、服务方式、管理模式都在转型升级，危机中的旅游业也觅得了新的生机。

## 第二节　旅　行　社

"旅行社"一词在我国常被作为一种泛称，用于指代旅行社行业或旅行社企业。旅行社行业是旅游业中的重要经营部门之一，而旅行社企业通常被视作旅游中间商（Tourism Intermediaries）。

旅游中间商是指介于旅游者生产者与旅游消费者之间，从事转售旅游目的地旅游企业的产品、具有法人资格的经济组织或个人。旅游中间商以旅行社企业为代表，在不同的国家和地区有不同的类型和称谓。

## 一、旅行社的定义

### （一）世界旅游组织的定义

世界旅游组织将旅行社定义为：零售代理机构向公众提供关于可能的旅行、居住和相关服务，包括服务酬金和条件的信息。旅行组织者或制作批发商或批发商在旅游需求提出前，以组织交通运输，预订不同的住宿和提出所有其他服务为旅行和旅居做准备。

国际官方旅游组织联盟（世界旅游组织前身）分别定义了西方旅行社的两大类型，即旅游经营商和旅游代理商。

旅游经营商是销售企业，它们在消费者提出要求之前事先准备好旅游活动和度假地，组织旅游交流，预订旅游目的地的各类客房，安排多种游览、娱乐活动，提供整套服务（包价旅游），并事先确定价格及出发和回归日期。即准备好旅游产品，由自己下属的销售处，或由旅行代理商将产品销售给团体和个体消费者。

旅行代理商是服务企业，其职能包括：向公众提供有关旅行、住宿条件及时间、费用和服务项目等的信息，并出售产品；受交通运输、饭店、餐馆及供应商的委托，以合同规定的价格向旅游者出售它们的产品；接受它所代表的供应商的酬劳，代理商按售出旅游产品总金额的一定比例提取佣金。

### （二）我国旅行社的定义

根据我国的《旅行社条例》①，旅行社是指从事招徕、组织、接待旅游者等活动，为旅游者提供相关旅游服务，开展国内旅游业务、入境旅游业务或者出境旅游业务的企业法人。

根据《旅行社条例实施细则》，《旅行社条例》中所称招徕、组织、接待旅游者提供的相关旅游服务主要包括：安排交通服务；安排住宿服务；安排餐饮服务；安排观光游览、休闲度假等服务；导游、领队服务；旅游咨询、旅游活动设计服务。旅行社还可以接受委托，提供下列旅游服务：接受旅游者的委托，代订交通客票、代订住宿和代办出境、入境、签证手续等；接受机关、事业单位和社会团体的委托，为其差旅、考察、会议、展览等公务活动，代办交通、住宿、餐饮、会务等事务；接受企业委托，为其各类商务活动、奖励旅游等，代办交通、住宿、餐饮、会务、观光游览、休闲度假等事务；其他旅游服务。

## 二、旅行社的类型

世界各国对旅行社的分类不尽相同，最为典型的主要有三种：以欧美国家为代表的垂直分工体系、以中国为代表的水平分工体系和以日本为代表的混合分工体系。

---

①2009年2月20日中华人民共和国国务院令第550号公布，根据2016年2月6日《国务院关于修改部分行政法规的决定》第一次修订，根据2017年3月1日《国务院关于修改和废止部分行政法规的决定》第二次修订。

### （一）以欧美国家为代表的垂直分工体系

垂直分工体系是内生于市场经济体制中的自然分工体系，它是在向旅游者提供服务的过程中逐渐形成的，由相关旅游供应商—旅行社—旅游者的这种垂直状态所形成的分工体系①。其实质是在市场机制的作用下，各旅行社根据自身的规模、实力、内部结构及市场需求与竞争状况，自动形成了专业化分工，从设计、生产到销售旅游产品各司其职②。

垂直分工体系主要有“二分法”和“三分法”两种。前者是将旅行社分为批发经营商（Wholesale Tour Operator）和旅游零售商（Tour Retailer）两类；后者是将旅行社分为旅游批发商（Tour Wholesale）、旅游经营商（Tour Operator）和旅游零售商（Travel Retailer）三类。

#### 1. 旅游批发商

旅游批发商主要经营批发业务，即根据自己对客源市场需求的了解和预测，大批量订购交通运输公司、饭店、旅游景点等各类相关旅游企业的产品和服务，然后将这些单项的产品和服务组合成为不同的包价旅游产品，最终通过旅游零售商出售给旅游消费者。旅游批发商一般不与旅游者发生直接关系，既不直接销售旅游产品，也不从事接待业务。

#### 2. 旅游经营商

旅游经营商与旅游批发商在性质和经营业务上基本相同，故而在“二分法”中通常将其归并到一起。其差别在于旅游经营商组合的包价旅游产品不仅通过旅游零售商出售，也通过自己的旅游零售网点直接向旅游者出售。此外，旅游经营商还负责组织团队和旅游接待业务。

#### 3. 旅游零售商

旅游零售商是直接与旅游者打交道的旅行社，向旅游者宣传和推销旅游产品，承担旅游消费者决策顾问和旅游产品推销员的双重角色。旅游零售商的典型代表是旅行代理商。

旅行代理商主要业务既包括代理销售旅游批发商和旅游经营商的旅游产品，也包括为旅游者提供旅游咨询、代客预订、代办旅行票据和证件、向提供产品的企业反馈顾客意见、代为散发旅游企业的旅游宣传品、为旅游者购买旅游保险和进行外汇兑换等。

### （二）以中国为代表的水平分工体系

水平分工是一种被认为划分旅行社类别的体系，即分工在政府行政力量的干预下以旅行社所在的不同的市场区域或业务范围进行划分的体系③。水平分工体系

---

①邓方江．我国旅行社分工体系重构研究[D]．乌鲁木齐：新疆大学，2009.

②姚延波．我国旅行社分类制度及其效率研究[J]．旅游学刊，2000(2)：31-37.

③杜江，戴斌．旅行社管理比较研究[M].2版．北京：旅游教育出版社，2006.

下，每类旅行社的经营活动都涉及从生产、设计、开发旅游产品到旅游接待的各个环节，没有形成专业化的分工体系 。

我国的旅行社分类是典型的水平分工体系，先后经历了三个阶段。

**1. 1985—1996年的“三分法”**

1985年，国务院颁布了我国旅游法治建设史上的第一个行政法规《旅行社管理暂行条例》，将旅行社按其经营业务范围的不同分为三类。

第一类（一类社）：经营对外招徕并接待外国人、华侨、港澳同胞、台湾同胞来中国、归国或回内地旅游业务的旅行社。

第二类（二类社）：不对外招徕，只经营接待第一类旅行社或其他涉外部门组织的外国人、华侨、港澳同胞、台湾同胞来中国、归国或回内地旅游业务的旅行社。

第三类（三类社）：经营中国公民国内旅游业务的旅行社。

**2. 1996—2009年的“两分法”**

1996年，国务院颁布《旅行社管理条例》，将旅行社按照经营业务范围分为两大类，即国际旅行社和国内旅行社。

国际旅行社的经营范围包括入境旅游业务、出境旅游业务、国内旅游业务。

国内旅行社的经营范围仅限于国内旅游业务。

**3. 2009年之后的“无分类法”**

2009年，国务院颁布了《旅行社条例》，取消了旅行社的分类，统一了从事国内旅游业务和入境旅游业务的准入条件，规定只要取得经营许可证即可从事上述两种业务。同时规定，旅行社取得经营许可满两年，且未因侵害旅游者合法权益受到行政机关罚款以上处罚的，可以申请经营出境旅游业务。

根据《旅行社条例实施细则》：

国内旅游业务，是指旅行社招徕、组织和接待中国内地居民在境内旅游的业务。

入境旅游业务，是指旅行社招徕、组织、接待外国旅游者来我国旅游，我国香港特别行政区、澳门特别行政区旅游者来内地旅游，我国台湾地区居民来大陆旅游，以及招徕、组织、接待在中国内地的外国人，在内地的香港特别行政区、澳门特别行政区居民和在大陆的台湾地区居民在境内旅游的业务。

出境旅游业务，是指旅行社招徕、组织、接待中国内地居民出国旅游，赴香港特别行政区、澳门特别行政区和台湾地区旅游，以及招徕、组织、接待在中国内地的外国人、在内地的香港特别行政区、澳门特别行政区居民和在大陆的台湾地区居民出境旅游的业务。

我国旅游业的行业实践中，也会按照团队的形成和接待过程，将旅行社分为组团旅行社（简称组团社）和目的地接待旅行社（简称地接社）。组团社是指招徕、组织旅游者前往旅游目的地进行参观、游览等旅游活动并提供全程导游服务的旅行社。地接社是指负责组织、安排旅游者在目的地进行参观、游览等旅游活动并提供地方导游服务的旅行社。组团社和地接社是相互依存、相互配合的关系，它们彼此的角色也是可以相互转换的。

### (三)以日本为代表的混合分工体系

混合分工体系是在制度变迁或经济体制转轨过程中,旅行社业特有的处于政府主导下的水平分工体系和自然的垂直分工体系的过度分工状态。在这种状态下,各旅行社仍然被划分为不同的等级或类别,并被规定了各自的经营业务范围。但不同类别的旅行社开始出现垂直分工体系的萌芽,如一批作为销售触角的代理社开始专门从事旅游咨询、促销及售后服务等业务。

以日本为例,根据《日本旅行业法》,旅行社以是否从事主催旅行业务(包价旅游)以及从事何种主催旅行业务为主要标准分为三类:第Ⅰ种旅行业可以从事海外和国内主催旅行业务;第Ⅱ种旅行业只能实施国内主催旅行业务;第Ⅲ种旅行业务不能实施主催旅行业务,但可作为第Ⅰ种和第Ⅱ种旅行业的代理店。这种分类方式,一方面人为地规定了各类旅行社的经营范围(第Ⅰ种和第Ⅱ种之间是典型的水平分工),另一方面又"以旅行社和旅行社代理店两大类别名称进行注册登记",明显地体现出垂直分工的特点。

## 三、旅行社的主要业务

### (一)按照业务流程划分

#### 1. 产品开发业务

产品开发是旅行社的基本业务,包括市场调研、产品设计和采购业务。旅行社在市场调研的基础上,根据对旅游市场需求的分析和预测,结合自身的业务特点、经营实力和供给的状况,设计出能对旅游者产生较强吸引力的旅游产品,并以一定的价格向其他相关旅游企业及与旅游有关的其他行业和部门购买旅游交通、住宿、餐饮、参观游览、娱乐等相关的产品和服务项目。

#### 2. 市场营销业务

市场营销是旅行社的关键业务,包括制定销售策略、选择销售渠道、制定产品价格、开展产品促销等内容。旅行社通过对企业内外部环境的分析,确定目标客源市场,制定明确的产品销售策略,选择适当的产品销售渠道,根据产品成本、市场需求、竞争者状况等因素制定合理的产品价格,根据自身的经营实力和市场供求状况确定和实施营销策略,并选择恰当的促销手段将产品推向市场。

#### 3. 旅游接待业务

旅游接待业务是旅行社的综合性业务,包括旅游产品的咨询与预订、实地接待服务、售后服务等业务。旅行社通过门店、电话、网络等渠道向旅游者提供有效的咨询服务,帮助旅游者了解产品,并接受预订。实地接待服务即旅行社为已经购买了旅游产品的旅游者提供旅游目的地食、住、行、游、购、娱、导游等一系列的相关旅游服务。售后服务主要是旅行社对旅游者的回访及投诉处理。

### （二）按照旅游者的组织方式划分

#### 1. 团队旅游业务

团队旅游业务，是指旅行社将旅游者组织成团队并提供服务的业务形式。按照国际旅游业通行的惯例，团队旅游的人数至少应为15人；而按照我国现行的行业惯例，团队旅游的人数至少为10人（含旅行社导游人员在内）。

团队旅游业务涵盖独立成团和散客成团。散客成团根据成团地点不同还可分为目的地成团和客源地成团两种。

#### 2. 散客旅游业务

散客旅游业务是指旅行社为同行人数少于15人（或10人）的零散顾客提供服务的业务形式。散客旅游者通常只委托旅行社购买或预订某一或某些单项旅游产品或服务，有时也会委托旅行社为其专门安排和组织一整套旅游产品，即当前市场上盛行的“定制游”。

### （三）根据旅游产品的形式划分

#### 1. 包价旅游业务

包价旅游是旅游者根据与旅行社约定好的服务项目和服务等级、标准，采取一次性预付费的方式，将相关旅游服务委托旅行社办理的业务形式。包价旅游包括全包价旅游、半包价旅游、小包价旅游和零包价旅游。

（1）全包价旅游（也称综合包价旅游）是旅行社经过事先计划、组织和编排旅游全程的活动项目，一般规定旅游全程的活动日程、目的地、行、宿、食、游的具体地点及服务等级，并以总价格的形式一次性收取全部费用。

（2）半包价旅游是在全包价旅游的基础上，扣除中、晚餐费用的一种包价形式。

（3）小包价旅游（也称可选择性旅游），由非选择部分和可选择部分构成。非选择部分包括客源地和目的地之间的往返交通、目的地期间的住宿和早餐，旅游费用由旅游者在旅游前预付；可选择部分包括导游服务、餐饮、参观游览、娱乐活动等，旅游者可根据时间、兴趣和经济情况自由选择，费用既可以预付，也可以现付。

（4）零包价旅游是一种独特的旅游产品形态，只要求旅游者必须随团前往和离开旅游目的地，在旅游目的地期间旅游者的活动是完全自由的，形同散客。其好处在于旅游者可以获得团体机票的优惠，并可以由旅行社统一代办旅游签证。

#### 2. 单项服务业务

单项服务是旅行社根据旅游者的具体要求而提供的各种有偿服务。旅游需求的广泛性决定了单项服务内容的多样性。其中常规性的服务项目主要包括提供导游、翻译服务、交通集散地的接送服务、代订客房、代租汽车、代办旅游证件、代购各种票据等。

## 四、在线旅行社

### (一)在线旅行社的界定

Online Travel Agent(OTA)有“在线旅行社”“在线旅游代理”“在线旅游运营商”等诸多称谓,根据我国旅游相关法律法规规定的旅行社分类标准,译为“在线旅行社”更为合适。

在线旅行社是指以互联网为核心,从事招徕、组织、接待旅游者等活动,为旅游者提供相关旅游或旅行服务的企业法人,其盈利模式来自旅游供应商的代理佣金和提供相关旅游或旅行服务的增值。

《中华人民共和国旅游法》第四十八条规定:“通过网络经营旅行社业务的,应当依法取得旅行社业务经营许可,并在其网站主页的显著位置标明其业务经营许可证信息。”这是区分在线旅行社和其他在线旅游运营商的重要标志。我国在线旅游运营商的分类如表6-2所示。

**表6-2 我国在线旅游运营商的分类**

<table>
<tr><th>运营商分类</th><th colspan="2">经营主体</th><th>代表企业</th></tr>
<tr><td rowspan="3">在线旅游经营企业</td><td rowspan="2">在线旅行社</td><td>网络旅游运营商</td><td>携程、途牛等</td></tr>
<tr><td>传统旅行社建立的网络平台</td><td>芒果网、遨游网等</td></tr>
<tr><td colspan="2">旅游供应商的销售网站</td><td>航空公司、酒店、景点的直销网站</td></tr>
<tr><td rowspan="2">在线旅游服务商</td><td colspan="2">旅游垂直搜索网站</td><td>去哪儿网、酷讯网等</td></tr>
<tr><td colspan="2">点评类网站</td><td>到到网、驴评网等</td></tr>
</table>

### (二)在线旅行社的业务

在线旅行社的主营业务主要包括以下几项。

#### 1. 在线机票预订业务

旅游消费者通过在线旅游服务提供商的网站或App提交预订订单,提交成功后,由消费者通过网上支付得到电子机票或者等机票送票上门后付费。

#### 2. 在线酒店预订业务

旅游消费者通过在线旅游服务提供商的网站或App提交预订订单,提交成功后,由消费者通过网上支付的形式或者凭预订单号直接到预订的酒店前台付费。

#### 3. 在线旅游度假业务

旅游消费者通过在线旅游服务提供商的网站或App提交预订订单,提交成功后,由消费者通过网上支付的形式付费后享受线下旅游度假服务。

#### 4. 其他在线新兴业务

其他在线新兴业务包括租车、签证、互联网金融、团购等业务。

### (三)在线旅行社的产业链和盈利模式

在线旅行社的产业链一般由上游旅游产品供应商、中游渠道商企业、下游媒介营销平台和最终旅游消费者四个部分组成(图6-5)。

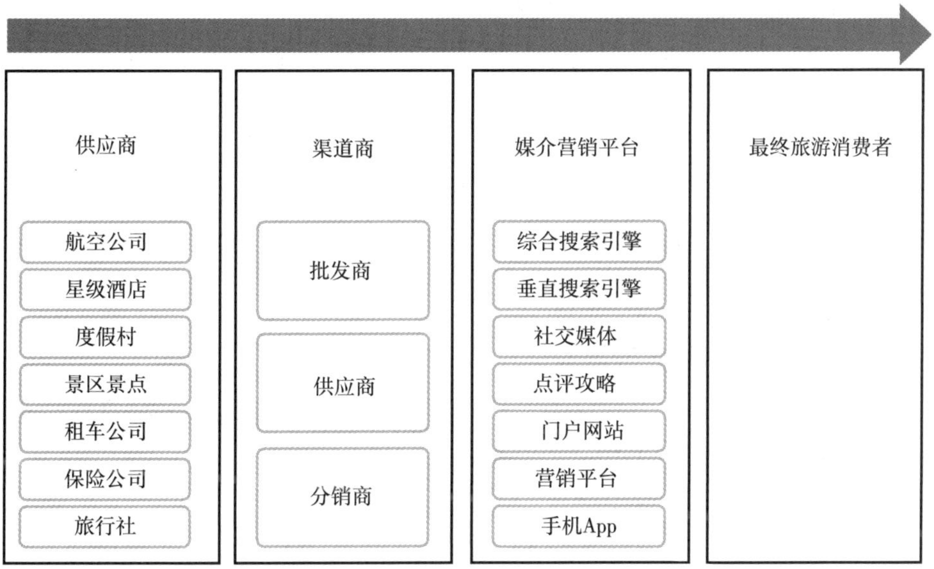


**图6-5 中国在线旅行社产业链**

(资料来源:李伟,魏翔.互联网+旅游[M].北京:中国经济出版社,2015.)

随着社会经济与互联网的快速发展,在线旅游企业已经成为一种新型的产业,并呈现出多种多样的盈利模式(表6-3)。

**表6-3 在线旅游盈利模式**

| 分类 | | 涉及业务 | 代表企业 | 盈利模式 |
|---|---|---|---|---|
| 供应商 | 旅游产品直销 | 加大各公司的旅游产品营销业务 | 国航、南航、7天、汉庭等 | 直销模式 |
| | 传统旅行社建立的网络平台 | 旅游企业宣传,提供网上旅游业务查询和预订等 | 芒果网、遨游网等 | 线上线下结合模式 |
| 渠道商 | 旅游产品分销商 | 为旅游者提供全方位的旅游产品与服务 | 中国航信等 | 全球分销模式 |
| | 旅游产品代理商 | 酒店、机票、旅行预订,特约商户,旅游咨询 | 携程、驴妈妈、途牛等 | 在线旅游预订模式 |
| 媒介营销平台 | 垂直搜索类 | 机票服务、酒店预订、旅行度假查询、火车票查询 | 酷讯、去哪儿等 | 搜索比价模式 |
| | 旅游咨询 | 旅游信息服务、酒店预订、机票预订 | 马蜂窝、乐途、到到网等 | 旅游点评模式 |

# 第三节　旅游住宿业

旅游住宿业是指为旅游者提供住宿、餐饮及多种综合服务的行业。人们对这类企业有着多种不同的称谓,如宾馆、酒店、饭店、旅馆、旅社、招待所、度假村、度假营地等,这些企业的基本业务都是为不同类型的旅游者提供食宿接待服务。在我国旅游业中,人们通常称为饭店、宾馆或酒店的住宿接待设施,其实大都相当于英文中的"Hotel"。

## 一、旅游住宿业的发展

### (一) 世界住宿业的发展演进

住宿业的发展和演进与旅行和旅游的发展有着十分密切的关系。世界住宿业的发展大致可归纳为四个时期。

**1. 客栈时期(18世纪中叶以前)**

客栈是出现最早、发展历史最漫长的住宿设施,主要分布在大道沿线和重要城镇,规模小,设施简易,一般只提供住宿,主要服务于平民百姓和一般商旅客人,满足旅客的基本生活需要。它分为王室专设的馆驿和民间经营的客栈两类,严格意义上讲,只有后者才因从事经营活动可归入真正意义上的住宿业。

**2. 大饭店时期(18世纪中叶至20世纪初)**

18世纪中叶,欧洲工业革命爆发,上层社会商务活动和交流日益频繁,客栈已难以满足其需求,欧洲部分国家和地区大都市开始兴建高档大饭店。1800年前后,"Hotel"一词开始流行。

大饭店不仅是为旅游者提供服务的场所,还是一个地区重要的社交中心,通常建在繁华的大都市,规模宏大、设施豪华、装饰考究,主要服务于王室贵族和社会名流,满足其炫耀身份地位的心理需求。

**3. 商业饭店时期(20世纪初至20世纪50年代)**

20世纪初,商品经济的全面发展和商业旅行的迅猛发展为商业饭店提供了广泛的市场环境,住宿业也由此进入科学管理的新阶段。美国人埃尔斯沃思·斯塔特勒(Ellsworth Statler)是商业饭店的倡导者和开创者,他提出了"顾客至上、服务第一"的理念,认为"饭店从根本上来说,只销售一样东西,就是服务"。

商业饭店的服务对象主要是商务旅行者,服务设施与服务项目讲求清洁、舒适、方便、安全,经营管理注重科学化、标准化,强调成本控制。商业饭店是住宿业发展史上最为重要的阶段,奠定了现代饭店业的基础。

**4. 现代新型饭店时期(20世纪50年代以后)**

20世纪50年代以来,随着旅游市场规模的扩大和旅游者需求层次的提高,尤其是大众旅游市场的形成,消遣型旅游者成为主体,旅游市场中的住宿需求呈现出

Note

多样化的发展趋势。这一时期，汽车旅馆、度假村、度假营地以及各种自助式的住宿接待设施在世界各地争相涌现，饭店的功能趋于多样化、全面化，服务区域规范化、个性化，经营管理区域科学化、专业化。

### （二）中国住宿业的发展演进

中国是世界上较早出现住宿业的国家之一，早在3000多年前的殷商时期就出现了官办的驿站，它是中国历史上最古老的官办住宿设施。

#### 1. 中国古代的住宿业

中国古代的住宿业分为官办的馆驿和民营的客栈。

官办住宿设施主要分为"驿""馆"两大类，其建制从春秋时期开始一直延续到清朝末年。"驿"是为负责传递政府下达的公文及信件或从事其他公务的外地官差们提供食宿条件的中继场所；"馆"则是专供外交使节和重要客人下榻的高级住地。

民营的客栈，古籍中称为"逆旅"或"旅次"，民间则称为"客栈"。其规模和接待能力虽不及官办的馆驿，但接待对象的阶层覆盖面更广，以商人、宗教徒、旅行者等平民百姓为主。此外，一些在繁华商埠中定居的外省富商为方便同乡投宿，修建了可与馆驿匹敌的大型民营住宿业"会馆"，其性质类似于现代的商业饭店。

#### 2. 中国近代的住宿业

中国近代的住宿业除传统的旅馆之外，由于帝国主义列强的入侵，在部分沿海地区的大中城市出现了具有国际水平的高档饭店。这些饭店多有外国资本的注入，经营管理和服务方式上往往采用国际通用的手段，对中国近代饭店业的发展起到了一定的促进作用。

#### 3. 中国现代的住宿业

中华人民共和国成立后，受特定历史条件的局限，住宿业的经营方向基本以极少数国外客人和国内参加会议的人士为主，饭店的运作基本沿袭原有的管理模式和服务方式。改革开放初期，通过引进外资兴建了一大批中外合资、中外合作饭店，主要接待外国旅游者和海外侨胞，通常被称为"旅游饭店"或"涉外饭店"。1990年之后，现代饭店业迅速发展，逐步向规范化、国际化、集团化经营管理迈进。

## 二、旅游住宿业的类型

旅游住宿业的分类有多种方式，较为常见的有以下六种类型。

### （一）酒店

酒店是旅游住宿业中最重要的部门，包括独立经营的酒店、酒店连锁集团。在大多数国家，酒店以小型独立式经营为主，30个床位的海滨旅馆、乡村旅店或各种城市酒店是酒店行业的典型代表。随着旅游者需求的不断变化和各种新技术的发展，酒店在多元化发展的同时也向着大型化的方向发展，一些有实力的酒店以直接经营、租赁经营、代管经营和特许经营等形式，逐渐扩张形成具有统一名称、标识、标准等的酒店连锁集团。

### （二）家庭旅馆

家庭旅馆的形式多样，包括住宿与早餐旅馆（Bed & Breakfast，B&B）、农场客房、乡村住所等。其共同特点是在小型的家庭环境中提供住宿，主人和客人共用生活设施。经营者接待客人具有季节性、零散性、随时性和灵活性，无须支付很高的固定成本和人工费用。

### （三）分时度假

分时度假（Timeshare，也称 Vacation Ownership 或 Holiday Ownership），是指经营者将旅游度假别墅或旅游酒店的住宿单元每年的使用权按周分为52段，用锁定且优惠的价格将其中的50个时段按份销售给客户，客户拥有按照约定的时间（一般为20～40年）在这一住所每年在同一时间住宿一个时段的权利，也可以通过交换服务系统每年在世界各处的度假地别墅或酒店选择一家免费享有相同时段或同值时段的住宿权。分时度假为其购买者提供在全世界度假地购买和使用分时度假的附加利益，包括转让、馈赠、继承等系列权益，以及对住宿场所其他服务设施的优惠使用权。

### （四）青年旅舍、旅馆

根据国际青年旅舍联盟宪章，青年旅舍、旅馆（Youth Hostel）的服务对象是青少年，服务特点是安全、卫生、友善、舒适、经济和环保。与其他住宿业的类型相比，青年旅舍除了具有收费低廉、设施简单、服务自助的特点，通常还拥有较为宽敞的公共空间，倡导人际交往与文化互动。

### （五）汽车旅馆

汽车旅馆（Motel）的服务对象主要是驾车旅行的人，主要位于高速公路的沿线、城市边缘的主要公路或市郊地区，提供住宿场所和专属停车服务。汽车旅馆出入方便、价格低廉，但设施简易、服务项目有限。

### （六）野营和房车露营地

现代旅游活动中，部分旅游者会自带住宿设施前往旅游目的地，如帐篷、房车等。旅游住宿业中的一个重要组成部分就是为野营旅游者和房车旅游者提供露营地，这些露营地可能只有基本的场地和有限的设施，也可能是综合性的度假地，提供许多便利的设施及休闲、餐饮和零售服务。

除了以上六种主要类型的旅游住宿设施以外，旅游住宿还有其他一些形式。例如：校园住宿，国外许多高等院校（尤其是靠近风景区或度假区的校园）在学生放假期间将学生公寓用于会议、休闲度假等；交通工具住宿，如火车、飞机、定期游轮和渡轮等；亲友家庭住宿；宗教场所住宿；换房住宿，即在换房网站的帮助下，旅游者与身处异地、条件相似的家庭互换住房，解决旅游活动期间的住宿问题，甚至包括使用对方家庭的车辆，以及对宠物和住宿设施负责管理等。这些住宿形式虽然给旅游者提供了便利，但不属于严格意义上具有经营性质的旅游住宿业。

## 三、旅游饭店

### （一）旅游饭店的概念

根据《旅游饭店星级的划分与评定》(GB/T 14308—2010)国家标准，旅游饭店是指能够以夜为时间单位向旅游客人提供配有餐饮及相关服务的住宿设施，按不同习惯也被称为宾馆、酒店、旅馆、旅社、宾舍、度假村、俱乐部、大厦、中心等。

### （二）旅游饭店的类型划分

旅游饭店的类型划分目前尚无统一的标准，较为常见的类型划分如表6-4所示。

**表6-4 旅游饭店的类型划分**

| 分类标准 | 类型 |
| --- | --- |
| 坐落地点 | 城市饭店、度假地饭店、海滨饭店等 |
| 目标市场 | 度假饭店、商务饭店、会议饭店等 |
| 规模 | 大型饭店（600间以上客房）、中型饭店（300～600间客房）、小型饭店（300间以下客房） |
| 经营管理方式 | 独立饭店、连锁饭店 |
| 档次或等级 | 高档、中档、低档饭店，豪华饭店、经济饭店 |
| 企业的经济类型 | 国有饭店、民营饭店、外资饭店、合资饭店等 |

### （三）旅游饭店的等级划分

世界各国对饭店等级的划分并不统一，国际上较为流行的划分方式是将饭店的等级划分为五个层次，以星号（☆）表示，从低到高分别为一星级至五星级。也有部分国家或地区将饭店划分为四个等级或七个等级。

就国际上的一般情况而言，考核一个饭店的等级时，通常会从“硬件”和“软件”两大方面的多项指标进行综合评定。其中主要的考核内容包括：设施和设备的档次和健全程度；服务项目的健全程度和提供服务的质量水准；顾客的满意率和满意程度；社会形象。

我国旅游饭店的星级评定工作由全国旅游饭店星级评定机构统筹负责。星级分为五个等级，即一星级、二星级、三星级、四星级、五星级（含白金五星级）。星级越高，表示旅游饭店的档次越高。饭店开业一年后可申请星级，经星级评定机构评定批复后，可以享有五年有效的星级及其标志使用权。开业不足一年的饭店可以申请预备星级，有效期一年。

### 知识拓展

**绿色饭店**

根据《绿色饭店》(GB/T 21084—2007)国家标准，绿色饭店是指在规划、建设和经营过程中，坚持以节约资源、保护环境、安全健康为理念，以科学的设计和有效的管理、技术措施为手段，以资源效率最大化、环境影响最小化为目标，为消费者提供安全、健康服务的饭店。

根据饭店在节约资源、保护环境和提供安全、健康的产品和服务等方面取得不同程度的效果，绿色饭店分为五个等级。用银杏叶标识，从一叶到五叶，五叶为最高级。

绿色饭店的基本要求如下。

(1)遵守建设和运营中涉及的节能、环保、卫生、防疫、安全、规划等法律、法规和标准的要求。

(2)制定环境方针，明确绿色行动目标和可量化指标，并有完善的经营管理制度保障。

(3)有相应组织机构，有绿色行动的考核及奖励制度，有高层管理者具体负责创建活动。

(4)每年为员工提供绿色饭店相关知识的教育和培训，包括节能节水、环境保护技术及管理，消防教育，职业安全教育和食品安全教育。

(5)提供绿色行动的预算资金及人力资源的支持。

(6)有倡导节约资源、保护环境和绿色消费的宣传行动以营造绿色消费环境的氛围，对消费者的节约、环保消费行为能够提供多项鼓励措施。

(7)近三年内无安全事故和环境污染超标事故。

## 四、旅游民宿

### (一) 旅游民宿的发展

“民宿”起源于20世纪60年代的欧美发达国家，最初以简单地提供住宿与早餐(B&B)为基本模式。

法国民宿的发展是从简单的小农庄开始的。第二次世界大战之后，法国农村人口大量向城市转移，空留许多农舍；同时，一些城市居民想抓紧享受的机会却又限于经济能力，农舍接待度假旅客的想法正好符合这些城市居民向往宁静田野度假生活的需求，又不必支付昂贵的旅馆费用，同时为危机中的农村增加一些额外收入。1951年，法国第一个农村民宿开张。1952年，法国农业部发放补助给投入民宿经营的农民，同时，农业信贷银行和旅馆信贷银行也提供优惠贷款。1955年，法国民宿联合会成立，印发的第一本民宿指南共收录146个地址。

Note

20世纪60年代初期，在英国的西南部与中部人口较稀少的农家，为了增加收入开始出现民宿，当时的民宿数量不多，采用B&B的经营方式，属于典型的“家庭式招待”。到了70年代后期，英国民宿经营的范围扩大至露营地、度假平房，并运用集体营销的方式，联合当地的农家组成自治会，共同推动民宿的发展。

日本“民宿”一词源于民办旅店（Minshuku），是由一些登山、滑雪、游泳等爱好者租借民居而衍生并发展起来的。1959—1960年，日本的夏季旅游胜地与冬季滑雪活动人潮汹涌，住宿设施明显不足，此时洋式民宿开始兴起；部分农场也以副业经营的方式，提供旅客住宿，“农场旅舍”的住宿形态产生。

澳洲乡村民宿起源于20世纪80年代，结合自身发达的畜牧业与优质的自然环境，形成了以体验农场生活和观光农业为主体的旅游形式。美国乡村民宿产生于第二次世界大战之后，以长时间停留的度假休闲方式为主，采用以农舍为据点向外从事各式各样的活动形式。

我国的旅游民宿起步较晚，发展也相对缓慢。台湾是较早发展民宿的地区，早在20世纪80年代，因景区迅速发展而住宿设施不足，民宿应运而生。大陆地区的民宿则经历了三大发展阶段：以农家乐为主要特征的初始阶段；以产权和经营权分离、依赖“主人文化”的快速增长期；以高端化、专业化、品牌连锁化为特征、以民宿群落为主的品质提升期。

### （二）旅游民宿的界定

旅游民宿作为一种新兴的业态，还没有明确的定义。目前学术界较为认可的是《台湾民宿管理办法》的界定，即民宿是指利用自用住宅空闲房间，结合当地人文、自然景观、生态、环境资源及农林渔牧生产活动，以家庭副业方式经营，提供旅客乡野生活之住宿处所。

2019年，文化和旅游部发布《旅游民宿基本要求与评价》（LB/T 065—2019）行业标准，规定旅游民宿（Homestay Inn）是指利用当地民居等相关闲置资源，经营用客房不超过4层、建筑面积不超过800m$^2$，主人参与接待为旅游者提供体验当地自然、文化与生产生活方式的小型住宿设施。

**概念辨析**

**农家乐与旅游民宿**

农家乐是指以农户家庭为单位，以农家庭院为载体，以农家生活为特色，依托具有乡村情趣的自然景点、田园风光、人文风情、特色菜肴等，吸引旅游者前往进行休闲度假、生活体验的旅游活动。从旅游者的角度，农家乐是传统农业与旅游业相结合的一种新兴的旅游形式；从经营者的角度，农家乐是提供餐饮、住宿、观光度假、休闲娱乐、劳动体验等服务的经营实体。从某种程度上说，具有住宿功能的农家乐可以纳入旅游民宿的范畴。

Note

### （三）旅游民宿的分类

**1. 按位置分类**

按照旅游民宿所在的位置划分，可以分为城镇民宿和乡村民宿。城镇民宿多以公寓大楼式小套房形式居多，有各种风格不同的装饰与景观。乡村民宿多依托景区或者地域特色资源而发展，以乡村文化为内涵，乡土气息浓厚。

**2. 按功能分类**

按照旅游民宿的功能划分，可以分为纯粹住宿型民宿和特色服务型民宿。纯粹住宿型民宿一般邻近景区，依托周边景区的人气而发展，具有干净清爽、价格低廉等特点。特色服务型民宿自身也是旅游吸引物，通常结合周边的旅游资源打造特色主题并提供多种服务项目。

**3. 按产权分类**

按照旅游民宿的产权划分，可以分为传统民宿和社会型民宿。传统民宿一般是利用自用住宅的空闲房间，以家庭副业的方式经营。社会型民宿则是外来投资者建设或租赁房屋，以家庭主业的方式经营。通常情况下，以“民宿用房产权是否属于经营者”和“客人是否不与家人同住”等指标来区别传统民宿和社会型民宿。

### （四）旅游民宿的等级评定

旅游民宿分为三个等级，由低到高分别为丙级、乙级和甲级。旅游民宿等级的评定，适用于正式营业的小型旅游住宿设施，包括但不限于客栈、庄园、宅院、驿站、山庄等。

旅游民宿等级评定的主要指标包括规范经营、安全卫生、环境和建筑、设施和设备、服务和接待、特色和其他。尤其提到了民宿主人，即民宿业主或经营管理者，其在生活观、美学观、人际观、服务观等方面展现出的风采，也被纳入旅游民宿等级评价的指标体系。

# 第四节 旅游交通

## 一、旅游交通的概念

旅游交通是我国旅游研究中约定俗成的表述，国际旅游学界和业界通常泛称“交通运输”（Transportation）或“客运交通”（Passenger Transportation）。

旅游交通是指旅游者通过某种交通手段或旅行方式，实现从一个地点到达另外一个地点的空间转移过程。它既是旅游者“抵达目的地的手段，同时也是在目的地内活动往来的手段”（Burkart 和 Medlic，1981）。

旅游交通的任务是要解决旅游者在客源地与旅游目的地之间的往返、从一个目的地到另外一个目的地，以及在一个目的地内的不同区域间便利往来的问题。它不仅要解决往来不同地点间的空间距离问题,更重要的是要解决其中的时间距离问题。

## 二、旅游交通的作用

交通运输对旅游活动的发展有着十分重大的影响。现代旅游活动之所以会发展到如今的规模,旅游者的活动范围能够遍及世界各地,一个重要的前提和原因便是现代交通运输的发展。交通运输在旅游业中的作用主要表现在以下四个方面。

### (一)旅游交通是旅游者完成旅游活动的先决条件

旅游者外出进行旅游活动时,首先要解决的是从居住地到旅游目的地的空间转移问题,通过采用适当的交通方式抵达旅游地点。同时,采用不同交通方式所耗费的时间,也是需要考虑和解决的问题。旅游者可用于旅游的闲暇时间是有限的,如果克服空间距离所占用的时间超过一定的限度,旅游者就会改变对旅游目的地的选择,甚至会取消旅游计划。

### (二)旅游交通是目的地旅游业发展的命脉

旅游业是依赖旅游者来访而生存和发展的产业。只有旅游者来访,旅游业的各类设施和服务才能真正发挥作用,才能实现它们的使用价值和价值。只有在旅游目的地的可进入性使旅游者能够大量地、经常地前来访问的情况下,该地的旅游业才会有不断扩大和发展的可能。旅游交通是影响人们出游和选择旅游目的地的重要因素,也是旅游地社会经济发展的重要推动力。

**典型案例**

**神农架迎来高铁旅游新时代**

2022年6月20日,郑渝高铁全线开通运营,湖北西部地区的神农架、保康、巴东、兴山等地首次通上了铁路,旅游"热度"也随之高涨。根据荆楚网(湖北日报网)、楚天舆情数据研究院发布的湖北旅游传播指数6月榜(数据统计时间为2022年6月1日至6月30日),本阶段,保康县旅游传播指数以94.58的得分位居县区首位;神农架传播指数高居市州首位,得分为94.64。

神农架作为中国首个获得联合国教科文组织"人与生物圈自然保护区""世界自然遗产""世界地质公园"称号的"三冠王"名录遗产地,交通一直是制约旅游发展的瓶颈。郑渝高铁开通后,神农架正式迈入高铁时代,实现了"铁公机"立体交通方式通达。加上神农架当地景区推出了系列持高铁票免门票等优惠政策、2022"惠游湖北"文旅消费券发放和"畅享高铁,乐游湖北"文旅宣传推介等活动的开展,神农架迎来了高铁旅游新时代。高铁开通首日,神农架迎来首个省内千人旅行团。据神农架林区文化和旅游局的统计数据,2022年6月20日至7月20日,林区重点旅游景区累计接待旅游者102.3万人次，同比增长281.2%；景区门票收入1629.4万元，同比增长72.9%。星级及规模酒店客房平均入住率达85%，收入同比增长约80.7%。旅行社接待团队约6.7万人，同比增长67.5%。

据神农架林区文化和旅游局介绍，为迎接高铁时代，当地将新增特色民宿200多家，精品乡村旅游景点10处，不断丰富乡村旅游资源，增加农业观光园、乡村垂钓园、农事活动体验、地方民俗体验、红色乡村旅游、村游赶大集、红色革命纪念馆、野趣休闲体验、乡村美术摄影采风、森林越野跑、科普研学游等乡村旅游产品类型，吸引更多旅游者前来体验神农架的美丽乡村"慢生活"。

（资料来源：整理自极目新闻、荆楚网，有改动。）

### （三）旅游交通是旅游收入的重要来源

交通运输业作为旅游业的重要组成部分，本身也是旅游收入和旅游创汇的重要来源。人们外出旅游期间，用于支付交通运输的开支属于必不可少的基本旅游消费，因此也是旅游收入的稳定性来源。

以我国2019年国际旅游外汇收入为例，全年国际旅游外汇总收入1312.54亿美元，其中长途交通国际旅游外汇收入401.91亿美元，市内交通国际旅游外汇收入34.53亿美元，旅游交通外汇收入占到总收入的34%（图6-6）。

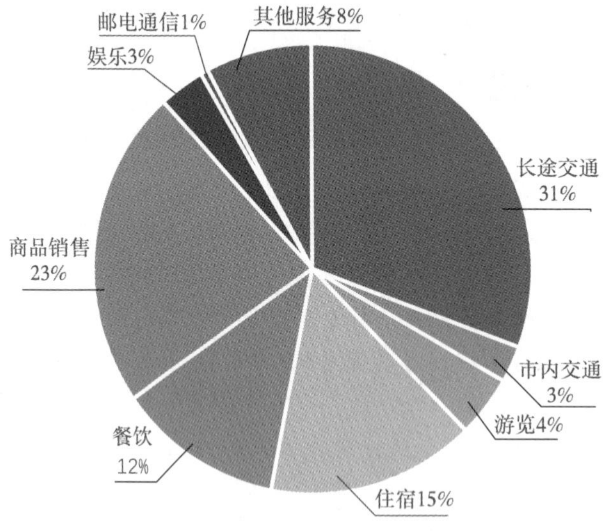


**图6-6　我国2019年国际旅游外汇收入构成**

（数据来源：国家统计局官方网站）

### （四）旅游交通是旅游产品的重要组成部分

在旅游活动的过程中，许多交通方式本身也是具有吸引力的旅游产品，如特色的铁路、公路、航海交通产品，具有地方特色和民族特色的交通工具等，既能满足旅游者空间移动的需要，也能提供多样化的旅游体验。

**典型案例**

**最美旅游公路——独库公路**

独库公路，即217国道独山子至库车段，因横穿天山，又称天山公路。它北起新疆石油之城独山子，终点为天山南麓、塔里木盆地北缘的库车市，全长561公里。独库公路是一条名副其实的景观大道，可穿越依连哈比尔尕山、博罗科努山、阿吾拉勒山，那拉提山、额尔宾山、哈尔科山、伊宁和库车盆地，沿线分布着冰川、雪山、草原、峡谷、戈壁、湖泊等不同的自然景观，串联起独山子大峡谷、百里画廊——唐布拉、空中草原——那拉提草原、九曲十八弯——巴音布鲁克、天山明珠——大小龙池、库车大峡谷等旅游景点，同时还蕴含着不畏艰险的筑路精神和丰富多彩的文化和民俗风情。这条每年开放4～5个月的旅游公路吸引了大量的旅游者，尤其是自驾旅游者。据统计，2019年，穿越独库公路的旅游车辆累计59.6万辆次，同比增长85.39%；旅游人数约178.8万人次，同比增长85.63%，高峰期单日通行车辆过万。

（资料来源：整理自百度百科、光明日报。）

## 三、旅游交通的类型

旅游交通主要包括公路、铁路、水路、航空四种主要的交通方式和特种旅游交通。

### （一）公路交通

在旅游交通中，公路交通是最重要、最普遍的中短途旅行方式，主要以汽车为承载工具向旅游者提供交通服务。汽车旅行具有自由、灵活、便利、自然条件适应性强等优势，也有运载量小、速度慢、人均能源消耗大、安全性差，以及长途旅行的不舒适感等局限性。

公路旅游交通的方式主要包括搭乘城际公共汽车、包乘旅行大客车、自驾车等。尤其是随着各国社会经济的发展和交通基础设施的建设，随着高速公路网的完善，加之私人汽车保有量的不断攀升，自驾车旅行已成为多数家庭短途旅行的首选交通方式。

**知识拓展**

**房车旅游**

房车(Rrecreational Vehicle，简称RV，也翻译为Motorhome或Trailer)，也称旅居车，其雏形为吉卜赛人的大篷车，有自行式与拖挂式两种类型，兼具“房”与“车”两大功能，是一种可移动、具有居家必备的基本设施的车种。

当前我国的自驾游市场中，房车旅游的比例在不断提升。人们追求“小聚集、大空间”的旅游场景，房车旅行、露营等方式适应了人们当下的旅游需求。加之修订后的《机动车驾驶证申领和使用规定》(公安部令第162号)正式实施，新增轻型牵引挂车准驾车型(C6)让更多人能通过私家车加拖挂车上路旅行，房车旅游市场需求将进一步释放。中国汽车流通协会发布的数据显示，2021年，国内自行式旅居车年销量达12582台，同比增长43.2%；拖挂旅居车交易3543台。2022年一季度房车累计销售2425辆，同比增长17%，销量为近5年同期最高。

政策支持也是房车旅游迅速发展的有力保障。2016年国家旅游局、国家发展改革委、工业和信息化部、公安部、财政部、国土资源部、环境保护部、住房和城乡建设部、交通运输部、国家工商总局、国家体育总局发布《关于促进自驾车旅居车旅游发展的若干意见》(旅发〔2016〕148号)，明确提出要重点建成一批公共服务完善的自驾车旅居车旅游目的地，推出一批精品自驾车旅居车旅游线路，培育一批自驾游和营地连锁品牌企业，增强旅居车产品与使用管理技术保障能力，形成网络化的营地服务体系和完整的自驾车旅居车旅游产业链条，建成各类自驾车旅居车营地2000个，相关政策环境明显优化，产业规模快速壮大，发展质量和综合效益大幅提升，初步构建起自驾车旅居车旅游产业体系。2019年国务院办公厅发布《国务院办公厅关于进一步激发文化和旅游消费潜力的意见》(国办发〔2019〕41号)，提出要着力开发商务会展旅游、海洋海岛旅游、自驾车旅居车旅游、体育旅游、森林旅游、康养旅游等产品。2022年，国务院发布《“十四五”旅游业发展规划》，明确提出推进自驾车旅居车旅游，实施自驾游推进计划，形成网络化的营地服务体系和比较完整的自驾车旅居车旅游产业链。

(资料来源：整理自网易、北青网，有改动。)

### (二) 铁路交通

铁路交通是指以铁道为交通线、以旅客列车为交通工具的现代化交通运输方式。在世界旅游发展史上，铁路交通曾经作为人们外出旅行的主要交通工具，对于

Note

推动近现代旅游活动的发展发挥了极大的作用。

铁路交通具有运载能力大、安全性高、环保性强、车内活动自由、受交通堵塞和气象变化的影响较小等优点。近年来,随着高速铁路的发展,铁路交通再次复兴,成为人们中长途旅行的重要交通方式之一。

目前世界上不少国家和地区不仅开设旅游专列,还将铁路交通旅游产品化,使之成为吸引旅游者的观光游览项目。如印度"车轮上的宫殿"、南非的"蓝色列车"、欧洲的"东方快车"等。

### (三)航空交通

航空交通是以飞机为承载工具,以航空交通线为飞行线路,运送旅游者的交通运输方式。其主要优点是飞行速度快,飞行距离远,乘坐舒适、安全、省时,因此成为现代远程旅游的首选交通方式之一。但航空交通有费用高、附加时间长、能耗和噪声大、受气象因素影响较大等局限性。航空旅游交通的主要形式包括定期航班旅行和包机旅行。

### (四)水路交通

水路交通是指利用自然和人工水域作为航线,以船舶作为主要工具来运载旅游者的交通方式。其优点主要体现在运力大、舒适、悠闲、活动空间大等方面,局限性则表现为速度慢、灵活性差、经营成本高等。

水路交通的主要业务包括远洋定期班轮、海上短程渡轮及内河客运等。在现代旅游交通方式中,水路旅游方式主要以游船(游轮)为主。

### 知识拓展

#### 邮轮旅游

邮轮的原意是指海洋上的定线、定期航行的大型客运轮船。"邮"字本身具有交通的含义,而且过去跨洋邮件总是由这种大型快速客轮运载,故此得名。通常所说的邮轮,实际上是指在海洋中航行的旅游客轮。邮轮旅游是以大型海上旅游客轮为载体,以海上巡游为主要形式,集海上游览、到岸观光、餐饮、住宿、娱乐等多种功能于一体的高端休闲度假旅游活动。

邮轮旅游的发展可追溯到第二次世界大战之前,由于冬季远洋客运业务量不大,部分远洋客运公司便去加勒比海域开展海上巡游度假业务。第二次世界大战之后. 由于当时二手客轮价格低廉,希腊和挪威的一些轮船公司大量进入海上巡游业。同时,随着欧美远洋客运业务的衰落,其他很多轮船公司也转而经营海上巡游业务。因此,邮轮从单纯的旅游交通方式转变为一种新型的旅游形式或旅游项目。

邮轮旅游的主要特点是悠闲、舒适。在海上巡游的过程中,既可在不

Note

同的地点登岸旅游，又可随时回船休息，免除了每到一地后上下搬运行李和寻找旅馆的麻烦。同时，邮轮上也提供各种消遣娱乐设施和相关服务，因此被人们称为“漂浮的度假胜地”或“漂浮的旅馆”。邮轮旅游通常为高端旅游产品，价格昂贵，加之航行速度不能太快，比较耗时，因而对游客的收入和闲暇时间要求较高。

就世界范围来看，邮轮旅游的传统流行区域为加勒比海域和地中海海域，一来这些地区气候温暖，二则可登陆游览的旅游地为数众多，且彼此相距不远，因而是较为理想的邮轮旅游活动区域。此外，北美的阿拉斯加海域每年夏天也是邮轮旅游活动比较集中的地区。20世纪80年代中期之后，东南亚地区开始发展成为世界上第三个邮轮旅游较为发达的区域。

我国邮轮旅游尚处于起步阶段，但国家对此给予了一系列强有力的政策支持，鼓励邮轮业和邮轮旅游的发展。2009年国务院《关于加快发展旅游业的意见》（国发〔2009〕41号），首次提出支持有条件的地区发展邮轮游艇旅游，把邮轮游艇等旅游装备制造业纳入国家鼓励类产业目录。2011年，我国第一个国家级邮轮行业标准《国际邮轮口岸旅游服务规范》（LB/T 017—2011）出台并正式实施。2014年，交通运输部《交通运输部关于促进我国邮轮运输业持续健康发展的指导意见》（交水发〔2014〕68号），提出要积极培育邮轮市场，完善邮轮港口功能，加强邮轮运输行业监管，提升邮轮服务水平，加快邮轮人才培养，促进邮轮经济发展。2018年，交通运输部、发展改革委、工业和信息化部、公安部、财政部、商务部、文化和旅游部、海关总署、税务总局、移民局等十部门联合发布《关于促进我国邮轮经济发展的若干意见》，明确未来发展目标提出到2035年，我国邮轮市场将成为全球极具活力市场之一。随着邮轮自主设计建造和邮轮船队发展取得突破，体系完善、效益显著的邮轮产业链基本形成，邮轮经济规模不断扩大，这将对城市转型、产业升级、经济发展和人民消费的支撑力和保障作用显著增强。具体来讲，届时邮轮旅客年运输量将达到1400万人次；具备大型邮轮设计建造能力，相关配套装备制造业全面发展；邮轮供应、物流配送、信息服务等服务功能齐全；本土邮轮船队具有一定规模；邮轮航线产品丰富，沿海邮轮市场基本形成；邮轮港口布局合理，设施功能完善，衔接顺畅，服务水平达到国际标准。2022年，国务院发布《“十四五”旅游业发展规划》，明确提出要完善邮轮游艇旅游发展政策，有序推进邮轮旅游基础设施建设，推进上海、天津、深圳、青岛、大连、厦门、福州等地邮轮旅游发展，推动三亚建设国际邮轮母港。

（资料来源：整理自百度、搜狐、途牛网。）

Note

### （五）特种旅游交通

特种旅游交通主要是指旅游景区景点的特殊交通方式，既可以方便旅游者通过一些难行路段，又带有一定的娱乐性质，可以满足旅游者探新猎奇、回归自然、追求刺激等方面的需求，增强旅游体验感，提升旅游价值。特种旅游交通主要包括以下几种类型。

#### 1.机械交通工具类

机械交通工具包括缆车和各种类型的观光车、机动船等。

#### 2.自然力交通工具类

自然力交通工具主要是指风力、水力推动或凭借坡度滑行的运输工具，包括帆船、漂流皮艇、热气球、滑雪板、滑沙板等。

#### 3.畜力交通工具类

畜力交通工具包括各种坐骑（如马、驴、牛、骆驼等）、畜力车（或爬犁）等。

#### 4.人力交通工具类

人力交通工具包括自行车、人力车、三轮车、人工船筏、肩舆（滑竿、轿子）等。

#### 5.索类交通设施与工具类

索类交通设施与工具包括索桥、溜索、荡绳等。

## 四、影响旅游者选择旅游交通方式的因素

人们外出旅游时，对旅游交通方式往往会有不同的选择。影响旅游者选择旅游交通方式的主要因素，可以归纳为旅游交通供给和旅游者自身两大方面。

### （一）旅游交通供给

从旅游交通供给的角度分析，每种旅游交通方式都有自己的优缺点，都会影响旅游者的选择。其中，最主要的因素是旅行距离和运输价格。

#### 1. 旅行距离

旅行距离包括空间距离和时间距离。一般来讲，空间距离越大，完成旅行所需要的时间也就越多，旅费的开支也就越大。对于大多数旅游者而言，用于外出旅游的时间都有限度，为了更有效地利用自己有限的度假时间，人们都会尽力缩短旅途时间。因此，对于长距离的旅行，人们通常倾向于选择航空交通；而中短途的旅行，则通常比较倾向于选择铁路交通或者汽车。

#### 2. 运输价格

运输价格是旅游者选择交通方式的又一重要因素。除差旅型旅游者因公出差和旅费报销的原因对于旅游交通的价格不太敏感之外，绝大多数休闲旅游者对运输的价格都非常敏感，外出旅游时，往往会考虑和比较各种可供选择的旅游交通方式的价格。

### （二）旅游者自身

从旅游者自身的角度分析，影响其选择旅游交通方式的主要因素除了收入和支付意愿、可支配时间以外，还有以下两个重要因素。

**1. 出行的目的**

不同类型旅游者由于出行的目的不同，对旅游交通方式的选择也不一样。

差旅型旅游者出行的目的主要是办理公务、完成工作，这不仅决定了他们不能随意更改出行的目的地和出发的时间，而且决定了他们在一定程度上不用考虑旅行的费用问题。他们出行除了考虑安全因素外，最为关心的是便利、快速和舒适，因而更乐于选择航空、铁路和汽车交通。

消遣型旅游者出行的目的主要是消遣或度假，时间安排不像差旅型旅游者那样严格，因而对不同旅行方式的选择性较大。他们外出旅行除了考虑安全因素外，最为注重的是经济和高效。

**2. 个人偏好与经验**

旅游者个人的旅行偏好和经验不同，选择的旅行方式也不同。一般来讲，旅游者对特定旅行方式的偏好往往会受其人格或心理类型的影响，又或者受自身之前经历的影响。

总之，除上述因素外，影响旅游者选择旅游交通方式的因素还有很多，如天气、旅伴等，而且上述因素的影响也是相互联系、综合起作用的。

### 知识拓展

**旅游与交通融合发展**

旅游与交通两者相互制约、相互促进，现代化的交通设施和良好的可进入性是所有旅游目的地发展的重要前提条件之一，同时，旅游者希望能以合理的价格安全、快速和舒适地到达目的地的需求也极大地刺激了交通的快速发展。旅游业是我国国民经济重要的战略性支柱产业，交通运输是旅游业发展的基础支撑和先决条件。近年来，我国综合交通运输体系不断完善，交通运输与旅游融合发展已经成为旅游业转型发展的新趋势。

2017年3月1日，交通运输部、国家旅游局、国家铁路局、中国民航局、中国铁路总公司、国家开发银行六部门联合发布《关于促进交通运输与旅游融合发展的若干意见》，大力推动交通运输与旅游的融合发展。重点内容包括以下四个方面。

（一）完善旅游交通基础设施网络体系

加强旅游交通基础设施规划，统筹考虑交通、游憩、娱乐、购物等旅游要素和旅游资源开发，构建“快进”“慢游”的综合旅游交通网络。

依托高速铁路、城际铁路、民航、高等级公路等构建便捷高效的“快进”交通网络，提高旅游目的地的通达性和便捷性，实现旅游者远距离快速进出目的地。

建设满足旅游体验的集食、住、行、游、购、娱于一体的“慢游”交通网络。因地制宜建设旅游风景道，结合沿线景观风貌和旅游资源，打造具有通达、游憩、体验、运动、健身、文化、教育等复合功能的主题线路。

（二）健全交通服务设施旅游服务功能

拓展机场、火车站、汽车站、邮轮码头等客运枢纽旅游服务功能，鼓励发展旅游客运码头、游艇停靠点等，加强邮轮港口与城市旅游体系的衔接，引导有条件城市建设邮轮旅游集散枢纽。

提升高速公路服务设施的旅游功能，结合地方特色，因地制宜，在高速公路服务区增设休憩娱乐、物流、票务、旅游信息和特色产品售卖等服务功能，推动高速公路服务区向交通、生态、旅游、消费等复合功能型服务区转型升级。

完善普通公路旅游服务设施，鼓励在路侧空间富裕的路段设置驿站、简易自驾车房车营地、港湾式停车带、观景台、厕所等设施，加大景区和乡村旅游点停车场建设力度，鼓励在干线到旅游景区之间增设停车场并实现景区接驳服务。

（三）推进旅游交通产品创新

促进铁路旅游产品转型升级，积极发展遗产铁路旅游线路、精品铁路旅游线路等铁路旅游产品。针对市场需求增开特色旅游列车、旅馆列车等特色旅游专列。鼓励景区结合铁路遗存、自然景观等，设置旅游体验或短途观光线路。

打造精品公路旅游产品，结合旅游景区景点、旅游风景道等建设，加强沿线生态资源环境保护和风情小镇、特色村寨、汽车露营地、绿道系统等规划建设，形成具有广泛影响力的自然风景线、历史人文线、红色文化线。

开发水上旅游产品，优化沿海邮轮港口布局，支持发展邮轮、游艇等水上旅游产品，支持长江干线、珠江干线及滨湖地区等有条件通航水域有序发展内河游轮旅游。

发展低空飞行旅游产品，鼓励开发空中游览、航空体验、航空运动等航空旅游产品，建设低空旅游产业园、通航旅游小镇与飞行营地。

挖掘交通文化旅游产品，加强对具有历史文化、精神价值等意义的铁路、公路交通遗产资源的保护开发研究，鼓励挖掘“丝绸之路”“茶马古道”“蜀道”“川盐入黔线路”“京杭大运河”等具有重要历史文化价值的交通遗迹遗存，做好资源保护与开发，完善旅游线路与展示平台。结合具有地域特色和历史文化价值的旅游线路和交通工具，打造交通旅游产品。鼓励富有观赏价值的大型桥梁等交通基础设施在设计新建时增加停车、观景、卫生等服务设施，已建成的可结合大修、改扩建增加观景服务等功能。

（四）提升旅游运输服务质量

鼓励旅游客运市场创新发展，加强服务景区客流的公共交通运输组织，鼓励开通至景区景点的旅游专线、旅游直通车，鼓励在黄金周、小长假等重大节假日期间开通定制旅游线路，增强城乡客运线路服务乡村旅游的能力。

积极推进旅客联程联运，鼓励企业完善票务服务系统，提高联网、联程、异地和往返票务服务水平。引导互联网企业提供联程联运"一站式"票务服务。

加强旅游交通信息服务，建立交通、旅游等跨部门数据共享机制，促进交通旅游服务大数据应用，为社会公众提供多样化交通出行、旅游等综合信息服务，完善汽车租赁全国联网，推动实现一地租车、异地还车。

提升旅游交通安全保障水平，高度重视旅游公路尤其是农村旅游公路安保设施建设，健全旅游客运驾驶员、船员培训与考核管理机制，推动完善房车准驾制度，交通、旅游等部门共同制定旅游交通应急预案，提升旅游交通应急保障能力。

## 第五节　旅游景区

### 一、旅游景区的概念

#### （一）广义的旅游景区

旅游景区的概念目前国内外学术界尚无统一的标准。从广义上讲，所有可供公众参观游览或开展其他休闲、消遣活动的场所，都可以称为旅游景区。这种场所的地理概念可大可小，大到面积巨大的游览区，如我国杭州西湖风景区、美国科罗拉多大峡谷、肯尼亚野生动物保护区等，小到一座历史建筑、一处名人故居、一所博物馆等。

事实上，任何一个旅游景区所接待的来访者都不只局限于外来的旅游者，特别是那些大城市或人口密集地区的旅游景区，其所接待的游客中相当多的都是当地居民。因此，严格来说，旅游景区实际上是面向所有公众开放的公共景点。

#### （二）旅游业中的旅游景区

作为旅游业的组成部分，旅游景区是指由某一组织或企业行使管理，有明确的界限与外界相隔，设有固定的出入口，对旅游者的出入行使有效控制的封闭式区域。它应该具有三个特点，或者说必须符合三个方面的条件。

**1. 专用性**

旅游景区的专用性，是指该旅游景区应该是专门用来供旅游者参观游览，或开展其他休闲、消遣性活动的场所。正因如此，部分虽可供旅游者参观游览的区域如学校、工厂等，则不属于旅游景区的范畴。

2. 长久性

旅游景区的长久性，是指该旅游景区应具有长期固定的场址。这一特点则将旅游景区与没有固定场址的旅游吸引物，如临时利用某一场地举办的展览、节庆、流动演出、民俗表演等区别开来。

3. 可控性

旅游景区的可控性，是指该旅游景区必须有人进行管理，能够对旅游者的出入行使有效的控制。具备这一特点的旅游景区，既包括那些实行收费准入的旅游景区，也包括那些有人行使管理、但实行免费参观的旅游景区。旅游景区的可控性，主要将其与一般意义上的开放式活动区域区别开来。

### （三）国家标准的定义

在国家标准《旅游景区质量等级的划分与评定》（修订）（GB/T 17775—2003）中，旅游景区定义为具有参观游览、休闲度假、康乐健身等功能，具备相应旅游服务设施并提供相应旅游服务的独立管理区。该管理区应有统一的经营管理机构和明确的地域范围。

旅游景区包括风景区、文博院馆、寺庙观堂、旅游度假区、自然保护区、主题公园、森林公园、地质公园、游乐园、动物园、植物园，以及工业、农业、经贸、科教、军事、体育、文化艺术等各类旅游景区。

## 二、旅游景区的类型

### （一）旅游景区的分类

在旅游学的研究中，根据不同的分类标准，旅游景区的类型也不尽相同。

1. 按照旅游景区的设立性质分类

按照旅游景区的设立性质，可以分为商业型旅游景区和公益型旅游景区。

商业型旅游景区是投资者出于营利目的而设立和经营的，其实质是旅游企业。

公益型旅游景区是政府或社会团体出于公益目的而设立和管理的。此类旅游景区多数不采取收费门票制，即使实行收费准入，其主要目的也不是为了营利，而是弥补该景区维护费用的不足。

2. 按照旅游景区的表现形式分类

按照旅游景区的展示内容或表现形式，可分为以下几种主要类型（Middleeton，1988）。

1）古代遗迹（Ancient Monuments）

古代遗迹尤其是指那些经挖掘出土，并加以管理和保护的历史古迹，如古城防建筑、古遗址、古墓葬等。

2)历史建筑(Historic Buildings)

历史建筑是指那些历史上遗留下来的各种建筑物为主要吸引因素而设立和管理的旅游景区,如宫殿、名人故居、寺庙、传统民居等。

3)博物馆(Museums)

博物馆的划分比较庞杂,一般来讲主要分为两大类:一类是以特定藏品为展示内容的博物馆,如各种科学博物馆、历史博物馆、军事博物馆、交通运输博物馆等,此类博物馆还可按其藏品的来源范围做进一步的类别划分,如国家博物馆、地区博物馆、地方博物馆等。另一类则是以特定场址为展示内容的博物馆,如我国的故宫博物院等。

4)美术馆(Art Galleries)

美术馆多数以收藏和展览历史或传统美术作品为主。

5)公园和花园(Parks & Gardens)

公园和花园是指那些以某种特色的自然环境和植物景观为主要观赏内容的旅游景区,如国家公园、自然保护区、园林等。

6)野生动物园区(Wildlife Attractions)

野生动物园区是指那些以观赏野生动物为主要活动内容的旅游景区,如动物园、水族馆、观鸟园等。

7)主题公园(Theme Park)

主题公园是指以某些中心主题为基调而兴建和管理的大型人造游览和娱乐园区,如迪士尼乐园等。

8)早期产业旧址(Industrial Archeology Site)

早期产业旧址指那些在已经废弃的早期工业产业旧址的基础上开发形成的旅游景区,主要供旅游者了解该地历史上的社会生产及技术状况,如早期的采矿业、纺织业、铁路运输业、运河码头等产业旧址。

### (二)我国旅游景区的主要类型

我国旅游景区没有明确的类型划分,除上述类型外,当前旅游业领域中较为常见的还有以下几种类型。

#### 1. 风景名胜区

根据《风景名胜区管理条例》[①],风景名胜区是指具有观赏、文化或者科学价值,自然景观、人文景观比较集中,环境优美,可供人们游览或者进行科学、文化活动的区域。

为了加强对风景名胜区的管理,有效保护和合理利用风景名胜资源,国家对风景名胜区实行科学规划、统一管理、严格保护、永续利用的原则。风景名胜区所在地县级以上地方人民政府设置的风景名胜区管理机构,负责风景名胜区的保护、利用和统一管理工作。国务院建设主管部门负责全国风景名胜区的监督管理工作。



①2006年9月6日,由国务院第149次常务会议通过,自2006年12月1日起施行。

风景名胜区划分为国家级风景名胜区和省级风景名胜区。自然景观和人文景观能够反映重要自然变化过程和重大历史文化发展过程,基本处于自然状态或者保持历史原貌,具有国家代表性的,可以申请设立国家级风景名胜区,由国务院批准公布;具有区域代表性的,可以申请设立省级风景名胜区,由省、自治区、直辖市人民政府批准公布。自1982年至2017年,国务院先后公布了9批、共244处国家级风景名胜区。

**2. 森林公园**

森林公园是指森林景观优美,自然景观和人文景物集中,具有一定规模,可供人们游览、休息或进行科学、文化、教育活动的场所。

森林公园分为以下三级。

(1) 国家级森林公园:森林景观特别优美,人文景物比较集中,观赏、科学、文化价值高,地理位置特殊,具有一定的区域代表性,旅游服务设施齐全,有较高的知名度。

(2) 省级森林公园:森林景观优美,人文景物相对集中,观赏、科学、文化价值较高,在本行政区域内具有代表性,具备必要的旅游服务设施,有一定的知名度。

(3) 市、县级森林公园:森林景观有特色,景点景物有一定的观赏、科学、文化价值,在当地知名度较高。

国家级森林公园的主体功能是保护森林风景资源和生物多样性、普及生态文化知识、开展森林生态旅游,其建设和经营应当遵循“严格保护、科学规划、统一管理、合理利用、协调发展”的原则。截至2020年底,我国已公布906处国家级森林公园。

**3. 自然保护区**

根据《中华人民共和国自然保护区保护条例》①,自然保护区是指对有代表性的自然生态系统、珍稀濒危野生动植物物种的天然集中分布区、有特殊意义的自然遗迹等保护对象所在的陆地、陆地水体或者海域,依法划出一定面积予以特殊保护和管理的区域。

自然保护区可以分为核心区、缓冲区和实验区。自然保护区内保存完好的天然状态的生态系统以及珍稀、濒危动植物的集中分布地,应当划为核心区,禁止任何单位和个人进入;除按照规定经批准外,也不允许进入从事科学研究活动。核心区外围可以划定一定面积的缓冲区,只准进入从事科学研究观测活动。缓冲区外围划为实验区,可以进入从事科学试验、教学实习、参观考察、旅游以及驯化、繁殖珍稀、濒危野生动植物等活动。

自然保护区分为国家级自然保护区和地方级自然保护区。国务院环境保护行政主管部门负责全国自然保护区的综合管理。国务院林业、农业、地质矿产、水利、

①1994年10月9日中华人民共和国国务院令第167号发布,根据2011年1月8日《国务院关于废止和修改部分行政法规的决定》第一次修订,根据2017年10月7日《国务院关于修改部分行政法规的决定》第二次修订。

海洋等有关行政主管部门在各自的职责范围内，主管有关的自然保护区。截至2020年，我国已建立474处国家级自然保护区。

**4. 地质公园**

地质公园是以其地质科学意义、珍奇秀丽和独特的地质景观为主，融合自然景观与人文景观的自然公园。

1999年联合国教科文组织第156次常委会提出了建立地质公园计划，截至2020年7月，全球已经建立了161个世界地质公园，其中中国有41个。

我国将地质遗迹保护段、地质遗迹保护点、地质公园统称地质遗迹保护区，并公布了《地质遗迹保护管理规定》，由国务院地质矿产行政主管部门在国务院环境保护行政主管部门协助下对全国地质遗迹保护实施监督管理，使其得到有效的保护及合理利用。

**5. 水利风景区**

根据《水利风景区管理办法》①，水利风景区是指以水利设施、水域及其岸线为依托，具有一定规模和质量的水利风景资源与环境条件，通过生态、文化、服务和安全设施建设，开展科普、文化、教育等活动或者供人们休闲游憩的区域。

水利风景区以培育生态，优化环境，保护资源，实现人与自然的和谐相处为目标，强调社会效益、环境效益和经济效益的有机统一。按照水利风景资源的观赏、文化、科学价值和水资源生态环境保护质量及景区利用、管理条件，水利风景区划分为两个等级，即国家级水利风景区和省级水利风景区。截至2018年底，我国共有878处国家级水利风景区。

**6. 旅游度假区**

根据《旅游度假区等级划分》(GB/T 26358—2022)，旅游度假区是指具有良好的资源与环境条件，能够满足旅游者休憩、康体、运动、益智、娱乐等休闲需求的、相对完整的度假设施聚集区。旅游度假区划分为两个等级，即国家级旅游度假区和省级旅游度假区。

为了规范国家级旅游度假区的认定和管理，促进旅游度假区高质量发展，满足人民日益增长的旅游度假休闲需求，2019年12月20日，文化和旅游部公布了《国家级旅游度假区管理办法》。截至2020年12月，我国已有45家国家级旅游度假区。

## 三、旅游景区的质量等级评定

根据国家标准《旅游景区质量等级的划分与评定》(修订)(GB/T 17775—2003)及其评定细则，旅游景区质量等级划分为五级，从高到低依次为AAAAA级、AAAA级、AAA级、AA级、A级。旅游景区的质量等级评定分别从服务质量与环境

Note

①水利部2022年3月28日印发。

质量、景观质量、游客意见三大方面进行，具体评价指标详见表6-5。

**表6-5 旅游景区质量等级评定指标**

| 评价项目 | 评价指标 | |
|---|---|---|
| 服务质量与环境质量 | 旅游交通 | 可进入性，自配停车场，内部交通 |
| | 游览 | 门票，游客中心，标识系统，宣教资料，导游服务，游客公共休息设施和观景设施，公共信息图形符号设置，特殊人群服务 |
| | 旅游安全 | 安全保护机构、制度与人员，安全处置，安全设备设施，安全警告标志、标识，安全宣传、医疗服务，救护服务 |
| | 卫生 | 环境卫生，废弃物管理，吸烟区管理，餐饮服务，厕所 |
| | 邮电 | 邮政纪念服务，电信服务 |
| | 旅游购物 | 购物场所建设，购物场所管理，商品经营从业人员管理，旅游商品 |
| | 综合管理 | 机构与制度，企业形象，规划，培训，游客投诉及意见处理，旅游景区宣传，电子商务，社会效益 |
| | 资源和环境的保护 | 空气质量，噪声指标，地表水质量达国标规定，景观、生态、文物、古建筑保护，环境氛围，采用清洁能源的设施、设备，采用环保型材料 |
| 景观质量 | 资源吸引力 | 观赏游憩价值，历史文化科学价值，珍稀或奇特程度，规模与丰度，完整性 |
| | 市场影响力 | 知名度，美誉度，市场辐射力，主题强化度 |
| 游客意见 | 综合满意度 | 总体印象，外部交通，内部游览线路，观景设施，路标指示，景物介绍牌，宣传资料，导游讲解，服务质量，安全保障，环境卫生，厕所，邮电服务，商品购物，餐饮或食品，旅游秩序，景物保护 |

自2007年全国首批5A级旅游景区公布，截至2021年10月，全国5A级旅游景区已有306处。

# 第六节 旅游餐饮

## 一、概念辨析

### （一）旅游餐饮

旅游餐饮是旅游者为满足自己的饮食需求在旅游活动过程中享受餐饮产品和服务的行为，是保证旅游活动能够持续进行的基础性支撑要素。

**（二）餐饮旅游**

餐饮旅游是以特色餐饮为吸引物，围绕餐饮享受和体验安排旅游行程的专项旅游活动。

**（三）旅游餐饮业**

旅游餐饮业是餐饮业中为旅游者提供餐饮产品和服务的部分。

## 二、旅游餐饮的类型

旅游餐饮的种类繁多，比较常见的类型有饭店、特色餐馆、小吃街、旅游快餐店、农家乐餐饮等。

**（一）饭店**

饭店是旅游餐饮的重要组成部分，尤其是大部分饭店都提供"住宿＋早餐"的产品套餐。饭店的早餐多为自助餐形式，中晚餐则根据饭店的档次和经营方向设有桌宴、自助餐、特色餐饮等各种形式。

**（二）特色餐馆**

特色餐馆主要是指经营特色菜品的餐馆、传统老字号餐饮店、主题餐厅等。如北京的"全聚德"、杭州的"知味观"、苏州的"松鹤楼"等。

主题餐厅兴起于20世纪90年代，通常围绕某一特定主题营造经营氛围，所有的装饰、产品、服务、活动都与主题相结合，为旅游者提供独特的进餐体验。

**（三）小吃街**

小吃街是当地传统美食、风味小吃的汇集地，是非常受旅游者欢迎的旅游餐饮形式。如上海的城隍庙、南京的夫子庙、成都的锦里、武汉的户部巷等。

**（四）旅游快餐店**

旅游快餐店多分布在旅游景点内部，以提供各种快餐食品为主，方便游客购买，节约游客时间。

**（五）农家乐餐饮**

农家乐餐饮是农家乐旅游的重要组成部分，它使用本地（村）或自家劳动力作为厨房餐厅员工，利用乡村自建房屋作为餐厅、厨房，采用本地的农产品作为烹饪原料制作菜品为旅游者提供餐饮服务[①]。随着乡村旅游、农业旅游的发展，农家乐餐饮愈加受到旅游者的欢迎。

Note

①漆玉衡.农家乐旅游餐饮的开发[J].西南农业大学学报（社会科学版），2010(8):23-25.

# 第七节　旅游购物

## 一、概念辨析

### （一）旅游购物

旅游购物是指旅游者在旅游活动的准备阶段和旅游活动过程中购买各种以实物形态存在的商品的经济文化行为。它不仅包括专门的购物旅游行为，还包括旅游活动中一切与购物相关的行为总和，但不包括商业性或投资性购买行为。

### （二）旅游购物业

旅游购物业是以旅游业为依托，以实物性生产和销售为主要业务，以旅游者为销售对象，通过提供商品销售与服务满足旅游者多样化购物及相关需求的行业。

### （三）旅游购物品

旅游购物品是与"旅游购物"相对应的概念，即旅游者在旅游购物中购买的各种以实物形态存在的商品。

**概念辨析**

**旅游商品与旅游购物品**

广义的旅游商品是指旅游企业为满足旅游者的需求以交换为目的而提供的具有使用价值和价值的各种有形物品和无形服务的总和。

狭义的旅游商品即旅游购物品。

### （四）购物旅游

购物旅游是以购物和体验购物环境为主要目的的旅游活动，是一种购物与观光游览相结合的旅游方式。

**概念辨析**

**旅游购物与购物旅游**

旅游购物是旅游者在旅游活动中的购物行为，购物计划性差或无购物计划，消费弹性大，以购买旅游地的特色旅游商品为主。

购物旅游是一种专项旅游活动，以购物为主要目的，旅游者一般会提前制订购物计划，购物消费在旅游支出中占有相当大的比重。

## 二、旅游购物品的类型

旅游购物品的分类方法很多，较为常用的是根据其用途进行分类，按此标准旅游购物品可以分为以下三种类型。

### （一）旅游纪念品

旅游纪念品是旅游者在旅游目的地购买的，蕴含浓郁的地方特色或文化内涵，具有纪念、欣赏、保值、馈赠意义或实用价值的实物性产品。地域性和文化性是旅游纪念品的两个核心特征。

旅游纪念品的类型丰富，品种繁多，包括土特产品、传统手工艺品、工艺美术品、文化艺术品等。

### （二）旅游用品

旅游用品是旅游者购买的在旅游过程中必备的用品，包括旅游日用品和旅游专门用品。旅游用品有可能在旅游活动准备阶段购买，也有可能在旅游目的地活动期间购买。

旅游日用品主要是指满足旅游者日常生活需要的物品，如服装、鞋帽、食品、雨具等。

旅游专用品是满足旅游者专项旅游活动需要的物品，如体育旅游中所需的运动装备、探险旅游中所需的应急用品、摄影时所需的摄影器材、露营时所需的帐篷等。

### （三）其他商品

这里的其他商品是指旅游者在旅游目的地购买的除旅游纪念品和旅游用品以外的其他商品，如国际名品、免税商品等。随着购物旅游的发展，这类商品所占的比重也在不断上升。

## 三、旅游购物在旅游业中的作用

### （一）增强旅游吸引力，丰富旅游活动内容

国家标准《旅游资源分类、调查与评价》（GB /T 18972—2017）中将“旅游商品”作为旅游资源的八大主类之一。丰富的旅游商品、良好的购物设施、舒适的购物环境，都是旅游地吸引旅游者的重要旅游资源。而拥有优美的风景、便利的交通条件、物美价廉的商品、退税免税优惠政策的旅游地，更是购物旅游者的首选目的地。发展旅游购物，不仅可以增强旅游目的地的吸引力，还可以丰富旅游活动内容，让旅游者在购物中体验当地的传统文化和民俗风情。

### （二）增加旅游收入，带动相关行业发展

旅游购物是旅游者消费支出的重要组成部分，也是目的地国家和地区旅游收入的重要来源。在旅游业比较发达的国家和地区，旅游购物收入通常占旅游业总收入的40%～60%。

对于旅游目的地国家而言，国际旅游者的购物消费就是货物出口，可以增加国家的外汇收入，带动外贸行业的发展。同时，发展旅游购物也可以带动目的地农业、轻工业、手工业、商业等行业的发展。

旅游购物的发展，带动目的地土特产品、农副产品的销售，也是增加目的地居民收入、解决就业问题的重要手段。

### （三）传播旅游地文化，提升旅游形象

旅游购物品，尤其是旅游纪念品，是旅游地文化传播的重要载体。发展旅游购物，不仅有利于当地传统文化、民族文化、传统手工技能的保护和传承，而且有利于提升当地的旅游形象，扩大旅游知名度。

**知识拓展**

**文创产品**

文创产品，即文化创意产品，是依靠创意人的智慧、技能和天赋，借助现代科技手段对文化资源、文化用品进行创造与提升，通过知识产权的开发和运用，而产出的高附加值产品。

大部分文创产品依托地域特色和传统文化，多以旅游纪念品的形式进入市场，可以说是旅游纪念品的一支重要的新生力量。但文创产品不仅仅是旅游纪念品，它的内涵和范围更加广泛，包括所有满足"文化主题"+"创意转化"+"市场价值"三个特点的物质化产品。以北京故宫博物院的文创产品为例，其文创产品的类型包括出版物、家居生活用品、服装饰品、文具、化妆品、动漫、游戏等。

2016年5月，国务院发布《关于推动文化文物单位文化创意产品开发的若干意见》，鼓励各级各类博物馆、美术馆、图书馆、文化馆、群众艺术馆、纪念馆、非物质文化遗产保护中心及其他文博单位等掌握各种形式文化资源的单位依托文化文物单位馆藏文化资源，开发各类文化创意产品。2021年8月，文化和旅游部、中央宣传部、国家发展改革委、财政部、人力资源和社会保障部、市场监管总局、国家文物局、国家知识产权局联合发布《关于进一步推动文化文物单位文化创意产品开发的若干措施》的通知，鼓励开发兼具艺术性和实用性、适应现代生活需要、符合市场消费需求的文化创意产品，提出要坚持文旅融合发展，以文塑旅、以旅彰文，促进文化创意产品消费。

## 第八节 旅游娱乐

### 一、概念辨析

#### (一) 旅游娱乐

旅游娱乐是指旅游者以追求心理愉悦为目的,在旅游目的地营业性文化娱乐场所中购买和消费旅游娱乐产品或服务的经济文化行为,涉及文学、艺术、娱乐、音乐、体育等诸多领域,能够丰富旅游者生活,满足旅游者精神需求。

狭义的旅游娱乐一般是指游玩游乐园和主题公园。

#### (二) 旅游娱乐业

旅游娱乐业是指为旅游者提供各种游览娱乐设施,以满足其游乐需要的各类相关行业的总称,它是旅游者在旅游过程中穿插进行的一种文娱活动项目,强调娱乐性和参与性。

#### (三) 娱乐旅游

娱乐旅游是指以娱乐、消遣、放松为主要动机的旅游活动。

**概念辨析**

**娱乐旅游与旅游娱乐**

娱乐旅游是一次独立的旅游活动;而旅游娱乐只是一次旅游活动中的一种旅游行为,其旅游活动并不一定以娱乐为主要动机。

### 二、旅游娱乐的作用

随着旅游活动逐步由观光旅游向休闲度假旅游发展,旅游娱乐在旅游业中的作用也更加突出。

#### (一) 丰富旅游活动内容

旅游娱乐融娱乐性、参与性和艺术性于一体,它特有的文化内涵和高度的体验感,能够满足旅游者更高层次的需求,极大地丰富旅游活动的内容,增强旅游产品的吸引力。

#### (二) 增加目的地旅游收入

随着人们生活水平和生活质量的提高,对消遣娱乐的需求日益增加,旅游娱乐在旅游业中创汇、创收比重也在不断提升。而旅游娱乐在旅游需求中的弹性较大，因此其经济收入具有相对的无限性，利润可观，发展前景广阔。

### （三）减轻季节波动影响

旅游娱乐活动与一般的自然旅游资源相比，受季节气候的影响较小，而且它具有较强的娱乐性，不但对旅游者具有吸引力，对当地居民也有一定的吸引力，因此能够平衡旅游活动的季节性，减轻旅游淡季带来的影响。

## 三、旅游娱乐的类型

### （一）按旅游娱乐设施的空间位置划分

根据旅游娱乐设施的空间位置不同，可将旅游娱乐分为室内娱乐和室外娱乐。

室内娱乐包括各种形式的俱乐部、歌舞厅、室内球馆、室内游泳池、文娱室、健身房等。

室外娱乐包括游乐园、高尔夫球场、海水浴场、滑雪场等。

### （二）按旅游娱乐设施的活动项目划分

根据旅游娱乐设施的活动项目不同，可将旅游娱乐分为单项旅游娱乐和综合旅游娱乐。

单项旅游娱乐通常仅以专项娱乐设施满足旅游者某一方面的需求，其形式多为单个的旅游娱乐活动项目，如射箭馆等。

综合旅游娱乐通常以综合娱乐设施为旅游者提供服务，是多种旅游娱乐项目的汇总，如游乐园等。

### （三）按旅游娱乐设施的功能划分

根据旅游娱乐设施的功能不同，可将旅游娱乐分为文化类旅游娱乐、休闲类旅游娱乐、康体类旅游娱乐。

文化类旅游娱乐包括博物馆、音乐厅、歌舞剧院、艺术中心、旅游实景演出、民俗节庆活动等。

休闲类旅游娱乐包括电影院、游乐场、游艺厅、KTV、棋牌室等的娱乐活动。

康体类旅游娱乐包括健身房、游泳馆（池）、球类运动场所、桑拿房、SPA馆等的娱乐活动。

### （四）按旅游娱乐的经营场所划分

根据旅游娱乐的经营场所不同，可将旅游娱乐分为专门性娱乐场所和辅助性娱乐设施或活动。

专门性娱乐场所一般是指设置在城市或旅游区内的以提供娱乐活动为主的场所。这些专门性娱乐场所不仅为旅游者提供服务，而且为当地居民服务。

辅助性娱乐设施或活动主要是指设置在旅游饭店、旅游景区中的娱乐设施及娱乐活动。设置在旅游饭店中的娱乐设施，如歌舞厅、健身房、保龄球室、桌球室、游

Note

泳池、网球场等。而在旅游景区中，除了具有常规旅游娱乐所需的设备和设施外，部分景区还充分利用自己的自然环境和旅游资源，开展野营、疗养、海水浴、沙滩浴、冲浪、潜水等专项特色旅游娱乐活动项目。

**典型案例**

**"印象"系列实景演出**

实景演出，是以旅游者为对象，以旅游地的山水资源和独特景观为舞台，以当地的传统文化、特色民俗等为主要内容，融山水、文化、艺术、旅游、娱乐于一体的独创性旅游演艺模式。

2004年，"印象"系列的开篇《印象·刘三姐》横空出世。它以方圆两公里的漓江水域、十二座背景山峰构成迄今为止世界上最大的山水剧场，开创了我国大型山水实景演出的先河。之后，"印象"团队先后推出了《印象·丽江》《印象西湖》《印象·海南岛》《印象·大红袍》《印象普陀》《印象武隆》的系列实景演出。

"印象"系列实景演出的核心是自然与文化的融合，利用大自然真山真水的舞台，借助现代化的科技手段、多样化的舞台表现方式，集中展示当地的传统文化和民族文化，不仅给旅游地带来了巨大的经济效益，更是一种创新的文化旅游娱乐产业模式。

## 核心关键词

旅游业(Tourism Industry)
旅行社(Travel Agency)
旅游批发商(Tour Wholesale)
旅游经营商(Tour Operator)
旅游零售商(Tour Retailer)
在线旅行社(Online Travel Agent)
包价旅游(Package Tour)
团体旅游(Group Travel)
散客旅游(Independent Travel)
住宿业(Lodging Industry)
旅游饭店(Tourist Hotel)
星级饭店(Star-Rated Hotel)
绿色饭店(Green Hotel)
旅游民宿(Tourist Homestay)
旅游交通(Tourism Transportation)
旅游景区(Scenic Spot)
旅游餐饮(Tourism Catering)
购物旅游(Shopping Tour)
旅游商品(Tourism Commodity)
旅游纪念品(Souvenirs)
旅游娱乐(Tourism Entertainment)

## 思考与练习

Note

1. 如何理解旅游业的定义和性质？

2. 旅游业的主要特点有哪些?
3. 如何理解旅行社的分工体系?
4. 旅行社的主要业务有哪些?
5. 旅游住宿业有哪些类型?
6. 如何理解"旅游交通是旅游业的命脉"?
7. 旅游景区如何进行界定和分类?
8. 旅游餐饮有哪些主要类型?
9. 旅游购物与旅游商品的区别何在?
10. 如何认识和理解旅游娱乐在旅游业中的作用?

# 第七章

## 旅游产品

**学习目标**

· 掌握旅游产品的概念、内涵及特征。
· 了解旅游产品划分的类型。
· 认识旅游产品开发的意义、原则。
· 理解旅游产品开发的创新措施。

**问题导向**

基于旅游产品类型日益多元化,如何保障旅游产品创新开发?

## 第一节　旅游产品的概念与特征

### 一、旅游产品的概念

#### (一)学术界代表性观点

旅游产品的定义问题,是目前学术界存在较大争议的问题之一。很多学者都依据一定的研究目的，并从各自的研究视角出发提出了较有价值和意义的观点，使对旅游产品定义的研究呈现出一种仁者见仁、智者见智的百家争鸣的状态，促进了旅游产品定义研究的深入与拓展。目前，国内学术界关于旅游产品定义的代表性的观点主要有“经历说”“交换说”“组合说”等。“经历说”认为旅游产品是旅游者在整个旅游活动过程中的全部经历和感受；“交换说”认为旅游产品是旅游者和旅游经营者之间所交换的物质产品和服务的总和；“组合说”认为旅游产品是由多种要素组合而成的综合性产品，该观点是目前备受国内学者认可的一种有关旅游产品定义的观点。三种代表性观点及代表性论述如表7-1所示。

**表7-1 三种代表性观点及代表性论述**

| 代表性观点 | 代表性论述 |
| --- | --- |
| “经历说” | ·旅游产品是指旅游者从居住地到旅游目的地，然后再返回原处的全部经历。（杨树林，1999）<br>·从旅游者的角度来看，旅游产品是指旅游者花费一定的时间、精力和费用所获得的经历和感受。（罗明义，2001）<br>·旅游产品也可视为旅游者花费一定的时间、费用和精力所获得的一次完整的旅游经历。（田里，2006）<br>·旅游产品是指旅游者花费钱财、时间和精力所购买的从居住地到旅游目的地，再从旅游目的地到居住地的一次完整的旅游活动或旅游经历。（赵长华，2008） |
| “交换说” | ·旅游产品是旅游经营者所生产的，准备销售给旅游者消费的物质产品和服务产品的总和。（肖潜辉，1991）<br>·旅游产品是指旅游者以货币形式向旅游经营者购买的，一次旅游活动所消费的全部产品和服务的总和。（罗明义，1994）<br>·旅游产品指旅游企业经营者在市场上销售的物质产品或劳动提供的各种服务的总和。（李肇荣等，2006）<br>·旅游产品是指由旅游经营者凭借着旅游吸引物、旅游交通和旅游设施开发出来的，为了迎合旅游者审美和愉悦的需求，通过市场途径提供给其消费的一切有形实物产品和无形服务产品的总和。（马勇等，2008） |
| “组合说” | ·旅游产品是由各种构成要素科学合理地组合而成的，也就是为了实现一次旅游活动所需要的各种服务的组合。（王大梧，2000）<br>·旅游产品是指为满足旅游者的愉悦需要而在一定地域上被生产或开发出来以供销售的物象与劳务的总和。（谢彦君，2004）<br>·旅游产品由满足旅游者生理需要和精神需要的核心层、形式层，以及为旅游者的旅游活动提供各种基础设施、社会化服务和旅行便利的延伸层共同构成。（戴光全，2002）<br>·旅游产品是旅游地为旅游者提供的物质产品与精神产品的总和，是旅游景观、旅游线路、旅游商品、旅游设施和旅游服务的综合体，旅游产品是一个复合概念。（曹诗图，2007） |

### （二）代表性观点评价

综上研究，在旅游产品的定义上，分别从某一视角、某一层面揭示出了旅游产品的本质内涵。如在研究视角上，可以从旅游者的立场出发，采用需求的视角；或者从旅游经营者的立场出发，采用供给的视角；还可以站在旅游者和旅游经营者双方的立场上，采用供需结合的角度。

理性地看，旅游产品的概念究竟应该用哪种视角为好，这是一个很难回答的问题，也是一个见仁见智的问题。同时，在对旅游产品本质的认识上，上述学者的观点，仍有待进一步商榷。一般说来，产品是指能够提供给市场，被人们使用和消费，并能满足人们某种需求的任何东西，包括物品、服务、组织、观念或它们的组合，一般可以分为三个层次，即核心部分、形式部分、延伸部分。其中核心部分是指整体产品提供给购买者的直接利益和效用；形式部分是指产品在市场上出现的物质实体外形，包括产品的品质、特征、造型、商标和包装等；延伸部分是指整体产品提供给顾客的一系列附加利益，包括运送、安装、维修、保证等在消费领域给予消费者的好处。

上述关于产品的本质的论述对于我们正确认识旅游产品的本质及内涵具有重要的指导意义。首先，旅游产品最终带给人的是体验后的心理愉悦，这也是人们乐于购买的原因。但这绝不意味着在旅游产品的构成中，其核心内容是服务，因为服务的目的也在于满足旅游者内心的愉悦而不在于服务本身。其次，旅游产品要有一定的外表形式，既包括有形的物质实体，也应包括具体的服务行为。通常情况下，具体的服务形式多从属于旅游产品的物质实体，是旅游产品的延伸部分。同时，虽然旅游产品蕴含着一定的无形的文化因素，但这些文化因素并不能独立存在，而必须依附在有形的物质实体之上，并成为旅游产品不可分割的一部分。特别需要强调的是，尽管旅游产品最终带给人们的体验和感受的结果具有无形性，但这绝不意味着旅游产品本身具有无形性，旅游产品也不应当是一个过程或经历。虽然产品是用来满足需求、供应消费的，但产品的使用价值并不等于产品本身，需求与消费过程也不是产品。

### （三）旅游产品的界定

基于以上相关认识，从旅游需求的视角出发，对旅游产品进行如下的定义：旅游产品是旅游者为满足旅游体验需要而购买的，由旅游企业在旅游地域内开发和提供的各种物质产品与服务的总和。其内涵如下。

(1) 旅游产品是旅游者所购买的各种物质产品和服务，包括经过人工开发的旅游资源、人造旅游景观、旅游设施、旅游服务等，是有形和无形的组合。其可以具有物质实体，也可以仅仅是某种现象；既有一定的物质显现，又有一定的文化精神内涵。

(2) 旅游产品是旅游企业在旅游地域内开发和提供的各种物质产品与服务，有别于旅游者在日常生活中在商店或超市中购买的产品与服务。

(3) 旅游产品是旅游业者开发和提供的，可能是资源依托型的，也可能是资源脱离型的，具有一定的空间地域性。这种地域空间性不仅意味着旅游产品要占据一定的地域空间，而且也意味着这一空间会远离旅游者日常生活和工作的惯常空间。

(4) 旅游产品是旅游企业生产提供的，即旅游产品是生产者和开发者开发和提供的，凝结着一定数量的人类劳动投入，这是旅游产品和旅游资源的本质区别。

(5) 旅游产品的结构具有内在的层次性，其核心部分为能满足旅游者愉悦体验需要的核心旅游产品，如已经被开发出来的旅游地，它是出于交换目的而开发出来的，能够向旅游者提供审美和愉悦的客观凭借的空间单元。其外围部分是旅游企业或旅游相关企业围绕旅游产品的核心价值而做的多重价值追加，为组合旅游产品。由旅行社根据旅游地的区位、特点而综合设计的旅游线路，就是这样一种被大大扩展了价值成分的旅游产品。

(6) 旅游产品可以被观赏、享用或体验，具有满足旅游者旅游需求的功能。

## 二、旅游产品的特征

### (一) 代表性观点述评

关于旅游产品的定义的争论直接影响对旅游产品特征问题的探讨。目前学术界对这一问题的看法也是分歧较多。

旅游产品的特性表现为综合性、不可储存性(白水秀等，1999)。

旅游产品有服务主体性、文化内涵性、经济依存性和产地实现性四个特征(朱孔山，1998)。

旅游产品特征主要体现在旅游区服务产品上，包括服务内容的多样性与复杂性，服务提供的系统性，服务对象的流动性，服务所借助的资源(环境)、设施的室外性与珍稀性，服务过程的高发散性和服务消费的非完全排他性(王莹，2002)。

旅游产品具有综合性、无形性、不可运输性、不可储存性、消费同时性、独享性、易波动性等特征(黄羊山，2001)。

旅游产品的特征主要表现为功能(效用)上的愉悦性、空间上的不可转移性、生产与消费的不可分割性、时间上的不可储存性、所有权的不可转让性(谢彦君，2004)。

旅游产品的特征概括为效用上的心理满足性，空间上的限定性，生产的一次性，价值的递减性，所有权的不可转让性以及消费的参与性、时间性和排他性(武光和，2006)。

旅游产品具有综合性、同一性、分权性、替代性和脆弱性等特征(马勇，2008)。

总体看来，上述各位学者对旅游产品的特征问题进行了较为深刻的分析与探讨，也取得了较有价值和可借鉴的研究成果。但其中的某些观点有待进一步商讨。如“消费的参与性”“生产与消费的不可分割性”等特点，从一定的意义上来说，旅游产品中的旅游服务确实存在消费的参与性与生产和消费的不可分割性问题，而有些实体性旅游产品，如旅游业者开发的有形的旅游产品所形成的旅游景观，旅游者如何参与，又如何体现生产与消费的不可分割性？将部分特征视为整体特征恐怕也不尽合理。再如，“生产的一次性”“时间上的不可储存性”等特点，如果要想把生产的一次性只限定在实体类旅游产品（旅游景观的生产），而不是指旅游业多次提供的服务，那么这种生产周期恐怕是过于长久；旅游产品的特点并不在于时间上的不可储存性，时间根本无法储存，而在于伴随着时间的流逝及其价值的不可储存性。总之，有关旅游产品的特点问题的研究与讨论还有许多工作要做。

### （二）旅游产品特征界定

基于上述分析，综合吸收和借鉴学者们的研究成果，我们倾向于认为旅游产品具有如下的特征。

#### 1. 体验上的满足性

体验上的满足性是指旅游者所购买的旅游产品具有满足自己欣赏、体验和享受的功能，这是旅游产品的首要和最重要的特征，没有这一特征，旅游者便不会购买，旅游业者也就不会耗费大量的人力、物力和财力加以开发和建设。

#### 2. 空间上的地域性

空间上的地域性是指旅游者所购买的旅游产品在一定的地域空间范围之内，只有旅游者前去观赏才能体验和享受，而不能购买到家中。因此，在旅游活动中，发生空间转移的不是旅游产品，而是旅游产品的购买主体——旅游者。

#### 3. 价值上的不可储存性

价值上的不可储存性是指旅游产品不同于制造业产品，销售不出去可以储存起来，而是一天有一天的价值，随着时间的流逝其价值不能储存和累积，一旦当天的价值没有实现，第二天便无法弥补。

#### 4. 所有权的不可转移性

所有权的不可转移性是指一旦旅游产品被旅游业者开发出来，只要不转让，便永久拥有所有权，这和物质产品在交换后发生所有权转移有着本质的不同。旅游者在购买旅游产品后，这种买卖交易并不发生所有权的转移，而只是使用权的转移。即在旅游活动中，旅游者购买旅游产品后，得到的并不是旅游观赏对象、体验服务或旅游设施本身的所有权，而只是“观赏和享用”权或“操作和使用”权，获得的是一种“愉悦体验”和“旅游经历”的满足感。

#### 5. 生产和消费的相关性

生产和消费的相关性是指旅游产品的开发和设计要同时考虑资源与市场两方面的因素，将二者紧密结合，既要考虑自身资源的特色，又要考虑市场需求的特点，以实现供给方和需求方共同利益的最大化。

## 第二节　旅游产品的类型

Note

不同的客源市场与不同的旅游者群体，需要提供不同的旅游产品，这不仅关系到旅游者旅游体验的质量和水平，也关系到旅游业的盈利水平和形象。因此，科学地对旅游产品的类型进行划分，对于依据资源特色和市场特点，打造具有竞争力的旅游产品具有重要的意义。

通常，旅游产品可以按照下列方法进行分类。

## 一、按旅游产品存在形态划分

按旅游产品存在形态来划分，可分为有形旅游产品和无形旅游产品两种。

(1) 有形旅游产品是指旅游者购买和消费的有形物品，包括旅游者在购买后仅拥有某一时间内使用权的产品，如饭店的设施、景区的景观等。

(2) 无形旅游产品是指旅游服务，是旅游从业人员直接为旅游者提供的各项劳动，如导游服务、交通服务以及在旅游目的地住宿、餐饮、娱乐、购物等过程中享受到的各项服务等。

## 二、按旅游产品功能差异划分

按旅游产品功能差异来划分，可分为观光旅游产品、度假旅游产品、事务旅游产品和专题旅游产品。

(1) 观光旅游产品至今仍是我国旅游市场上的主导产品，常见的有自然生态观光和人文历史观光。

(2) 度假旅游是指利用节假日在旅游目的地进行休养、健身和娱乐等的旅游活动。常见的度假旅游产品有海滨度假、温泉度假、山地度假、湖滨度假、森林度假、乡村度假和野营度假等。

(3) 事务旅游者是因国际及地区间相关交往事务的急剧增多而形成的特殊旅游消费群体。常见的事务旅游产品包括商务旅游、政务旅游、会议旅游、奖励旅游、节事旅游和探亲访友旅游等。

(4) 专题旅游产品是为满足人们除了观光、休闲、度假以外的带有明确主题和特定旅游需求而开发的旅游产品。常见的专题旅游产品有研学旅游、教育旅游、宗教旅游、科考旅游和探险旅游等。

## 三、按旅游产品销售方式划分

按旅游产品销售方式来划分，可分为团体包价旅游产品、散客包价旅游产品和自助旅游产品。

(1) 团体包价旅游产品是指旅行社按照旅游市场的需求，按照统一的价格、行程和内容，将若干旅游者组成一个团体进行旅游活动的旅游产品。

(2) 散客包价旅游是指旅游者不参加团体旅游，而是一个人或数个人向旅行社购买某一旅游产品的旅游活动。

(3) 自助旅游是指旅游者按照个人偏好和需求进行旅游活动，不经过旅行社的组织，自己直接通过旅游供给商购买单项旅游产品。

## 四、按与旅游资源的关系及其结构组合划分

在旅游产品的划分上，谢彦君分别从旅游产品与旅游资源之间的关系及从产品构成上两个方面进行类型划分，其主要观点如下。

（1）从旅游产品与旅游资源之间的关系上来划分，可分为资源依托型旅游产品和资源脱离型旅游产品。前者是从旅游资源开发而产生的，后者是借助对可获得的人力、物力和财力资源的重新组合并经过加工过程而生产创制出来的。前者一般不可更新，不能加以创造，仅是开发的产物，后者是可以更新和仿建的。

（2）从旅游产品构成上来划分，可分为核心旅游产品和组合旅游产品。前者是旅游产品的原初形态，具有能满足旅游者愉悦需要的效用和价值；而后者是旅游产品的终极形态，是旅游企业或旅游相关企业围绕旅游产品的核心价值而做的多重价值追加。通过这种追加，有的旅游产品甚至具有几乎可以满足旅游者旅游期间一切需要的效用与价值。

谢彦君对旅游产品的类型的划分有着重要的理论和现实意义。这种分类，一方面在理论上解决了长期以来人们面对的旅游资源与旅游产品、核心旅游产品和组合旅游产品混淆不清的困扰；另一方面在实践上有助于对旅游资源与旅游产品、核心旅游产品和组合旅游产品在宏观政策、开发步骤、经营对策等方向采取不同的举措。

# 第三节　旅游产品开发

## 一、旅游产品开发的意义

旅游产品的开发、经营对一个地区旅游业的发展具有重要意义。旅游产品开发的意义主要体现在以下几个方面。

第一，旅游产品开发的合理与否决定着旅游资源优势能否转化为经济优势，旅游资源的开发最终体现在旅游产品上。

第二，开发具有强大吸引力的旅游产品是吸引客源的主要载体，稳中有增的客源是旅游企业发展壮大的前提和基础。尤其是我国加入世贸组织后，随着外资旅行社进入门槛的降低，旅游市场的竞争日趋激烈，抢占市场核心部分的关键在于旅游产品能否迎合旅游者的需要，能否打动旅游者。

第三，开发出多样化、专业化、个性化的旅游产品是满足旅游者需求多样化、专业化、个性化的必须，因此须重视旅游产品的创新设计与开发。

## 二、旅游产品开发的原则

Note

旅游产品是一种以服务为主要内容的特殊商品，是由食、住、行、游、购、娱各种

要素构成的“组合商品”。旅游产品的形态是多种多样的，但无论哪种商品的开发，都应遵循一定的原则。

### （一）市场导向原则

市场导向观念要求以消费者为中心、以市场需求为出发点来组织生产，消费者需要什么，企业就生产什么。同时，竭力研究行之有效的市场促销方法，为旅游者提供方便通行的购买方式。此外，还应随时关注市场竞争对手的经营变化，积极创新，出奇制胜，以有效争取客源、提高企业的经济效益。

### （二）突出特色原则

世界上有些事物是独一无二的，如埃及的金字塔、中国的秦始皇兵马俑。由于人类求新求异的心理，单一的观光功能景区和游线难以吸引旅游者回头。因此，在产品设计上应尽量突出自己的特色，唯此才能具有较大的旅游吸引力。国内一次抽样调查表明，来华美国旅游者中主要目标是欣赏名胜古迹的占26%，对中国人的生活方式、风土人情感兴趣的却达56.7%，而民俗旅游产品正是一项颇具特色的旅游产品。

### （三）效益观念原则

旅游业作为一项经济产业，在国民经济发展中有着举足轻重的作用，在其开发过程中应把握提高经济效益为目标。同时，旅游业又是一项文化产业，因此在追求经济效益的同时，还需要讲求社会效益和环境效益，即保证旅游经济活动的综合效益的提高。在旅游产品开发过程中，树立效益观念可以从以下几方面着手。一是要讲求经济效益，无论是单项旅游产品研发，还是整体旅游项目投入，都需要明确投入与有效产出之间的对比关系，不断提升旅游产品的经济效益。二是讲求社会效益，在旅游相关产品的设计中，应综合考虑旅游地的经济发展水平以及政治、文化及地方习惯等，形成健康文明的旅游活动，进而促进地方精神文明的交流与发展。三是讲求生态环境效益，旅游产品开发过程中需充分考虑当地自然的生态环境，并将当地的自然特色展现出来，注重生态环境的建设，不能破坏环境发展旅游业。

### （四）旅游者参与原则

旅游产品开发的参与性原则能体现出如下作用：一是增强旅游趣味性，增加旅游体验的快乐，突出鲜活的旅游生活；二是加深旅游记忆，提高旅游回头率；三是延长旅游者的逗留时间，能为区域旅游业提供商机。如云南瑞丽某旅行社向旅游者推出的“旅游淘宝场淘宝”项目，即旅游者可将淘到的宝石原矿交给特聘的玉石加工师鉴定，并可现场加工成各种首饰，或制成其他美术制品。这一旅游项目一经推出，就受到了众多旅游者的喜爱，成为云南旅游的一个热点。再如一位美国旅游者在中国旅游时参与造纸体验，在用中国传统方法造了一张纸后高兴地跳起来欢呼：“我学会中国的造纸术了”，这被他视为永远的纪念。

## 三、旅游产品开发创新

旅游产品承担着传播旅游地形象和满足旅游者需求的双重责任,对旅游产品进行创新很有必要。对于旅游产品的开发可以采取以下措施。

### (一)多方扶持旅游产品开发

长期以来,旅游产品因政策、资金和技术的制约而发展缓慢。各级行政管理部门和旅游管理部门应从产品的初开发阶段就积极配合,给予应有的保护和支持。在资金、技术、人才、信息等多方面齐头并进,给旅游产品生产厂家注入真正的活力,才有可能激活旅游产品市场。必须从战略高度充分认识旅游产品在旅游业的重要地位,要把开发生产旅游产品与开发旅游项目结合起来,明确旅游产品的发展方向和发展目标,并纳入旅游发展总体规划。

### (二)构建旅游产品开发创新基地

我国悠久的历史给我们留下了丰厚的传统文化和丰富多彩的习俗,这使得我国的旅游产品开发有了丰厚的文化资源依凭和创意设计与开发发展空间。由于我国旅游业属于政府主导型体制,在旅游产品的开发创新上,也应走政府主导、企业参与的合作型道路,由政府建立旅游产品开发创新基地,广集人力、物力、财力,将资源优势变为产品优势,彰显中国特色、地域文化特色,形成具有市场竞争力的丰富多彩的特色旅游产品序列。但单就目前我国的旅游购物品来说,其产品的技术含量低,缺乏商品的增值成分。为改变这一现状,应加大对旅游购物品生产供应的技术研究和改进力度,增加旅游购物品的技术含量,以打造品牌并生产精品;另外,应加大对旅游购物品包装和装潢的设计创新力度,以此来提高商品本身的品位和价值。

### (三)营造多维价值拳头产品

全面考察、设计旅游产品,突出特色、品位,树立品牌是旅游产品上档次并走出困境的必经之路。旅游产品的开发、生产应面向市场,积极研究旅游者的购物动机,准确把握旅游活动的新特点、新时尚和新趋势,从多角度考虑旅游产品的开发和生产价值。不局限于文化价值、纪念价值、经济价值和社会价值中的一种或几种。这就要求我们开发好系列型的旅游产品并改造好"老字号""老品牌",然后政府和企业集中力量向社会推广,并不断收集和利用市场反馈信息,以保证产品的更新,获取社会的认可。

### (四)强化人才培养力度

我国悠久的历史文化和丰富的旅游资源,是挖掘和开发旅游产品的重要基础,加强开发与研究,提高旅游产品的设计水平与质量,又是当前开发生产旅游产品的关键,这就需要有一批有实力、有水平的旅游产品开发设计队伍,不断设计出有新意、有品位、有地方特色的旅游产品。因此,应在有条件的高等院校或研究机构,整合其教育资源和研究力量,发挥人才培养优势,培养相应的旅游产品开发人才。

**（五）优化旅游购物品营销网络**

信息不足严重制约着旅游购物品的研制、开发与推广。我们要利用先进的信息工具，改善信息渠道，建立和完善自己的营销网络。在信息传递的同时，也可以加入开发电子商务的队伍，提高企业营销网的整体运营能力，加快旅游产品的信息化发展。

## 核心关键词

旅游产品（Tourism Products）
不可存储性（Non Storability）
不可转移性（Non Transferability）
包价旅游（Package Tour）
散客旅游（Individual Tourism）
自助旅游（Self Service Travel）
核心旅游产品（Core Tourism Products）
市场导向（Market Orientation）
组合旅游产品（Combination of Tourism Products）
游客参与（Visitor Participation）
旅游产品创新（Tourism Product Innovation）

## 思考与练习

1. 什么是旅游产品？其内涵是什么？
2. 简述旅游产品划分的常用标准。
3. 简述旅游产品开发的意义及原则。
4. 创新旅游产品开发的具体措施有哪些？

# 第八章

## 旅游目的地

**学习目标**

· 掌握旅游目的地的基本概念、内涵。
· 了解旅游目的地的不同类型。
· 理解旅游目的地规划的必要性，了解旅游目的地规划程序。

**问题导向**

如何针对不同旅游目的地地域特色，完成规划方案的有效编制工作？

## 第一节　旅游目的地概述

### 一、国外相关概念

国外关于旅游目的地研究始于20世纪70年代，美国学者冈恩(Gunn)于1972

年提出“目的地地带”的概念，他认为“目的地地带”是由吸引物组团（Attraction Clusters）、服务社区（Community）、对外通道（Circulation Corridor）和区内连接通道（Linkage Corridor）等要素构成，并指出这些要素的整合有利于旅游目的地的成功开发。英国学者库珀（C.Cooper）认为，旅游目的地把所有的旅游要素，包括需求、交通、供给和市场营销等都集中于一个有效框架内，可以看作是满足旅游者需求的服务和设施的中心区域。澳大利亚学者利珀（N.Leiper）认为旅游目的地是人们旅行的地方，是人们选择逗留一段时间以体验其中具有吸引力的景点或某些特性的地方。

## 二、国内相关概念

国内关于旅游目的地研究始于20世纪90年代。保继刚（1996年）认为，一定空间上的旅游资源与旅游专用设施、旅游基础设施及相关的其他条件有机结合起来，就成为旅游者停留和活动的目的地，即旅游地。吴必虎指出，目的地系统是旅游系统中重要的子系统，目的地系统主要是指为已经到达出行终点的旅游者提供游览、娱乐、食宿、购物、享受、体验等旅游需求的多种因素综合体。魏小安从效用的角度指出，旅游目的地是能够使旅游者产生动力，并寻求动机实现的各类空间要素的综合。杨振之在区分了“旅游目的地”与“旅游过境地”的基础上，指出旅游目的地除了是一个地理空间集合外，还强调旅游地要形成旅游产业发展的格局。

不难发现，由于旅游发展所处阶段和制度背景不同，国内外学者对于旅游目的地的定义和认识也有所区别，但就“旅游目的地作为一个系统是指各种要素组合的存在形式”达成共识。作为一个复合系统，旅游目的地既是一个功能系统，又是一个地理系统，还是一个经济系统。主要表现在：从功能要素上来看，旅游目的地是旅游景观要素、旅游设施要素、旅游服务要素的集合，各种要素相互作用、相互配合以满足旅游者需求；从空间结构上来看，旅游目的地作为人们旅游的地方有一个明确的地域范围，其空间范围可大可小，例如一个国家、一座城市、一个岛屿、一个乡村等；从经济系统上来看，旅游目的地通过产业构建、产业集聚、产业融合，形成了一个区域经济单元。

综上所述，对旅游目的地的概念界定如下：旅游目的地（Tourism Destination），简称旅游地，是指接待旅游消费者开展旅游活动的特定区域，即以旅游景观为基础，配套相应的旅游设施和旅游服务，能够吸引一定规模旅游者在此短暂停留、参观和游览的地域。

旅游目的地包含三个层次的含义：一是旅游目的地是以旅游景观为基础，依托足够的旅游设施和旅游服务，能够满足旅游者需求的功能要素集合体；二是旅游目的地具有明确的地域范围，是能够实现旅游者停留和活动的空间结构体系；三是旅游目的地集聚了各种旅游相关企业和支撑机构，是一个涉及面广、带动力强的产业经济系统。

## 第二节 旅游目的地分类

旅游目的地类型是指按照特定性质对旅游目的地所进行的划分。旅游目的地形态不一、主题多样、类型丰富,可以按照不同的标准分出不同的旅游目的地类型,这里主要介绍几种比较常见的分类标准。

### 一、按照空间范围大小分类

按照所涉及的空间范围大小,可以将旅游目的地划分为国家旅游目的地、区域旅游目的地、城市旅游目的地和景区旅游目的地四种类型。

#### (一) 国家旅游目的地

国家旅游目的地所涉及的空间范围较大,是全球视角下的国际旅游地域划分,多属于大尺度旅游目的地,如北美洲的美国、欧洲的法国、亚洲的日本等,都可以视为国家旅游目的地。国家旅游目的地具有突出的旅游形象,主要功能是建立与世界主要客源国之间便利的国际航空交通,并能够向各区域旅游目的地分散旅游客流。

#### (二) 区域旅游目的地

区域旅游目的地所涉及的空间范围中等,是区域视角下的跨境或国内旅游地域划分,多属于中等尺度旅游目的地,如地中海滨海度假目的地、长三角旅游目的地、大香格里拉旅游目的地等,都可以视为区域旅游目的地。区域旅游目的地具有鲜明的旅游主题,如度假旅游目的地、生态旅游目的地、文化旅游目的地等,多以航空港或铁路中转枢纽为中心建立。区域旅游目的地具有良好的可进入条件和完善的旅游服务体系,并能够向各旅游城市和景点输送旅游客流。

#### (三) 城市旅游目的地

城市旅游目的地所涉及的空间范围一般,是国内视角下的城市旅游地域划分,多属于中等偏小尺度旅游目的地,如法国的巴黎、泰国的曼谷、日本的东京、中国的香港等,都可以视为城市旅游目的地。城市不仅是旅游目的地,同时还是重要的旅游客源地和旅游集散地。城市旅游目的地除了具有参观、游览、观光功能外,还具有完善的住宿、交通、购物等接待体系。城市旅游目的地也可以按照空间范围划分为大型旅游城市、中型旅游城市、小型旅游城市,旅游产业多属于当地的重要支柱产业。

#### (四) 景区旅游目的地

景区旅游目的地所涉及的空间范围较小,是微观视角下的景区旅游地域划分,多属于小尺度旅游目的地，如美国的黄石公园、印度的泰姬陵、中国的故宫等，都可以视为景区旅游目的地。景区旅游目的地不同于旅游景点，而是多个旅游景点、旅游设施、旅游服务及专门旅游管理机构的集合体。按照旅游资源类型，可以将旅游景区划分为自然山水型景区、历史文化型景区、主题公园型景区等。

## 二、按照旅游活动类型分类

按照满足旅游者需求的活动类型，可以将旅游目的地划分为观光旅游目的地、度假旅游目的地和专项旅游目的地三种类型。

### （一）观光旅游目的地

观光旅游目的地是以满足旅游者欣赏风景需求为主要目的的地域，旅游吸引物多为独特的自然风光或文化遗产。观光旅游目的地主要包括自然观光目的地、城市观光目的地、遗产观光目的地、农业观光目的地等，如法国普罗旺斯、日本富士山、北京故宫、安徽黄山等旅游目的地。

### （二）度假旅游目的地

度假旅游目的地是以满足旅游者休闲度假需求为主要目的的地域，旅游吸引物多为良好的生态环境或适宜的气候条件。度假旅游目的地主要包括海滨度假目的地、山地度假目的地、温泉度假目的地、乡村度假目的地等，如泰国巴厘岛、瑞士阿尔卑斯山、日本箱根温泉、浙江莫干山等旅游目的地。

### （三）专项旅游目的地

专项旅游目的地是以满足旅游者特殊兴趣需求为主要目的的地域，旅游吸引物多为特殊的吸引物或专业设施。专项旅游目的地主要包括购物旅游目的地、体育旅游目的地、探险旅游目的地、红色旅游目的地等，如香港购物旅游目的地、新西兰皇后镇体育旅游目的地、江西井冈山红色旅游目的地等。

## 三、按照构成形态特征分类

按照构成形态特征，可以将旅游目的地划分为板块型旅游目的地和点线型旅游目的地。

### （一）板块型旅游目的地

板块型旅游目的地是旅游吸引物相对集中在某一个特定区域，所有的旅游活动都是以该区域的旅游服务设施和服务体系为依托，并以这个核心区域为中心向周边辐射进行旅游消费。板块型旅游目的地通常是以某个主要旅游城市为中心，并依托现代化交通网络建立起来。

### （二）点线型旅游目的地

点线型旅游目的地是旅游吸引物分散于一个较大的地理空间区域内，在不同的空间点上各个吸引物之间的吸引力相对均衡，没有明显的中心吸引点。它是通过

Note

一定的交通组织方式将这些不同空间点上的吸引物以旅游线路的形式结合在一起，旅游者在某一空间点停留时间较少。点线型旅游目的地通常以交通组织方式为形成条件，如围绕旅游线路组织旅游活动的观光旅游项目多属于点线型旅游目的地范畴。

此外，按照游客从客源地到目的地所花费的时间，可以将旅游目的地划分为远程旅游目的地、中程旅游目的地和近程旅游目的地；按照开发时间和发展程度，可以将旅游目的地划分为传统旅游目的地和新兴旅游目的地；按照游览节奏关系，可以将旅游目的地划分为紧凑型旅游目的地和松散型旅游目的地。

## 第三节　旅游目的地规划

旅游规划，是一个地域综合体内旅游系统的发展目标和实现方式的整体部署过程。旅游规划经相关政府审批后，是该区各类部门进行旅游开发、建设的依据。旅游规划要求从系统全局和整体出发，着眼于旅游规划对象的综合整体优化，正确处理旅游系统的复杂结构，从发展和立体的视角来考虑和处理问题。因此，旅游规划必然要高屋建瓴地统筹全局，为旅游实现提供指导性的方针。

### 一、旅游目的地规划概述

旅游目的地规划是以旅游目的地的各类旅游资源为对象进行编制的规划，对旅游目的地进行合理的空间规划布局并构建旅游地合理的空间结构，是使旅游目的地经济效益最大化和负面效应最小化最为有效的一种干预方式。如何编制出一个好的旅游目的地规划，使其更好地融合当地的情况和最大限度地推动当地旅游业的发展，是一个重要问题。

#### （一）规划的必要性

“凡事豫（预）则立，不豫（预）则废”，旅游开发，规划先行，只有通过科学的规划，才能保证旅游目的地旅游业的健康、持续发展，促进旅游与环境的协调。科学的旅游规划是提高旅游资源吸引力的必要手段，是形成良好旅游目的地的有效途径，是促进旅游业经济效益、社会效益、生态效益协调发展的重要保证，更是推动旅游业可持续发展的有力措施。旅游规划是促进旅游业健康发展的重要条件，旅游目的地的规划设计主要是为了促进景点旅游价值的合理开发及对旅游资源的综合利用和保护，高水平的旅游目的地规划可以使旅游发展的方向和目标更加明确，使旅游资源得到优化配置和合理开发利用，使旅游竞争力得到提升。

#### （二）规划的目标

旅游目的地规划是为了满足旅游者需求、促进旅游地的发展和旅游业健康发展而确定旅游发展目标、配置旅游要素、选择并制订合适的未来行动计划的过程。

旅游目的地规划的目的在于充分认识旅游资源的区域特色，协调处理好旅游开发与经济发展的关系，合理开发和利用各地的旅游资源，配置相应的旅游产业，建设风格不同、各具特色的旅游区，因地制宜，形成合理的旅游地域分工体系，以取得良好的旅游经济效益、社会效益与生态效益，促进该地区社会经济的发展。

### （三）规划的原则

#### 1. 整体性原则

旅游空间结构是一个完整的系统，因此对旅游空间结构的优化应立足于该系统的完整性和开放性，将旅游空间结构看成一个有机的、动态可演化的整体，突破对系统内要素优化组合的单一思维模式，在对旅游空间结构内要素优化的同时也要对整个结构体系进行整体优化。旅游规划要运用整体性原则，让旅游目的地的自然、社会、经济、生态效益达到完美统一。

#### 2. 全面了解原则

加强对旅游目的地旅游资源和市场的系统性研究，在进行旅游规划之前，一定要对当地的旅游资源进行全方位、系统化的调查、分析与评价，保证规划时能够有的放矢、实事求是，并且能够准确、有效地进行功能分区。同时，向相关企业及旅游者收集全面的客源市场信息，以便对旅游地进行准确的定位。另外，当地居民通常对具体的自然和文化资源最为了解，规划专家们应当积极深入社区，虚心请教，保障旅游资源利用的可持续性及文化的完整性等。

#### 3. 综合分析和主导因素分析结合原则

旅游目的地资源种类多种多样且作用各不相同，但其中一两种起着主导作用，使旅游区主次分明、主题突出，形成旅游区的属性特征、功能和开发利用方式。因此，在规划开发过程中，应采用综合分析和主导因素分析相结合的方式，把起主导作用的旅游资源作为划分的主要依据，按照不同的资源特征和开发条件进行有时、有序的梯度开发。

#### 4. 旅游中心地原则

旅游目的地的开发首先必须开发建设出自己的拳头产品、核心品牌，以此树立旅游目的地的旅游形象，推动整个旅游业的发展。在市场竞争中，决定市场宽度的是核心景区的高度，即旅游中心地的知名度与美誉度。如果没有黄山占领市场高端，则难以设想徽文化旅游景点能有今天的兴盛局面。因此，在旅游目的地规划开发过程中要充分评价旅游中心地的作用，适时适度推进旅游中心地的开发。

#### 5. 多极划分原则

旅游目的地的旅游空间结构是一个具有等级层次性的系统，在进行规划开发时，要充分了解旅游空间结构发展的现状，以及旅游空间结构各个要素的优势，根据优先发展顺序，定位要素等级，避免区域旅游发展过程中的同质性要素竞争，保障区域旅游空间结构渐进发展。

#### 6. 可持续发展原则

旅游目的地开展旅游活动，必须以生态原则和经济规律为指导、保护目标和经济目标相结合、近期利益和长远利益相结合。旅游资源是大自然和前人留给我们最宝贵的遗产，一般具有较高的科学价值、美学价值、历史文化价值等，但同时这些资源又都具有脆弱性，具有易遭到破坏且破坏后又无法恢复的不可逆性。因此，在规划开发时首先考虑的是各种资源的保护措施，保证在不影响其长存性的基础上进行合理的开发，如果发现某项旅游资源开发会使旅游资源遭到破坏，则应坚决停止开发。

#### 7. 科技创新原则

着力提升旅游业与现代科技的嵌入与衔接，加大旅游电子商务、虚拟旅游、3D技术等在旅游结算、旅游规划等工作中的应用能力，着力提高旅游经济运行各个环节的技术含量。注重发展方式转变，依据减量投入、重复利用和再循环使用的原则利用资源和环境，探索资源利用的高效低耗与对环境损害最小化的经济发展模式。加大对低碳旅游项目、环保旅游项目的培育和倾斜，在星级酒店、A级景区评定中强化对发展方式转变等指标的约束作用，实现资源利用方式从粗放型向集约型、从数量扩张型向素质提升型的转变。

## 二、旅游目的地规划的基本程序

### （一）任务确定

任务确定主要包括委托方确定编制单位和签订旅游规划编制合同两个部分。旅游目的地确定进行旅游开发后，首先要做的就是通过对相关旅游规划编制单位进行公开招标、邀请招标、直接委托等，使委托方与规划编制单位签订旅游规划编制合同。旅游规划编制合同应明确规划编制的内容和要求，具体包括：中期评估的时间、地点和方式，规划成果提交的时间、地点，成果评审的时间、地点及方式，规划经费的支付方式、时间和数量，规划编制过程的要求、规划成果的提供和分享，双方违约应承担的责任及解决争议的方式等方面的相关内容。

### （二）前期准备阶段

合同签订后，甲方应尽快收集、提供规划资料，乙方则应尽快熟悉材料，进行案头研究工作。前期准备阶段主要的研究有制订规划研究的逻辑线路、政策法规研究、旅游资源调查、旅游客源市场分析、对旅游目的地旅游业发展进行竞争性分析。

### （三）规划编制阶段

旅游规划的编制阶段是整个规划工作的核心部分，规划的大部分工作在此阶段完成。规划编制阶段的主要任务如下：①旅游目的地主题确定；②确定规划分期及各分期目标；③提出旅游产品及设施的开发思路和空间布局；④确立重点旅游开发项目，确定投资规模，进行经济、社会和环境评价；⑤形成规划区的旅游发展战略，提出规划实施的措施、方案和步骤，包括政策支持、经营管理体制、宣传促销、融资方式、教育培训等；⑥撰写规划文本、制作图件和编写附件的初稿。依时间顺序，规划编制阶段也可以大致归纳为进点考察研讨、形成初步成果、征求各方意见、形成成果评审稿四个步骤。

### （四）征求意见阶段

规划编制中期，原则上应进行规划草案的中期评估，广泛征求社会各方意见，充分听取委托方、旅游及相关行业管理部门、规划区居民代表及各方面专家的意见，并在此基础上，对规划草案进行修改、充实和完善。

### （五）规划评审阶段

在旅游规划提交政府或者人民代表大会常务委员会审批前，由当地政府或旅游局主持规划评审会（或者论证会）集思广益，实行科学决策，保证旅游规划的质量。

### （六）评审后修改

旅游规划若通过评审，编制组应根据评审会的意见和建议，对规划做修改补充，使之更加完善。评审后的修正稿一般不需再经专家审查，如有重大的原则性修改，可把修正稿送评审委员会主任、副主任及全体委员审阅认可。

旅游规划如不能通过评审，由委托方与受托方按照协议书的规定或双方协商决定处理办法。未通过评审的旅游规划经修改后，必须重新举行评审会。在通常情况下，旅游规划如不经过专家评审委员会的评审或论证，则被视为无效，不能上报政府有关部门审批，也不得付诸实施。

### （七）规则的实施、监控与修编

旅游规划文本、图件及附件，经规划评审会议讨论通过并根据评审意见修改后，由委托方有关规定程序进行报批实施。规划实施的监控是规划实施和管理过程中不可缺少的一部分，监控有助于及时发现问题，及时解决问题。旅游规划修编是旅游目的地持续发展的实际需要，要根据市场环境等各个方面的变化对规划做进一步的修订和完善，规划的修编需要重新经过前述的所有过程。

## 核心关键词

旅游目的地（Tourist Destination）

区域旅游目的地（Regional Tourist Destination）

景区旅游目的地（Scenic Spots Tourist Destination）

专项旅游目的地（Special Tourist Destination）

目的地规划（Destination Planning）

多极划分（Multipole Division）

可持续发展（Sustainable Development）

科技创新(Scientific and Technological Innovation)

规划编制(Planning Preparation)

## 思考与练习

1. 如何理解旅游目的地的概念和内涵?
2. 简述旅游目的地划分标准。
3. 试结合具体旅游目的地,阐述旅游地规划的流程。

# 第九章

## 旅游组织

### 学习目标

· 熟悉各类非营利性旅游组织的基本职能。
· 了解与我国有关的主要国际旅游组织。

### 问题导向

各类旅游组织在旅游业发展过程中的作用何在?

## 第一节 国家旅游组织

为了加强对旅游行业的引导和管理,推进旅游业的可持续发展,几乎所有国家都会建立具有行政管理职能或协调发展职能的专门机构,对于旅游业的发展进行干预和介入。对于这类组织,旅游学术研究中一般统称为国家旅游组织(National Tourism Organization,简称NTO;National Tourism Administration,简称NTA)。

## 一、国家旅游组织定义及设立形式

按照世界旅游组织(UNWTO)所做的解释,国家旅游组织是指一个国家中为国家政府所承认,负责管理全国旅游行政事务的机构。一个国家中的最高旅游行政管理通常都代表该国的国家旅游组织。

根据这一定义,在任何一个国家中,凡是为中央政府所认可,负责对全国旅游行政事务行使管理的机构或实体,皆可作为该国的国家旅游组织。世界各国的国家旅游组织的设立并无统一的模式,可以是政府编制,也可以不属于政府机构。综观世界各国的情况,国家旅游组织的设置形式大致分为三类。

### (一)由国家政府直接设立,编制为国家政府的一个部门

在不同的国家中,以这类形式设置的国家旅游组织又可区分为以下三种情况。

(1)单设独立旅游部或相当于部级的旅游局,如菲律宾、墨西哥、埃及、泰国的最高旅游行政管理机构。

(2)设为一个混成部,如法国的工业、邮电与旅游部,意大利的旅游与娱乐部,葡萄牙的商业与旅游部,斯里兰卡的旅游与民航部。

(3)设为某一行政部的下辖机构,如加拿大在工商贸易部下设旅游管理局,日本在运输省下设国际观光局,韩国在交通部下设旅游管理局,匈牙利在商业部下设旅游局。

### (二)经国家政府承认,代表国家政府执行全国旅游行政管理工作的半官方组织

以这种形式设立的国家旅游组织多见于欧洲的一些国家,如英国、爱尔兰、瑞典、挪威、丹麦和芬兰等。在这些国家中,虽然有关国家旅游事务的重大政策是由该国政府中的某个职能部门制定的,但是该职能部门并不承担具体的旅游行政管理工作,因而往往另设一个法定组织执行全国性的旅游行政事务。换言之,该组织在编制上并非政府机构,其工作人员也不属于政府雇员,但是,该组织的主要负责人需要由政府中分管旅游的部门任命,并且该组织的部分经费来自国家政府拨款。加拿大旅游委员会(Canadian Tourism Commission)、澳大利亚旅游局(Tourism Australia)都是这种法定组织。

### (三)经国家政府承认,代表国家政府行使旅游行政管理职能的民间组织

这种设置形式的国家旅游组织多是由民间自发成立、有着广泛影响力的全国旅游协会。国家政府同意由该组织代为行使旅游行政职权后,通常会向其提供一定的财政拨款。虽然该组织扮演国家旅游组织的角色,但其主要领导人并非由政府指定,而是由该组织的会员选举产生。德国和新加坡的国家旅游组织都是由这种民间组织兼任的。

Note

## 二、国家旅游组织设置形式存在差异的原因

各个国家的国家旅游组织除了设置形式上不尽相同之外，有些在职权上也有所差异。其中的原因一般可以从以下几个方面进行综合分析。

### （一）政治经济制度

世界各国的政治经济制度不尽相同。一般来讲，但凡在政治上实行中央集权、在经济上实行计划经济的国家，因为旅游业私营成分很小，主要旅游企业多为国家所有，所以在发展旅游业方面，政府通常需要较大程度直接干预。因此，很容易发现，在社会主义国家或发展中国家，国家旅游组织多由政府直接设立，并将其作为政府部门编制。国家政府通过这一机构直接指挥、管理和介入本国旅游业的发展工作。

与之相比，在实行资本主义政治制度和自由市场经济的国家中，资本主义国家由于旅游业私营成分大，旅游业发展主要依靠民间力量。所以这类国家中，国家旅游组织是半官方或民间旅游组织。

### （二）旅游业成熟程度

在多数发展中国家中，旅游业发展时间短，有些尚处于起步阶段，基础设施不完善，需要政府直接介入，来促进旅游业的迅速成长。因此，这些国家的国家旅游组织不仅常设为政府部门，而且拥有相对较大的权力。这主要反映在，国家旅游组织不仅是该国旅游政策的监督执行者，而且很大程度上也是该国旅游政策的制定者，并且一般都有权解释本国旅游发展的政策和方针。

相比而言，在经济发达的国家，由于旅游业发展较早，旅游业不仅成熟，而且发达程度高、基础设施完善，加之私营部门力量强大，在旅游业中扮演主力角色，所以政府介入旅游业的程度较低，所以这类国家的国家旅游组织不是设为政府编制，而是设为半官方组织或民间组织。这类国家旅游组织都无权制定该国旅游发展的大政方针，多数情况是，由该国政府就发展旅游业的重大方针作出决定之后，授权这类机构去组织实施。

### （三）旅游业在国民经济中的地位

人们可能发现，在部分发达国家，旅游业在国民经济中占有重要的地位，国家旅游组织也直接被设为政府的职能机构。应当说，这在很大程度上是因为这类国家的旅游业在国民经济中占据了非常重要的地位。由于旅游业对该国经济关系重大，所以政府对旅游业的开发与管理不能掉以轻心。例如，2019年疫情之前，法国作为全球第一大旅游接待国，旅游业占GDP的比重约为10%，巴黎大区这一数据甚至曾达到13%。另外，根据世界旅游组织的数据，欧洲旅游业有2700万从业人员，在整个欧洲大陆国家的国内生产总值中所占比重为10%，在经济有赖于旅游业的意大利、西班牙和希腊，这个数字分别接近于13%、14%和20%。尽管它们是已经实行市场经济且旅游业非常发达的国家，但仍然将国家旅游组织直接设为政府的职能机构，目的在于强化政府对旅游业的管理。

### 三、国家旅游组织的基本职能

虽然世界各国的国家旅游组织在设置形式和权力地位等方面存在差异，但都是代表本国政府工作，负责组织国家旅游政策的实施，引导本国旅游业朝最优化方向发展。在这个意义上，各国国家旅游组织的职能其实也都基本相同，所不同的只是有关职能的偏重程度。就大多数国家的情况而言，国家旅游组织的基本职能一般包括：

·国家旅游政策的制定和实施；

·目的地对外营销，包括设立国际客源地办事处；

·确定重点支持的地区，国家资助开发项目的审批、监控；

·就推进旅游业发展的有关配合问题，同相关政府部门协调；

·旅游调研与统计，特别是分析和预测未来的市场需求；

·在与旅游相关的外交事务中代表本国政府；

·支持和参与旅游人力资源开发，即支持和组织旅游教育培训，以满足旅游业发展对专业人才的需要。

## 第二节　我国旅游业中的非营利组织

根据其性质，我国旅游业中的非营利组织分为两类：一类为旅游行政组织；另一类为旅游行业组织。

### 一、旅游行政组织

旅游行政组织是指通过对旅游进行组织、领导、控制、协调和监督等一系列活动，行使旅游管理职能，实现对旅游发展进行宏观管理和调控目的的组织。我国的旅游行政组织是政府的一个组成部分，按层次可以分为国家层次的旅游行政组织和地方层次的旅游行政组织。

#### （一）国家层次的旅游行政组织

我国国家层次的旅游行政组织是文化和旅游部（变更之前是国家旅游局）。这是全国最高的旅游行政主管机构，对外代表我国的国家旅游组织，对内负责领导和统管全国旅游业的发展工作。

**1. 国家旅游局**

国家旅游局的前身是1964年成立的中国旅行游览事业管理局（后更名为中国旅行游览事业管理总局），隶属国务院外交部，是国务院管理全国国际、国内旅游事业的职能部门。根据当时呈报中央政府的《关于开展我国旅游事业的请示报告》，其中提出：改组和扩大国际旅行社总社为旅游事业管理局，直属国务院，负责对外国

Note

自费旅行者的旅游管理工作；领导各有关地区的国际旅行社和直属服务机构的业务；组织我国公民出国旅行；负责有关旅游的对外联络工作和旅行宣传工作。这些情况表明，当时的旅行游览事业管理局的职权范围其实很有限，虽然名义上为负责统管全国旅游事务的旅行游览事业管理局，但很大程度上实为职责范围有所扩大的中国国际旅行社[①]。事实上，在开展工作方面，该旅行游览事业管理局与当时的中国国际旅行社也是同一批人。

1978年，一般被认为是中国现代旅游发展元年。随着国家改革开放政策的实施，旅游业在国民经济中的地位和作用逐渐得到重视。在一系列旅游方针政策指引下，通过不断改革，突破了我国旅游业长期以来基本属外事接待的模式，旅游业作为一个综合性经济事业的性质得到了肯定，我国旅游管理体制以及旅游行政机构的职能也随之开始发生变化。1978年3月，中国旅行游览事业管理局改为直属国务院的中国旅行游览事业管理总局（简称旅游总局），并且同意各省、自治区和直辖市设立旅游局。此后，根据我国旅游业发展的需要，国务院进一步确定旅游总局为我国的国家旅游行政机构，从而确立了该旅游总局作为我国国家旅游组织的地位。

1982年8月，全国人大常务委员会在《全国人民代表大会常务委员会关于批准国务院直属机构改革实施方案的决议》中，决定将中国旅行游览事业管理局更名为国家旅游局。对外英文名称为China National Tourism Administration，简称CNTA。

从1982年到2018年，国家旅游局作为国务院的职能部门和全国旅游工作的主管机构，履行的具体职责如下。

·统筹协调旅游业发展，制定发展政策、规划和标准，起草相关法律法规草案和规章并监督实施，指导地方旅游工作。

·制定国内旅游、入境旅游和出境旅游的市场开发战略并组织实施，组织国家旅游整体形象的对外宣传和重大推广活动，指导中国驻外旅游办事机构的工作。

·组织旅游资源的普查、规划、开发和相关保护工作，指导重点旅游区域、旅游目的地和旅游线路的规划开发，引导休闲度假；监测旅游经济运行，负责旅游统计及行业信息发布；协调和指导假日旅游和红色旅游工作。

·承担规范旅游市场秩序、监督管理服务质量、维护旅游消费者和经营者合法权益的责任；规范旅游企业和从业人员的经营和服务行为；组织拟定旅游区、旅游设施、旅游服务、旅游产品等方面的标准并组织实施；负责旅游安全的综合协调和监督管理，指导应急救援工作；指导旅游行业精神文明建设和诚信体系建设，指导行业组织的业务工作。

·推动旅游国际交流与合作，承担与国际旅游组织合作的相关事务；制定出国旅游和边境旅游政策并组织实施；依法审批外国在我国境内设立的旅游机构，审查外商投资旅行社市场准入资格，依法审批经营国际旅游业务的旅行社，审批出国（境）旅游、边境旅游；承担特种旅游的相关工作。

·会同有关部门制定赴港澳台旅游政策并组织实施，指导对港澳台旅游市场推

①1954年，中国国际旅行社总社成立，负责访华外宾的衣食住游等事务。

广工作；按规定承担大陆居民赴港澳台旅游的有关事务，依法审批港澳台在内地设立的旅游机构，审查港澳台投资旅行社市场准入资格。

·制定并组织实施旅游人才规划，指导旅游培训工作；会同有关部门制定旅游从业人员的职业资格标准和等级标准并指导实施。

·承办国务院交办的其他事项。

**2. 文化和旅游部**

2018年3月，根据党的十九届三中全会审议通过的《中共中央关于深化党和国家机构改革的决定》《深化党和国家机构改革方案》和第十三届全国人民代表大会第一次会议批准的《国务院机构改革方案》，组建文化和旅游部，不再保留文化部、国家旅游局。较之此前的机构改革，此次名为"党和国家机构改革"，显然并非一般意义上的政府直属部门调整，也不是一般意义上的大部制改革，而是"推进国家治理体系和治理能力现代化的一场深刻变革"。文化和旅游部作为国务院的职能部门和全国文化和旅游工作的主管机构，履行的主要职责如下。

·贯彻落实党的文化工作方针政策，研究拟定化和旅游政策措施，起草文化和旅游法律法规草案。

·统筹规划文化事业、文化产业和旅游业发展，拟定发展规划并组织实施，推进文化和旅游融合发展，推进文化和旅游体制机制改革。

·管理全国性重大文化活动，指导国家重点文化设施建设，组织国家旅游整体形象推广，促进文化产业和旅游产业对外合作和国际市场推广，制定旅游市场开发战略并组织实施，指导、推进全域旅游。

·指导、管理文艺事业，指导艺术创作生产，扶持体现社会主义核心价值观、具有导向性代表性示范性的文艺作品，推动各门类艺术、各艺术品种发展。

·负责公共文化事业发展，推进国家公共文化服务体系建设和旅游公共服务建设，深入实施文化惠民工程，统筹推进基本公共文化服务标准化、均等化。

·指导、推进文化和旅游科技创新发展，推进文化和旅游行业信息化、标准化建设。

·负责非物质文化遗产保护，推动非物质文化遗产的保护、传承、普及、弘扬和振兴。

·统筹规划文化产业和旅游产业，组织实施文化和旅游资源普查、挖掘、保护和利用工作，促进文化产业和旅游产业发展。

·指导文化和旅游市场发展，对文化和旅游市场经营进行行业监管，推进文化和旅游行业信用体系建设，依法规范文化和旅游市场。

·指导全国文化市场综合执法，组织查处全国性、跨区域文化、文物、出版、广播电视、电影、旅游等市场的违法行为，督查督办大案要案，维护市场秩序。

·指导、管理文化和旅游对外及对港澳台交流、合作和宣传、推广工作，指导驻外及驻港澳台文化和旅游机构工作，代表国家签订中外文化和旅游合作协定，组织大型文化和旅游对外及对港澳台交流活动，推动中华文化走出去。

·管理国家文物局。

·完成党中央、国务院交办的其他任务。

### （二）地方层次的旅游行政组织

2018年3月以前，我国地方层次的旅游行政组织主要包括两个层级：一是省、自治区和直辖市旅游局或旅游管理委员会；二是地、市、县级的旅游行政管理机构。这些行政机构的设置，在组织上都为地方政府职能部门编制，在工作上由当地政府领导，并接受原国家旅游局的指导，负责辖区范围内的旅游业发展与管理工作。

2018年3月以后，我国地方层次的旅游行政组织也做了相应调整。在省级以上的地方层次上，四个直辖市分别组建文化和旅游局或文化和旅游发展委员会，各省、自治区分别组建文化和旅游厅及相关单位，在组织上依然为地方政府职能部门编制，在工作上由当地政府领导，并接受文化和旅游部的指导，统筹规划和管理本省、自治区、直辖市的文化事业、文化产业和旅游业发展工作。在省级以下的地方层次上，目前很多地、市县相应组建了文化和旅游局、旅游和文化广电体育局、文化广电旅游体育局、文化体育和旅游局等，虽然称呼稍有差别，但是都是由地方政府的管辖，主要为辖区内的文化和旅游业发展与管理工作。

## 二、旅游行业组织

在我国，旅游行业组织通常是指由有关的社团组织和企事业单位在平等自愿的基础上组织成立的各种行业协会。就其组织性质而言，这些行业协会是具有独立社团法人资格的非营利性的社会组织。

### （一）宗旨和任务

这些行业组织的基本宗旨是遵守宪法、法律、法规和有关政策，代表和维护本行业的共同利益和会员的合法权益，在政府有关业务主管部门的指导下，为会员服务，在政府和会员之间发挥桥梁和纽带作用，为促进我国旅游业的持续、快速、健康发展做贡献。

在开展工作方面，旅游行业组织的任务通常包括：

·协助政府实施和推广各项政策和计划，协调企业与政府的关系；

·维护会员共同利益，指导和监督会员企业经营行为；

·进行行业数据统计，提供行业信息支持；

·组织行业发展研讨和经验交流，促进行业服务水平提高；

·组织行业人才培训；

·建立行业内外联系，开展国际交流与合作；

·承办政府主管部门交办的其他工作。

### （二）全国性的旅游行业组织

行业协会是社会团体的一种。《社会团体登记管理条例》（2016年修正本）规定，社会团体是指中国公民自愿组成，为实现会员共同意愿，按照其章程开展活动的非营利性社会组织。旅游行业协会也属于这类组织。旅游行业协会的存在不仅弥补了旅游企业过于微观的不足，还弥补了旅游行政管理部门过于宏观的缺陷，具有更灵活、更具体、更直接、更有效的管理服务特点。目前，全国性的旅游行业组织主要有中国旅游协会、中国旅行社协会、中国旅游饭店业协会和中国旅游车船协会等。由于后三者的工作开展受中国旅游协会的指导，所以可以说，目前，我国最具代表性的全国性旅游行业组织是中国旅游协会，其英文名称为China Tourism Association，简称CTA。

中国旅游协会是由中国旅游行业相关的企事业单位、社会团体自愿结成的全国性、行业性社会团体，是非营利性社会组织，具有独立的社团法人资格。中国旅游协会于1986年1月30日经国务院批准正式成立，是第一个旅游全行业组织，1999年3月24日经民政部核准重新登记。之前，该协会接受原国家旅游局的领导、民政部的业务指导和监督管理。2015年6月30日，中共中央办公厅、国务院办公厅印发《行业协会商会与行政机关脱钩总体方案》，要求行业协会商会要与行政机构实现“机构、人事、资产财务、职能、党建与外事”的“五分离，五规范”，行业协会商会与行政机关脱钩改革工作正式启动。2016年12月，国家旅游局正式致函中国旅游协会，告知经民政部审核，该会已完成脱钩，开始依法独立运行。

中国旅游协会以“依法设立、自主办会、服务为本、治理规范、行为自律”为宗旨。遵守国家的宪法、法律、法规和有关政策，遵守社会道德风尚，代表和维护全行业的共同利益和会员的合法权益。致力于为会员服务，为行业服务，为政府服务，充分发挥桥梁纽带作用。与政府相关部门、其他社会团体以及会员单位协作，为促进我国旅游市场的繁荣、稳定，旅游业持续、快速、健康发展做出积极贡献。该组织的主要任务如下：

·对旅游发展战略、旅游管理体制、国内外旅游市场的发展态势等进行调研，向国家旅游行政主管部门提出意见和建议；

·向业务主管部门反映会员的愿望和要求，向会员宣传政府的有关政策、法律、法规并协助贯彻执行；

·组织会员订立行规行约并监督遵守，维护旅游市场秩序；

·协助业务主管部门建立旅游信息网络，搞好质量管理工作，并接受委托，开展规划咨询、职工培训，组织技术交流，举办展览、抽样调查、安全检查，以及对旅游专业协会进行业务指导；

·组织开展对外交流与合作；

·编辑出版有关资料、刊物，传播旅游信息和研究成果；

·承办业务主管部门委托的其他工作。

中国旅游协会的最高权力机构是会员代表大会。会员代表大会每四年召开一次会议。会员代表大会的执行机构是理事会。理事会由会员代表大会选举产生。理事会每届任期四年，每年召开一次会议。在理事会闭会期间，由常务理事会行使其职权。常务理事会由理事会选举产生，每年召开两次会议，常务理事会由会长、副会长、常务理事和秘书长组成。常务理事会设办公室作为办事机构，负责日常具体工作。在中国旅游协会指导下，有四个相对独立开展工作的专业协会：中国旅行社协会、中国旅游饭店业协会、中国旅游车船协会和中国旅游报刊协会。从2015年到2018年,这几个协会分三批全部完成脱钩改革工作。

中国旅游协会共有18家分支机构,分别为妇女旅游委员会、民航旅游专业委员会、旅游教育分会、温泉旅游分会、休闲农业与乡村旅游分会、休闲度假分会、旅游商品与装备分会、民宿客栈与精品酒店分会、探险旅游分会、亲子游与青少年营地分会、健康旅游分会、文旅投资分会、旅游营销分会、金钥匙分会、文化体育旅游分会、智慧旅游分会、地学旅游分会和最美小镇分会。

### (三)地方性的旅游行业组织

在地方层次上,我国各省(区、市)大都成立了各种旅游协会,省(自治区、直辖市)级旅游行业协会,如北京市旅游行业协会、湖南省旅游协会等;市级旅游行业协会,如合肥市旅游协会、济南市旅游联合会等。根据旅游业的不同产业要素,各地根据自己的情况也相应成立了旅游饭店协会、旅游景区协会、旅行社协会、旅游车船协会等专业协会的分会或专业委员会。这些协会均属于民间性、非营利性的社会团体,根据要求与行政机关脱钩改革以后,与当地文旅行政部门平等交流、协商与合作。

# 第三节 国际旅游组织

国际旅游组织是一个泛称。广义上的国际旅游组织包括那些涉及国际旅游事务的其他国际组织,以及专门涉及旅游事务某些方面的国际性同业组织;狭义上的国际旅游组织是指其成员来自多个国家并为多国利益工作和服务的全面性旅游组织。

## 一、国际旅游组织的分类及成因

### (一)按组织的工作内容划分

根据组织的工作内容,国际旅游组织分为一般性国际组织、专门性国际组织、专业性国际组织,如世界旅游理事会、世界旅游组织、国际航空运输协会。

### (二)按组织的地位划分

根据组织的地位,国际旅游组织分为非政府组织、政府间组织,如世界旅游组织、世界旅游理事会。

### (三)按组织的范围划分

根据组织的范围,国际旅游组织分为全球性组织、地区性组织,如国际旅馆协会、欧洲旅游委员会。

### (四)按组织的成员划分

根据组织的成员,国际旅游组织分为以个人为成员的国际性组织、以公司企业为成员的国际性组织、以团体机构为成员的国际性组织、以国家政府代表为成员的国际性组织,如国际旅游学会、世界旅游理事会、国际旅游联盟、联合国教科文组织。

## 二、有我国加盟的国际旅游组织

### (一)世界旅游组织(UNWTO)

世界旅游组织(World Tourism Organization)是联合国系统的政府间国际组织,1975年成立,总部在西班牙马德里。1976年成为联合国开发计划署在旅游方面的一个执行机构,2003年成为联合国专门机构。世界旅游组织是世界上唯一全面涉及旅游事务的全球性的政府间的机构。其前身是1947年在巴黎成立的国际官方旅游组织联合会,1975年更名为世界旅游组织,总部设在西班牙首都马德里。我国于1983年加入世界旅游组织,成为该组织的第106个正式成员。截至2022年6月,世界旅游组织拥有159个正式成员国,6个准成员,500多个附属成员。

宗旨:促进和发展旅游事业,使之有利于经济发展、国际间相互了解、和平与繁荣,以及不分种族、性别、语言或宗教信仰、尊重人权和人的基本自由,并强调在贯彻这一宗旨时要特别注意发展中国家在旅游事业方面的利益。

组织机构:世界旅游组织包括全体大会、执行委员会、秘书处及地区委员会。其中全体大会为最高权力机构,每两年召开一次,审议该组织重大问题。执行委员会每年至少召开两次,下设计划和协调技术委员会、预算和财政委员会、环境保护委员会、简化手续委员会、旅游安全委员会。秘书处负责日常工作,秘书长由执委会推荐,大会选举产生。地区委员会系非常设机构,负责协调、组织本地区的研讨会、工作项目和地区性活动,每年召开一次会议。

### (二)世界旅行社协会联合会(UFTAA)

世界旅行社协会联合会(United Federation of Travel Agents Associations)于1966年11月在罗马成立。该联盟是由欧洲旅行社(1919年成立)和美洲旅行社(1964年成立)合并而成,为最大的民间国际旅游组织,总部设在比利时布鲁塞尔。

宗旨:负责国际政府间或非政府间旅游团体的谈判事宜,给予援助,解决纠纷;在国际上代表旅行社行业与有关的各种旅游组织和企业进行联系与合作;确保旅行社业务在经济、法律和社会领域里最大限度地得到协调、赢得信誉、受到保护和发展;向会员提供必要的物质上、业务上、技术上的指导和帮助,使其在世界旅游业中占有适当的地位。中国旅游协会于2004年正式加入了世界旅行社协会联合会。

### (三)国际旅馆协会(IHA)

国际旅馆协会(International Hotel Association)是在国际旅馆工作人员协会(1869年成立)和国际旅馆联合会(1921年成立)合并的基础上于1947年在法国巴

黎成立的，是旅馆和饭店业的国际性组织，总部设在法国巴黎。

宗旨：联络各国旅馆协会，研究国际旅馆业和国际旅游者交往的有关问题，促进会员间的交流和技术合作，协调旅馆业和有关行业的关系，维护本行业的利益。我国于1995年加入国际旅馆协会。

### （四）国际民用航空组织（ICAO）

国际民用航空组织（International Civil Aviation Organization）的前身为根据1919年《巴黎公约》成立的空中航行国际委员会（ICAN）。1947年4月，国际民用航空组织根据52个国家签订的《国际民用航空公约》（通称《芝加哥公约》）正式成立，是联合国的一个专门机构，但并不是联合国的附属机构，而是在整个联合国体系中享有自主地位。国际民用航空组织是为促进全世界民用航空安全、有序地发展而成立，总部设在加拿大蒙特利尔，是193个缔约国（截至2022年）在民航领域中开展合作的媒介。

宗旨：确保全世界国际民用航空安全地和有秩序地发展，鼓励为和平用途的航空器的设计和操作技术，鼓励发展国际民用航空应用的航路、机场和航行设施，满足世界人民对安全、正常、有效和经济的航空运输的需要，保证缔约各国的权利充分受到尊重，使各缔约国均有经营国际空运企业的公平的机会，促进各国民航事业安全化、正规化和高效化。我国于1974年2月正式加入该组织，在同年的大会上被选为理事。

### （五）太平洋亚洲旅游协会（PATA）

太平洋亚洲旅游协会最初用名为太平洋地区旅游协会（Pacific Area Travel Association），1951年成立于美国的夏威夷，1986年在马来西亚吉隆坡召开的年会上决定改称亚太旅游协会（Pacific Asia Travel Association，简称PATA）。亚太旅游协会是一个民间性、行业性、地区性的、非政府间的国际旅游组织，其成员有国家旅游组织也有各种旅游协会和旅游企业。作为一个会员机构，亚太旅游协会通过整合并宣传本地资源力量，引领着近80个国家或地区的政府旅游机构、省市一级旅游部门，40家航空公司和邮轮公司，以及数百家旅游企业。我国1993年加入该协会，它是同我国关系比较密切的区域民间国际旅游组织。

宗旨：发展、促进世界其他地区的游客前来太平洋地区各国旅游，以及本地区各国居民在本地区内各旅游目的地旅游；借助官方及民间旅游机构的伙伴关系，PATA不断推动往来于亚太地区及区域内旅行与旅游业的可持续增长、价值和品质的提升。

组织与活动：每年召开一次年会，讨论和修订有关协会的长远计划。全协会性的大型活动还有太平洋旅游博览会，为会员提供旅游产品供需的谈判场所和各种商机。除此之外，还出版多种相关期刊。

总部：原总部设在美国旧金山，现总部设在泰国曼谷。设有两个分部：一个在菲律宾马尼拉，分管东亚地区事务；另一个在澳大利亚悉尼，分管南太平洋地区事务。

### (六)国际航空运输协会(IATA)

国际航空运输协会(International Air Transport Association)于1945年4月在古巴哈瓦那成立,是一个包括全世界各大航空公司的国际性组织,总部设在加拿大的蒙特利尔,执行机构设在日内瓦。和监管航空安全和航行规则的国际民用航空组织相比,它更像是一个由承运人(航空公司)组成的国际协调组织。中国航空协会于1978年10月成为该协会的正式成员。2021年10月,IATA自创立以来首次修订了国际航协章程的语言条款,中文也成为国际航协章程语言条款76年来唯一增加的语言。

宗旨:促进安全、正规和经济的航空运输,促进航空业并研究与此有关的问题,促进与联合国国际民用航空组织的合作。

## 核心关键词

国家旅游组织(National Tourism Organization,NTO;National Tourism Administration,NTA)

旅游行政组织(Tourism Administration Organization)

文化和旅游部(Ministry of Culture and Tourism)

旅游行业组织(Tourism Industry Organization)

中国旅游协会(China Tourism Association,CTA)

国际旅游组织(International Tourism Organization)

世界旅游组织(World Tourism Organization)

世界旅行社协会联合会(United Federation of Travel Agents Associations)

国际旅馆协会(International Hotel Association)

国际民用航空组织(International Civil Aviation Organization)

亚太旅游协会(Pacific Asia Travel Association)

国际航空运输协会(International Air Transport Association)

## 思考与练习

1. 国家旅游组织的设置形式分为哪几种?阐述这些组织形式存在差异的原因。

2. 国家旅游组织的基本职能包括哪些方面?

3. 阐述我国旅游行政组织的设置状况。

4. 我国目前有哪些旅游行业组织?

5. 我国加入了哪些国际旅游组织?

# 第十章

# 旅游市场

**学习目标**

· 了解旅游市场的概念及特点。
· 了解旅游市场细分的意义、原则和方法。
· 了解国内外旅游市场的概况。

**问题导向**

一个旅游目的地在选择旅游市场时应考虑哪些因素?

## 第一节　旅游市场概述

### 一、旅游市场的概念

#### (一) 市场的概念

市场是社会分工和商品生产的产物,哪里有社会分工和商品交换,哪里就有市

Note

场。市场是商品交换的场所和领域,任何一种商品都需要经过市场来实现交换。但对于"市场"一词的理解,会因为语境的不同而呈现差异。综合国内外关于"市场"的释义,有的从经济学的视角来解释,有的从市场营销学的角度来解释。以我国1983年出版的《简明社会科学词典》和西方国家出版的《管理学词典》为例,其中对"市场"这一词条所做的释义,大致有以下几种。

(1) 市场是商品买卖的场所。这是一种有形的交换地点概念,即买者和卖者于一定时间聚集在一起进行交换的场所。

(2) 市场是商品交换关系的总和。这是一种无形的交换关系概念,是指所有卖者和买者实现商品让渡的是各种错综复杂的交换关系的总体。

(3) 市场是在一定时间、一定地点以及在一定的人群或企业之间决定商品交易数量与性质的条件。这些条件包括需要有可供的商品量(或可供的服务能力)、对这些商品的需求、这些商品的价格,以及有政府或其他组织机构参与管理。

(4) 市场是指某一特定产品的现实购买者或潜在购买者。这里的市场专指买方,而不包括卖方;专指需求,而不包括供给。

(5) 市场是指具有某些相同特点、被认为是某些特定产品之潜在购买者。所谓潜在购买者,就是指有潜在兴趣、潜在需求、有可能购买这种商品的任何个人或组织。

### (二) 旅游市场的概念

旅游市场的概念不是一成不变的,而是随着旅游经济的发展而变化的,在不同的历史时期、不同的场合,具有不同的含义。到目前为止,各类专家学者和业界人士对旅游市场的概念还没有形成一个统一和固定的认识。但综合来看,旅游市场的概念也相应地存在经济学和营销学的两种理解和运用。

从上述关于市场的经济学理解来看,旅游市场也可以定义为有形的交换地点概念和无形的交换关系概念。其一,旅游产品和服务进行交换和消费的场所,即在一定的地理位置、空间和时间范围内,旅游者和旅游供给者双方进行旅游产品交易的有形地点。这一概念体现旅游产品交换的以下特点:时间和地点是固定不变的;交换关系简单,只有买卖双方;交换方式单一。其二,旅游市场是供需双方及中间商之间以各自的经济利益为纽带、为实现旅游产品让渡的交换现象和交换关系的总和。这一概念中体现旅游产品交换的以下特点:旅游产品的交换范围大;产品类型丰富;交换方式和交换关系复杂。

根据上述关于市场的营销学理解来看,旅游市场就是指旅游产品的经常购买者和潜在购买者人群,即通常为旅游购买者市场或旅游需求市场。就旅游研究以及旅游管理实务中的情况而言,旅游市场通常采用营销学理解。

有必要提醒注意的是,这里的旅游购买者既包括最终使用该旅游产品的终端旅游消费者,也包括经营组团业务的旅行社或其他的组织型购买者。比如饭店、会议中心之类的旅游企业所经营的旅游业务,其客源市场大多为组织型购买者,而很少是最终使用者。

## 二、旅游市场的特点

旅游市场与一般的市场相比,具有以下特点。

### (一)旅游市场的整体性

旅游市场的整体性一方面表现在旅游需求往往是一种综合性的需求,旅游者既有对物质产品的需求,也有对无形服务的需求;另一方面表现在旅游者注重全过程旅游体验,涉及食、住、行、游、购、娱等各个方面。大多数旅游者前往某一目的地旅游做出购买决定时,都不仅仅考虑一项产品或服务,而是将多项产品或服务结合起来进行考虑。旅游者这种综合性旅游需求和全过程旅游体验的实现,无论是组合购买还是分散购买,往往需要跟提供所需产品或服务的不同旅游企业打交道,这就需要各旅游企业必须从整体上来考虑如何满足旅游市场需求,要注重旅游全过程的服务质量,不能忽视其中任何一个环节,否则会影响旅游市场的整体规模。

### (二)旅游市场的季节性

旅游市场具有较强的季节性,这一方面与旅游客源地的气候条件及旅游者的假期分布、游憩习惯与偏好有关,另一方面与旅游目的地资源的季节性吸引力及气候环境有关。对大众旅游市场来说,黄金周和小长假往往是旅游旺季;而对学生旅游市场和亲子旅游市场来说,寒暑假往往是旅游旺季。另外,旅游者会根据自己的季节性旅游偏好来选择旅游目的地,例如,近年来,海南成为无数东北老年人“候鸟式过冬”的绝佳选择。据统计,2020年,海南省的常住人口达到1000万,其中东北人超过100万。不过,近两年受疫情的影响,加上海南物价日渐攀升,这种经济压力促使越来越多的东北人将过冬的地点选在了海南邻近的地区,如广东和广西。

### (三)旅游市场的需求弹性大

需求弹性是指需求量随其影响因素的变化而变化的状况。如果影响因素的变化对需求量的影响较大,则该产品的需求弹性较大;反之,则是需求弹性较小。旅游需求量受政治、经济、社会环境等因素的强烈影响,旅游者收入水平、旅游产品质量、产品价格以及旅游目的地的形象、交通、旅游政策、旅游安全等因素都会引起旅游需求量的变化,这就使旅游需求有很大的弹性。需求弹性不仅表现为需求总量的变化,而且表现为旅游需求结构的变化。例如,疫情给全球各国人民的生活造成影响,同时也给2020年全球旅游业带来了很大冲击,世界旅游市场中,就有相当一部分远途国际旅游需求转变为短途国际旅游或国内旅游需求,国内游也逐渐转成了短途游甚至近郊游。根据世界旅游组织的数据,2019年中国游客在海外消费2546亿美元,占全球旅游支出的近五分之一。2009—2019年,中国出境旅游人数平均每年增长12.8%,而全球平均水平为5.1%。但进入2020年,疫情的暴发及全球性蔓延,使得中国出境游市场一时间陷入“归零”状态,2020年的1月至6月,出境旅游人数的同比增长率皆为负数。国内旅游也一样,2021年11月至2022年4月,北方地区充分利用北京冬奥会机遇和区域自然资源优势,围绕冰雪运动、冰雪观赏等不断丰富旅游活动类型,但受疫情影响,冬奥会对冰雪旅游市场的带动力没能充分发挥出来。

**(四)旅游市场的竞争性**

旅游市场是一个竞争非常激烈的市场。2016年,国务院总理李克强在作政府工作报告时指出我国正在迎接一个大众旅游的新时代。大众旅游时代的到来,意味着旅游已经成了常态化、社会化的现象,旅游消费呈现出个性化、分层化的特征。在旅游产品的选择上,人们不再满足于单一、标准或简单化的旅游产品,很多人对旅游线路和旅游项目的选择都精挑细选。在旅游方式的选择上,团队游由原来的大团向家庭式小团方向发展,越来越多的人不再拘泥于传统的跟团游,出现了私人订制、自由行等多元化发展的态势。多样化的消费档次和结构必将对旅游产品和服务供给提出更高的要求。在非垄断的情况下,其市场竞争必然非常激烈。旅游供给者应更好地了解旅游市场需求的变化趋势,用新理念、新思想将旅游发展要素融入更多领域,凝聚更多力量,充分发挥旅游业产业融合剂的作用,推动"旅游+"融合发展,不断丰富旅游新业态,才能在激烈的市场竞争中有一席之地。

# 第二节　旅游市场细分

## 一、旅游市场细分的概念和作用

**(一)市场细分的起源和概念**

在对旅游市场细分进行界定之前,首先要理解市场细分(Segmentation)的起源和概念。就市场而言,它存在着许多不同的特征,这些特征将市场分割成了若干性质有所差异的组成部分,每个部分就构成了一个细分市场。为了便于初学者理解,人们在介绍和讨论市场细分时,往往都以消费者市场为例。

市场细分思想是20世纪50年代美国市场营销学家温德尔·史密斯提出来的。市场细分又称市场分割,是企业通过市场调查研究,根据消费者需求的差异性,将某一产品的整体市场划分为若干个在需求上具有某种相似特征的消费群体,从而形成各种不同细分市场的过程。每一个消费群体就是一个细分市场,亦称"子市场"或"亚市场",每一个细分市场都是由在需求上具有某种相似特征的消费者构成的消费群体。

**(二)旅游市场细分的概念**

所谓旅游市场细分实际上就是在对旅游市场进行市场调查的基础上,根据影响旅游市场需求的某些变数或某些特点,把整体旅游市场划分为若干个具有不同旅游需求的消费群体的过程。

由于旅游消费群体的多样性,他们表现出来的需求特征也是千差万别的,而且还呈现出不断发展变化的趋势。任何一个旅游企业都不可能满足整个旅游市场所有旅游者的需要，必须善于分析市场需求，善于寻找市场机会，在有利于自身发展的细分市场上积极、充分地发挥经营组合力量，才能获得企业最佳经营效果。例如，近年来露营旅游正在成为一种新的时尚和潮流，但传统的露营旅游不再受到游客青睐。旅游目的地或旅游企业为了占领一部分市场，就在产品或服务特色上做文章，出现了“赏花＋露营”“房车＋露营”“露天音乐会＋露营”“旅拍＋露营”等众多露营产品。

#### （三）旅游市场细分的作用

##### 1. 作为一种市场机会的识别手段

市场细分既是一个理念，同时也是一种技术、一个市场研究过程。在现代旅游市场变化多端的背景下，旅游企业通过市场细分，可以更加清晰有效地认识市场，通过对市场的各种特性进行整理、观察和分析，进而发现新的市场机会，挖掘新的市场特性，从而不断创新旅游产品与服务。

##### 2. 为提供个性化产品与服务奠定基础

在大众旅游时代，旅游消费者的消费习惯发生了很大变化，需求从标准化向个性化、多样化方向发展。尤其是年轻人，他们可能会因为一家餐厅、一个酒吧，乃至一个动漫人物计划一次旅行。另外，受疫情影响，消费者更加注重便捷、卫生、绿色等个性化体验，也更加关注服务质量保障。因此，旅游企业在提供产品与服务时，在强调符合国家、行业、地方标准的基础上，还需要通过市场细分，更加清晰地了解和分析消费者的个性化需求特征及其发展趋势，为提供个性化产品与服务奠定基础。

##### 3. 有利于企业优化配置资源，提高市场占有率

任何旅游企业的资源都是有限的，只能择优满足部分旅游市场的需求，因此旅游企业必须按照一定的变量对旅游市场进行细分，然后根据市场的需要、自身的优势、竞争对手的经营情况，择优选择对企业来说最为关键的市场部分，从而优化配置人力、物力、财力、技术、信息等资源，集中对所选择的市场进行开发和拓展。这样既有利于使企业资源得到充分有效的利用，又能使行为效率最大化，从而提高顾客满意度及产品与服务的品牌价值。

### 二、旅游市场细分的原则

一个有效的细分市场必须具备足够的容量，以及是可以区分、可以衡量的。要使旅游市场细分真正发挥作用，还必须符合一些原则。

#### （一）可衡量性原则

可衡量性是指各细分市场的需求特征、购买行为等能被明显地区分开来，各细分市场的规模和购买力大小等能被具体测量。具体包括三重含义：首先，要保证所选择的细分标准要具有客观性，清楚明确，容易辨认。其次，要做到确定的标准必须能够从消费者那里得到确切的情报并且能被定量地测定，这样才能明确地划分各细分市场的界线，同时，经过细分后的市场范围、容量、潜力等也必须是可以衡量

的,这样才有利于确定企业的目标市场。最后,所选择的标准要与旅游者的某种或某些旅游购买行为有必然的联系,这样才能使各细分市场的特征明显,且范围比较清晰。例如,旅游者出生地变量虽然可以被确定,但与旅游者选择旅游项目的行为并无必然联系。

### (二)可盈利性原则

可盈利性是指细分出的市场在顾客规模和购买力上足以保证企业获得良好的经济效益。也就是说,旅游企业在占领该细分市场之后,可以有针对性地制定较长期的经营策略,其规模和购买力能在较长一段时期内保证企业盈利,同时该市场的开发成本要足以保证企业的盈利水平,还需要在未来有一定的发展潜力,能够保证企业较长时期的经济效益。

### (三)可进入性原则

可进入原则指细分后的市场是旅游企业利用现有的人力、物力和财力可以去进入和占领的。市场细分是为确定目标市场服务的,市场细分结果中必须有本企业可能进入并占有一定份额的细分市场存在,否则就没有现实意义。它包括客观上要有接近的可能(可接近原则),主观上要有能开发的实力(可行动原则)。可接近原则是指旅游企业能够与细分市场进行畅通、有效的信息沟通;可行动原则是指旅游企业要具有实际服务于相关细分市场的条件与能力,这对于异地市场尤为重要。

### (四)稳定性原则

稳定性原则是指细分后的市场能够在较长时间内保持稳定,不能经常发生变化,保证旅游企业针对细分市场做出的营销组合策略能在较长时间内奏效。

## 三、旅游市场细分的标准

旅游市场细分研究中,多数学者一致认为市场细分依据是研究的重点。每个旅游者都有如年龄、职业、文化程度、购买习惯等方面的不同特点,这些特点正是导致顾客需求出现差异的因素,每一个这样的因素都可以作为对市场实施细分的依据。不同类型的市场,细分的因素也有所不同,而且这些因素又处于动态之中,因此被称为细分变量或市场细分标准。总体上来说,地理、人口、心理和行为等方面的变量是细分市场的主要依据。

### (一)地理细分

旅游活动本身是以旅游者的空间位移为典型特征的,处于不同地理位置的旅游者,往往对旅游产品与服务表现出不同的需求偏好。因此,按照地理因素对旅游市场进行细分是一种传统的、至今仍然得到普遍重视的细分方法。旅游企业的接待对象来自世界各地,这就要求旅游企业必须了解旅游者的地理分布,因为各个国家和地区的旅游者对旅游产品和服务的需求具有很大的差异。因此,了解一个国家和地区的地理环境对选择旅游市场起着重要的作用。地理细分因素包括区位、国家、城市、乡村、气候、空间距离等。

**1. 按照六大旅游区细分旅游市场**

世界旅游组织根据地区间在自然、经济、文化以及旅游者流向等方面的联系，将世界旅游市场细分为六大旅游区域：欧洲市场、美洲市场、东亚及太平洋市场、南亚市场、中东市场和非洲市场。

**2. 按照旅游者的流向细分旅游市场**

这一细分就是根据不同客源地区旅游者流向某一目的地占该目的地接待人次的比例将旅游市场细分为一级市场、二级市场和机会市场。

一级市场：在接待的旅游者总人数中占比例最大的客源地区，距目的地距离相对较近，且同类目的地干扰机会小，旅游企业在制定营销策略时应主要考虑的核心市场。

二级市场：在接待的旅游者总人数中占较大比例，距目的地距离较远，但具有较大发展潜力的客源地区，是旅游企业在制定营销策略时打算拓展的旅游市场。

机会市场：在接待的旅游者人数中占比例较小的客源地区，是旅游企业短期内不宜开发、待未来条件成熟时可选择性适度开发的市场。

### （二）人口统计细分

人口统计细分是将旅游市场以人文统计学变量（如年龄、收入、受教育程度、职业、种族、性别、宗教、家庭结构、社会阶层等）为基础划分成不同的群体，这些变量往往易于识别且便于衡量，人口统计细分也是划分旅游者群体很常用的方法。

**1. 年龄和生命周期**

不同年龄段的人对旅游内容、旅游价格、旅游时间和旅游方式等有很明显的需要区别，一般可以细分为老年人、中年人、青年人、儿童四个子市场。

**2. 家庭结构和家庭生命周期**

家庭是社会的细胞，也是消费的基本单位。旅游者的家庭情况，往往会因为年龄、婚姻状况、子女状况的不同，而呈现出不同的家庭结构，划分为不同的生命周期。在生命周期的不同阶段，旅游者会表现出不同的旅游消费习惯。

家庭生命周期可以分为以下五个阶段。

第一阶段是单身期，他们没有家庭负担，空闲时间比较多，消费观念紧跟潮流，喜欢个性化的旅游产品与服务，喜欢小众旅游目的地，喜欢自己规划行程，“边走边订”是其出游消费中的一大特色。

第二阶段是新婚期，他们蜜月游居多，有较高的购买力，有空闲时间外出旅游，而且现在很多年轻人将无子女这一阶段延长，因此是一个很有潜力的市场。

第三阶段是满巢期，这一阶段一般基于孩子年龄大小又分成两个阶段：孩子未满6周岁的婴幼儿时期，往往因照料小孩而精力和时间有限，较少选择出游；孩子已满6岁的求学时期，重视孩子的教育，渴望与孩子快乐相处，出游以增长孩子见识、增进亲子感情为主。

第四阶段是空巢期，这一阶段他们的孩子已长大自立，所以空闲时间较多，购买力强，消费水平高，有强烈的出游动机，往往选择度假休闲的旅游方式。

第五阶段是鳏寡期，这一阶段他们大多是独身老人家庭，往往因为身体原因旅游行为会减少。

3. 性别细分

旅游行为的性别差异是客观存在的现象，男性游客和女性游客在信息获取渠道、出游方式、出游频率、旅游消费、旅游目的地类型偏好等方面都会表现出一定差异。例如，在信息获取渠道方面，女性游客更容易受目的地口碑的影响；在出游方式方面，女性游客更青睐结伴出游或是家庭出游，男性游客大多集中于商务旅游或是独自出游。

### （三）心理细分

旅游者在心理上也具有许多不同的特征，如旅游动机、生活方式、兴趣爱好、价值取向、旅游习惯等，心理细分就是按照这些标准对旅游市场进行细分。尤其是现代物质文明带来的快节奏、程序化和数字化，导致人们的精神总是处于极度紧张之中，他们渴望通过旅游获得某种缓解与补偿，但旅游者所选择的旅游活动往往会呈现出人与人之间很大的差异性。有的人喜欢悠闲轻松的游览项目，达到修身养性的目的；有的人则喜欢惊险刺激的游览项目，达到释放解压的目的。因此，不同的心理需求、不同的个性、不同的身份地位等，会让旅游者产生不同类型的购买动机，旅游企业应利用这种差异对市场进行细分，创造不同的市场特色。当然，由于消费者心理需求具有多样性、时代性、可诱导性、主观性等特性，因此有时心理因素是很难严格加以判定的，很难量化和把握。但它对旅游市场划分却是极为有效的。

### （四）行为细分

不同的旅游者在旅游行为方面往往表现出很大的差异，因此按照旅游者的行为进行市场细分是很有效的。行为因素主要是指旅游目的、购买时间和方式、购买数量和频率等消费行为特征。

1. 按旅游目的细分

按旅游目的细分是一种非常基本的方法，其实质是按消费者购买旅游产品所追求利益的侧重划分。现阶段，我国旅游消费正经历结构化、品质化转型，旅游需求不再局限于欣赏自然风光的观光游，文化特色体验、高品质住宿餐饮和服务等方面成为消费者更关注的条件。健康旅游、生态休闲游、养生旅游和体育旅游将会成为新时代旅游新的消费方式。因此，根据消费者所追求的产品利益进行市场细分有突出的价值。旅游企业首先要判断旅游消费者追求的主要利益是什么，然后有针对性地制定营销组合策略。

2. 按购买时间和方式细分

按购买时间细分是指根据旅游者出游的时间来划分旅游市场。由于旅游活动的时间性、季节性非常突出，主要集中于双休日、节假日、小长假、黄金周、寒暑假等。按购买时间可以划分为旺季、淡季及平季的旅游市场，旅游企业可以把特定时机的市场需求作为服务目标，比如暑假期间，毕业旅行、亲子游、研学游市场就非常火爆。

按购买方式细分是指按旅游者购买旅游产品过程的组织形式和所通过的渠道形式来划分，可以分为团体旅游市场和散客旅游市场，这是旅游市场最基本的细分形式。近些年来，团体旅游的规模和形式都在发生变化，散客市场也得到很大的发展，形式日益复杂多样，出现了独自旅游、结伴同游、家庭旅游、自驾旅游和徒步旅游等多种形式。另外，在旅游方式上，受疫情影响，"云游"产品体系受到广泛关注，有些旅游企业或地区就利用云平台组织互助群，推荐新的旅游线路、旅游产品和有创意的旅游伴手礼等，很好地迎合了这一需求。

**3. 按购买数量和频率细分**

按购买数量和频率细分是指按旅游者购买产品的数量和频率特征来细分，这种市场细分有利于深入描述和探析不同购买者数量特征的旅游群体在人口属性与心理特征、媒体视听习惯方面差异的原因。通过关注旅游产品与服务的购买与使用频率，旅游企业可以加强与使用者的联系，分析影响其购买数量与频率的深层次原因，有针对性地制定服务方案和营销策略，增加其对旅游企业的信赖感和忠诚度。尤其随着旅游者对旅游消费便利度、旅游体验品质的要求越来越高，旅游企业应该提高旅游者的满意度，才能刺激旅游者二次消费。

# 第三节　国际旅游市场

## 一、国际旅游市场的基本概况

自第二次世界大战结束以来，全球国际旅游客流的规模除了在少数几年受挫之外，总体呈上升趋势。根据世界旅游组织历年发布的统计数字，1950—2019年的70年间，全球国际旅游客流总量增长了近486倍，全球旅游收入总量增长了近2761倍（表10-1）。世界旅游城市联合会（WTCF）联合中国社会科学院旅游研究中心共同发布的《世界旅游经济趋势报告（2021）》的数据统计，2020年，受疫情影响，全球旅游总人次降至72.78亿人次，同比下降40.8%；全球旅游总收入下降至2.92万亿美元，相当于全球GDP的比例锐减至3.6%，为第二次世界大战以来的最低水平。

**表10-1　1950—2020年全世界国际旅游人次和国际旅游收入**

| 年份 | 旅游人次/百万 | 旅游收入/亿美元 |
|---|---|---|
| 1950 | 25.3 | 21 |
| 1960 | 69.3 | 69 |
| 1965 | 112.7 | 116 |
| 1970 | 159.7 | 179 |
| 1975 | 214.4 | 407 |
| 1980 | 288.0 | 1024 |

续表

| 年份 | 旅游人次/百万 | 旅游收入/亿美元 |
|---|---|---|
| 1985 | 329.5 | 1174 |
| 1990 | 459.2 | 2647 |
| 1995 | 561.0 | 3807 |
| 2000 | 687.3 | 4960 |
| 2005 | 806.2 | 6800 |
| 2010 | 939.0 | 9280 |
| 2017 | 1323.0 | 13400 |
| 2019 | 12310.0 | 58000 |
| 2020 | 7278.0 | 29200 |

(资料来源:根据世界旅游组织(UNWTO)有关资料汇集。)

## 二、国际旅游市场的地理分布格局

如此庞大的国际旅游客流在世界各地的分布状况如何,或者说,这些国际旅游客流主要流向了世界上的哪些地区或国别?

世界旅游组织1986—1991年统计,国际旅游接待量(不含国际一日游接待量)居世界前十的国家一直都是法国、美国、西班牙、意大利、匈牙利、奥地利、英国、墨西哥、德国和加拿大。这10个国家的国际旅游接待人次合计超过当时全球国际旅游人次总量的60%。在当年的这十大国际旅游接待国中,有7个是欧洲国家,3个是美洲国家。

进入20世纪90年代,世界十大国际旅游接待国的构成及其排位情况开始出现一些新的变化。其中,在十大国际旅游接待国构成方面,最明显的变化便是中国(此次统计不含我国港澳台地区的数据)作为唯一的亚洲国家入围。据统计,1999—2000年的世界十大国际旅游接待国的排名依次为法国、美国、西班牙、意大利、中国、英国、俄罗斯、墨西哥、加拿大和德国。这10个国家的国际旅游接待人次合计,约占全球总量的54%。在这十大国际旅游接待国中,欧洲国家占了6个,美洲国家有3个,亚洲国家则是中国。

进入21世纪之后,世界十大国际旅游目的地的构成情况正慢慢发生变化。2018年,世界十大国际旅游接待国的排名依次为法国、西班牙、美国、中国(内地)、意大利、墨西哥、英国、土耳其、德国和泰国。2019年,世界十大国际旅游接待国的排名依次为法国、西班牙、美国、中国(内地)、意大利、土耳其、墨西哥、泰国、德国和英国。

根据全球五大区域分布来看,欧洲历来是世界最大的旅游市场。进入20世纪90年代,尽管欧洲和美洲无论是从客源产生量还是从接待旅游者人次上看都仍然占据着国际旅游的首要位置,但随着国际旅游重心东移,亚太地区旅游业一枝独秀,其持续、高速增长令人瞩目,国际旅游业逐步形成欧洲、美洲和亚太地区三足鼎立的分布格局。进入21世纪以后，全球入境旅游格局发生变化。亚太地区从2003年开始超越美洲地区成为全球第二大入境旅游接待地。世界旅游组织统计，2017年亚太地区旅游者数量达323.1百万人，比2016年增长了5.6%。世界旅游城市联合会（WTCF）联合中国社会科学院旅游研究中心共同发布的《世界旅游经济趋势报告（2018）》显示，从旅游地区分布来看，2017年不管是总人次还是总收入，亚太地区均居首位，占比分别为66.6%和33.1%；欧洲和美洲分别占据第二位和第三位，且规模不相上下；中东和非洲地区规模就相对较小，占比均在3%以下。总体而言，欧洲、美洲和亚太地区占据全球旅游市场的95%及以上。

2019年全球旅游经济增速有所放缓，国际旅游者数量增速降至4.6%，为2016年以来的最低增速，其中，受国际旅游人次增速放缓影响最大的是欧洲和亚太地区。2019年，到欧洲的旅游者数量增长了4.0%，低于2018年6.0%的增幅；到亚太地区的旅游者数量增长了5.0%，而2018年为7.0%；到非洲的旅游者数量增长了4%，低于2018年9.0%的增幅；中东地区是一个亮点，2019年该地区的旅游者数量增长了8.0%，高于上一年3.0%的增幅，这主要是因为沙特雄心勃勃地实施了吸引外国旅游者的计划，其中迪拜的旅游者数量位居中东第一、全球第七。

2020年受疫情影响，国际旅游者数量断崖式减少，旅游市场的分布格局也发生了很大的变化。世界旅游组织数据显示，2020年上半年全球入境旅游者减少50%，其中受影响最严重的是亚太地区，减少了72%，其次分别是欧洲、中东、美洲、非洲地区。世界旅游城市联合会（WTCF）联合中国社会科学院旅游研究中心共同发布的《世界旅游经济趋势报告（2021）》显示，2020年全球五大区域旅游市场规模整体缩减，欧洲、美洲和亚太三大区域板块缩减幅度最大，中东和非洲地区旅游市场缩减幅度小于欧洲地区大于亚太地区。

## 第四节 我国旅游市场

我国旅游业三大市场主要包括入境旅游市场、国内旅游市场和出境旅游市场。随着我国经济的发展，我国三大旅游市场都发展迅速。在国内旅游方面，人民生活水平的提高和假期制度的改革，加上老龄化时代、高速交通时代的到来，推动了我国国内旅游的迅猛增长，并发展成为全球规模最大的国内旅游市场。在入境旅游方面，伴随旅行签证便利化持续跟进、旅游产品结构体系逐步多元、旅游综合配套优化完善、旅游服务品质持续升级及“美丽中国”国家旅游形象的推广等多重正面因素的积极拉动，我国已成为全球最具生机、活力和安全的旅游目的地。在出境旅游方面，出境旅游已是中国人生活水平提高、幸福指数提升的一大标志。据我国文化和旅游部统计，2018年出境游人次接近1.5亿，已成为世界上最大的旅游客源国市场。

## 一、入境旅游市场

### (一)我国入境旅游市场的发展和现状

根据世界旅游组织的解释,入境旅游是指非该国的居民在该国的疆域内进行的旅游。根据我国的界定,海外客源由三部分构成,即外国人(包括外籍华人)、海外华侨、港澳台同胞。我国的入境旅游客流主要来自五个方向,即西北、正北方向的欧洲客流,东北方向的美国、加拿大客流,正东方向的日本、韩国客流,东南方向的我国港澳台同胞和东南亚各国与澳大利亚客流。其中,来自正北、正东、东南方向的客流为近地旅游客流,而西北、东北客流为远地旅游客流。近地客流是入境旅游客流的主体,其中,我国港澳台地区入境旅游者人数始终居于首位。韩国、日本、俄罗斯、美国依次居于我国外国客源国市场的前列。

1978年是我国改革开放的第一年,全国共接待的入境过夜游客仅为71万人次,旅游外汇收入不到3亿美元,两项指标在世界的排名分别位居第四十一位和第四十八位。后来,入境旅游市场份额日益增长,进入21世纪就已高居前列。2015年以来,入境旅游由此前连续三年负增长转向正增长。2015年,我国接待入境游客达5689万人次,仅次于法国、美国、西班牙,成为世界第四大入境接待国;在此后的四年里,一直连续保持小幅增长。2019年,我国接待入境过夜旅游人数6573万人次。从我国入境旅游收入来看,自2014年重新调整入境旅游收入统计口径以来,入境旅游收入持续保持稳步增长,2015年入境旅游收入达1137亿美元,2018年达1271亿美元,2019年达1313亿美元。2012年以来,美国、中国、德国、日本、英国一直占据旅游总收入前五。中国(内地)在世界入境旅游市场中的接待情况统计及排名变化如表10-2所示。

**表10-2　中国(内地)在世界入境旅游市场中的接待情况统计及排名变化表**

| 年份 | 入境过夜游客人数/百万人次 | 世界排名 | 入境旅游收入/亿美元 | 世界排名 |
|---|---|---|---|---|
| 1978 | 0.71 | 41 | 2.63 | 48 |
| 1980 | 3.50 | 18 | 6.17 | 34 |
| 1982 | 3.92 | 16 | 8.43 | 29 |
| 1984 | 5.14 | 14 | 11.31 | 21 |
| 1986 | 6.0 | 12 | 15.31 | 22 |
| 1988 | 12.36 | 10 | 22.47 | 26 |
| 1990 | 10.48 | 11 | 22.18 | 25 |
| 1992 | 16.51 | 9 | 39.47 | 17 |
| 1994 | 21.07 | 6 | 73.23 | 10 |
| 1996 | 22.77 | 6 | 102.0 | 9 |

续表

| 年份 | 入境过夜游客人数/百万人次 | 世界排名 | 入境旅游收入/亿美元 | 世界排名 |
|---|---|---|---|---|
| 1998 | 25.07 | 6 | 126.02 | 7 |
| 2000 | 31.23 | 5 | 162.24 | 7 |
| 2002 | 36.80 | 5 | 203.85 | 5 |
| 2004 | 41.76 | 4 | 257.39 | 7 |
| 2006 | 49.91 | 4 | 339.49 | 5 |
| 2008 | 53.05 | 4 | 408.43 | 5 |
| 2010 | 55.67 | 3 | 458.14 | 5 |
| 2012 | 57.72 | 3 | 500.28 | 4 |
| 2014 | 55.62 | 4 | 1053.8 | 3 |
| 2015 | 56.89 | 4 | 1137.0 | 2 |
| 2018 | 62.90 | 4 | 1271.0 | 2 |
| 2019 | 65.73 | 4 | 1313.0 | 2 |

（资料来源：根据《中国旅游发展报告（2016）》及历年中国旅游研究院数据整理。）

从旅游者成分分析，我国海外客源市场由两部分组成，一部分是外国旅游者，包括已加入外国国籍的华人及其后裔，一部分是居住国外的华侨和港澳台同胞，其中以港澳比重最大。虽然港澳市场的份额在缓慢下降，但它们依然占据主导。《2018—2019年中国入境旅游发展分析与展望》中显示，2018年，港澳台入境游客占我国内地入境市场的比重达78%，即使在过夜旅游市场，港澳台市场的份额也超过了60%。

从入境的外国旅游者来自的区域看，西方国家曾是我国入境旅游的主要客源地。但随着亚洲经济的兴起，在欧美依然保持着我国旅游传统的主要客源市场地位的同时，亚洲以较快的速度发展起来，逐渐成为中国旅游客源市场的主体。2018年，亚洲客源市场占入境市场的比重稳定在60%左右，其次是欧洲和北美市场，分别占20%和10%左右。具体而言，我国周边的日韩及东南亚地区的亚洲国家是我国最主要的入境客源市场。2018年我国前十大外国客源市场分别是缅甸、越南、韩国、日本、俄罗斯、美国、蒙古国、马来西亚、菲律宾、新加坡。中国旅游研究院（文化和旅游部数据中心）受权发布的《2019年旅游市场基本情况》显示，2019年入境外国旅游者人数中（含相邻国家边民旅华人员），亚洲占75.9%，美洲占7.7%，欧洲占13.2%，大洋洲占1.9%，非洲占1.4%（图10-1）。2019年我国前20个外国客源市场分别是缅甸、越南、韩国、俄罗斯、日本、美国、蒙古国、马来西亚、菲律宾、新加坡、印度、泰国、加拿大、澳大利亚、印度尼西亚、德国、英国、朝鲜、法国、意大利（其中缅甸、越南、蒙古国、印度、朝鲜含边民旅华人数）。因此，从地区分布看，我国入境客源市场已形成以亚太为主体、欧美为两翼的格局。

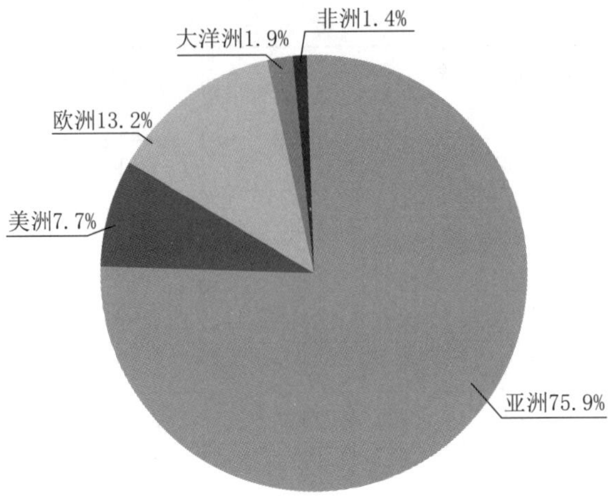


图10-1　2019年入境外国旅游者构成和占比

## （二）我国主要入境客源市场

### 1. 港澳台地区市场

自1978年，我国旅游业发展步入正轨，我国港澳台地区旅游者始终是我国内地（大陆）旅游业的最大境外客源市场。这三地本来就是我国的组成部分，在地理位置上相邻，在文化传统上同根；在血缘关系上十分密切；在经济上，港澳台地区都较为发达，特别是随着我国改革开放的深入，港澳台地区工商界人士大量来内地（大陆）投资，更使得这三地与内地（大陆）之间的人员往来日趋频繁；在政治上，香港和澳门已分别于1997年和1999年回归祖国，台湾与大陆已经实现了“三通”，港澳台地区一直是我国入境旅游的基础市场。2018年，港澳台入境旅游者占我国入境市场的比重达78%，即使在过夜旅游市场方面，港澳台市场的份额也超过了60%。根据《2019年旅游市场基本情况》的数据，2019年我国入境旅游者中，香港同胞8050万人次，增长1.4%；澳门同胞2679万人次，增长6.5%；台湾同胞613万人次，与上年同期基本持平。虽然近两年香港和澳门赴内地、台湾赴大陆旅游人数出现不同程度的下滑，但整体上来看，港澳台地区今后仍将是我国旅游业稳定的境外客源市场。

### 2. 日本市场

日本一直是我国重要的客源市场之一。从1978年以来，无论是在来华旅游的人次上还是在来华旅游的消费总额上，日本在来华旅游的外国人中，一直都高居前列。日本是我国一衣带水的邻邦，有地理交通之便；文化上，日本同我国有着悠久的历史渊源，这些都是日本作为我国重要客源国的基础。2004年以前，日本在我国旅游业的入境客源国中长期位居第一，日本旅游者数量在来华外国旅游者中约占15%，旅游消费占我国旅游外汇总收入的10%以上。2005年之后，日本退居第二。2018年，日本赴华旅游269万人次，同比增长0.3%，增长乏力，这一增速远低于同期外国旅游者赴华旅游市场整体的平均水平（4.7%）。根据《2019年旅游市场基本情况》的数据，日本来华人次在我国的客源国中排序为第五位。

### 3. 韩国市场

韩国是亚洲经济实力较强的国家之一，20世纪90年代后，韩国城市家庭年均收入已达到并超过15000美元。韩国旅游者的消费水平也比较高，这都充分地说明了韩国是一个有潜力的旅游客源市场。1992年，我国同韩国正式建立外交关系，其来华旅游人次逐年增加，韩国成为我国旅游业的重要国际客源市场。2005年，韩国旅游者来华人次首次超过日本，成为中国第一大客源市场。自2006年起建立的中日韩三国旅游部长会议机制，在拓宽三国旅游交流合作领域、深化合作关系、丰富合作内涵等方面就发挥了重要作用，直至2016年，韩国一直是我国最大的客源国。2018年，韩国赴华旅游419万人次，同比增速高达8.5%。根据《2019年旅游市场基本情况》的数据，2019年韩国来华人次在中国的客源国中排序为第三位。韩国之所以能够成为我国的重点旅游市场，究其原因：一是两国距离较近，二是历史上两国文化方面的交流源远流长。

### 4. 东南亚市场

东南亚市场包括新加坡、菲律宾、泰国、马来西亚、印度尼西亚等国。20世纪90年代以来，这五个国家已进入我国入境旅游市场的十五大客源国的行列。根据《2019年旅游市场基本情况》数据，这五个国家也同样居于十五大客源国之列。究其原因，首先是由于这一地区的外籍华人和华侨占了很大比例。他们回国探亲、旅游、重返故乡的愿望十分强烈；其次也因为这些国家与我国的距离相对较近，交通便利。

### 5. 俄罗斯市场

苏联解体之后，俄罗斯的政治、经济发生了很大的变化，成为我国旅游业的一个新兴客源市场。俄罗斯与我国有着很长的国界线，同我国有地理交通之便，也有着友好交往的历史。随着两国边境的开放，双方人民都渴望增进了解并发展经贸关系。因此，在苏联解体后的短短数年间，双方的边境贸易往来和边境一日游活动都得到了迅速发展。2018年，俄罗斯赴华旅游242万人次，同比增长2.5%。根据《2019年旅游市场基本情况》的数据，俄罗斯在我国的主要客源国中排序为第四位。

### 6. 蒙古国市场

蒙古国作为我国的邻邦，近年来已经成为我国的一个主要入境客源国市场。根据《2019年旅游市场基本情况》的数据，蒙古国在中国的主要客源国中排序为第七位。蒙古国之所以成为我国的主要客源国，主要是因为便利的交通和较长的国境线。蒙古国虽然是我国的一个重要入境市场，但由于以边境游为主，其旅游者消费水平不高。

### 7. 澳大利亚市场

澳大利亚是目前世界上主要的国际旅游客源国之一，是亚太地区内屈指可数的少数发达国家之一。目前，澳大利亚工作和生活相对悠闲，假期名目繁多，工薪阶层每年享有为期4周的带薪假期，同欧美地区相比，澳大利亚距离我国较近，航空交通也很方便。但由于受文化等方面的因素影响，澳大利亚人出国旅游的主要目的地是新西兰、英国和美国。尽管如此，在历年访华的外国旅游者中，澳大利亚仍居我国旅游业二十大客源国之列。根据《2019年旅游市场基本情况》的数据，2019年澳大利亚在中国的客源国中排序为第十四位。从长远看，澳大利亚仍然会是我国重要的客源市场。

8. 美国市场

20世纪90年代以来，美国一直是世界上最大的旅游客源地，在出国旅游人次上位居世界第一，在国际旅游支出方面也已超过德国跃居世界第一。在美国出国旅游市场中，中国是亚洲"最新的"旅游目的地，我国的旅游资源特别是我国悠久的历史、丰富的人文资源，以及社会环境和人民生活方式等方面的鲜明特点，对美国旅游者具有很大的吸引力。2018年，美国赴华旅游249万人次，同比增长达7.4%，再次超过俄罗斯，成为我国第五大客源市场，且持续是我国第一大远程客源市场。根据《2019年旅游市场基本情况》的数据，2019年美国在中国的客源国中排序为第六位。美国在我国旅游业的欧美客源国和远程市场中列第二位。今后，美国将仍然是我国的一个重点客源市场。

9. 加拿大市场

加拿大是地处北美的另一经济发达国家，也是世界上主要的旅游客源国之一。20世纪80年代以来，加拿大在国际旅游开支方面一直居世界前列，是一个比较稳定的客源国。我国是加拿大第五大海外旅游目的地，位于墨西哥、古巴、英国和多米尼加共和国之后。2018年，加拿大赴华旅游85万人次，同比增长5.5%，是我国第二大远程客源市场。根据《2019年旅游市场基本情况》的数据，2019年加拿大在我国的客源国中排序为第十三位。加拿大在我国旅游业的欧美客源国和远程市场中列第三位。加拿大作为一个世界上主要的客源国，有着较强的旅游支付能力和较大的市场潜力，也将是我国的主要客源市场。

### （三）我国入境旅游市场的特点

第一，我国入境旅游市场的发展与我国发展入境旅游的政策密切相关，呈现出明显的阶段性发展特点。从1978年改革开放到21世纪初，我国旅游业发展模式是"优先发展入境旅游"的非常规发展道路，因此第一个阶段（1978—2007年）是入境旅游大发展的时期，发展总体方针为大力发展入境旅游、积极发展国内游、适度发展出境游。2008年国家提出大力发展国内游、积极发展入境游、有序发展出境游，后来有小的修改，变成规范发展出境游，2008年9月美国华尔街的全球次贷危机引发全球金融危机，给我国入境旅游带来较大的持续性影响，因此第二个阶段（2008—2016年）入境旅游增速相对放缓。2017年开始，我国入境旅游进入第三个阶段。2017—2035年，国家旅游业以基本建成世界旅游强国为目标，而作为衡量国家旅游业发展水平的关键指标，入境旅游将是我国从旅游大国迈向旅游强国的固本之基。2018年，我国旅游服务贸易和国际旅游人次出现双逆差，不仅出境旅游支出超过入境旅游收入，出境旅游人次也首次超过入境旅游人次，从国家到地方逐渐意识到提振入境旅游的重要性。提振入境旅游是我国实现从旅游大国到旅游强国目标的重要内容。在促进入境旅游发展的实践过程中，国家及地方政府继续在放宽签证、购物退税、对入境旅游服务商实施奖励等政策上不断探索创新，为我国入境旅游发展提供良好的政策环境。国务院发布的《"十四五"旅游业发展规划》中也将分步有序促进入境旅游作为规划的重要内容之一。在文旅融合发展的新时期，随着各项政策的带动，我国入境旅游市场的发展前景良好，增长趋势有望得到进一步稳固。

第二，入境旅游的客源日趋多元，市场结构逐步优化。首先，从外国人入境旅游市场来看，亚洲客源市场依然占据主导地位。近几年，亚洲客源市场占外国人入境市场的比重稳定在60%左右，不考虑港澳台地区，中国前十大客源市场中，除了美国和俄罗斯外，其余均为亚洲国家，"一带一路"共建国家活跃度上升。就港澳台的客源市场来看，依旧是我国入境旅游市场的主力军，2017年占全部市场份额的79.67%，2018年占全部市场份额的78%。其次，欧洲和北美市场也保持持续增长的态势。根据2017年的入境旅游者统计数据来看，欧洲和北美市场分别占我国入境旅游市场的比重为20%和10%左右。根据《2019年旅游市场基本情况》的数据，2019年入境旅游者中欧洲占13.2%，美洲占7.7%。最后，我国接待入境过夜旅游者的增速明显高于我国入境旅游整体的增速。2018年我国接待入境过夜旅游者6290万人次，占比为整个入境游市场的44.5%，相比2000年提高了7个百分点，比2017年增加了1个百分点。2019年我国入境旅游继续保持增长，接待入境过夜旅游者6573万人次，比2018年增长4.5%。过夜旅游者占比可以反映一国入境旅游消费的潜力。相对于一日游旅游者，入境过夜旅游者的消费能力明显更强。

第三，我国入境总人次数增幅较小，但是旅游外汇收入保持了较快的增长。1978年，旅游外汇收入不到3亿美元，在世界的排名位居第四十八位；到2014年，全国旅游外汇收入1053.8亿美元，较1978年增长了约350倍；到2019年，国际旅游收入高达1373亿美元，较1978年增长了约457倍。入境旅游者认为来华旅游物有所值，入境旅游发展环境持续优化。中央和地方政府持续在签证、购物退税、证件便利化应用等方面发力，为入境旅游发展营造了良好的政策环境，有利于促进更多入境旅游者在华消费。

第四，散客市场持续增长，为我国入境旅游注入了越来越多的活力。散客市场的发展状况是一个国家旅游业成熟的重要标志。在新时期，海外散客市场异军突起，其主要原因有以下几个方面。一是我国旅游产品结构更加合理，旅游产品体系持续完善，接待设施与配套功能持续完善，旅游服务质量稳步提升。二是我国从事入境旅游业务的典型市场主体旅行服务商日渐多元，能够满足不同客源市场、不同细分市场旅游者的需求。三是旅游正逐渐从外交边缘走向外交前沿，旅游在外交事务中的独特作用日益凸显，成为国际经贸合作和人文交流最活跃、最具潜力的领域，成为构建新型大国关系的重要内容和桥梁窗口，"美丽中国"的国家旅游形象得以全方位展示。四是出入境旅游者证件便利化应用提升入境旅游者在华旅行便利度。2019年国家移民管理局等十六个部门研究制定了《关于推动出入境证件便利化应用的工作方案》，提出对港澳同胞和华侨提供互联网出入境证件身份认证服务，这直接促使部分入境旅游者率先实现"一部手机游中国"。如果运用文化和科技为入境旅游赋予新势能，将有助于更好地挖掘入境旅游市场的新潜力。

## 二、国内旅游市场

### （一）国内旅游市场的发展现状

我国的国内旅游市场是在改革开放以后逐渐发展起来的。20世纪90年代开始，国内旅游进入迅猛发展阶段，形成了入境旅游、国内旅游和出境旅游三个市场全面发展的格局。

我国具有极其丰富的旅游资源，拥有世界上规模最大的国内旅游市场。在我国旅游业第一个十年初创发展期（1978—1988年），我国人均GDP只有154美元，旅游和人民群众是“绝缘的”。自1998年12月中央经济工作会议确立旅游业作为我国国民经济新的增长点以后，旅游业进入市场化发展的十年（1998—2009年），“假日制度”推出，大众旅游风生水起，旅游市场繁荣兴旺，国内旅游蓬勃发展。在国家整体转型继续深入推进经济结构转型的大背景下，为充分发挥旅游业在保增长、扩内需、调结构等方面的积极作用，2009年发布的《国务院关于加快发展旅游业的意见》（国发〔2009〕41号）提出“把旅游业培育成国民经济的战略性支柱产业和人民群众更加满意的现代服务业”，2013年《中华人民共和国旅游法》颁布，《国民旅游休闲纲要（2013—2020年）》出台，所有这些都进一步推动国内旅游快速发展。党的十八大以来，按照《国务院关于促进旅游业改革发展的若干意见》（国发〔2014〕31号），旅游业全面融入国家发展战略，在推动“旅游＋”“大旅游”“全域旅游”的过程中，进入大众旅游时代[①]。2022年7月，经国务院同意，国家发展改革委、文化和旅游部联合印发《国民旅游休闲发展纲要（2022—2030年）》，提出部署培育现代休闲观念、保障旅游休闲时间、优化旅游休闲空间、丰富优质产品供给、完善旅游休闲设施、发展现代休闲业态、提升旅游休闲体验、推进产品创新升级、持续深化行业改革、不断加强国际交流等重点任务。将进一步优化我国旅游休闲环境，加快推进国民旅游休闲高质量发展，更好地满足人民群众的美好生活需要。

### （二）国内旅游市场的特点

#### 1. 市场规模大，发展潜力足

近年来我国国内旅游市场的发展，无论是在旅游人数还是旅游收入上，都呈现快速增长的态势。如图10-2所示，2011—2019年，国内旅游人数和旅游收入一直持续增长。根据中国旅游研究院（文化和旅游部数据中心）发布的《中国国内旅游发展年度报告2021》，2020年，受疫情影响，国内旅游人数比2019年下降52.1％，国内旅游收入比2019年下降61.1％。2021年是“十四五”开局之年，旅游业逐步恢复，国内旅游总人次恢复到2019年的54.0％，国内旅游收入恢复到2019年的51.0％。根据中国旅游研究院（文化和旅游部数据中心）的预测，未来5年，我国有望形成年均百亿旅游人次和10万亿元消费规模的国内游大市场。

Note

①杜一力.中国旅游业经历的四个主要发展阶段[N].中国青年报，2018-08-02(8).

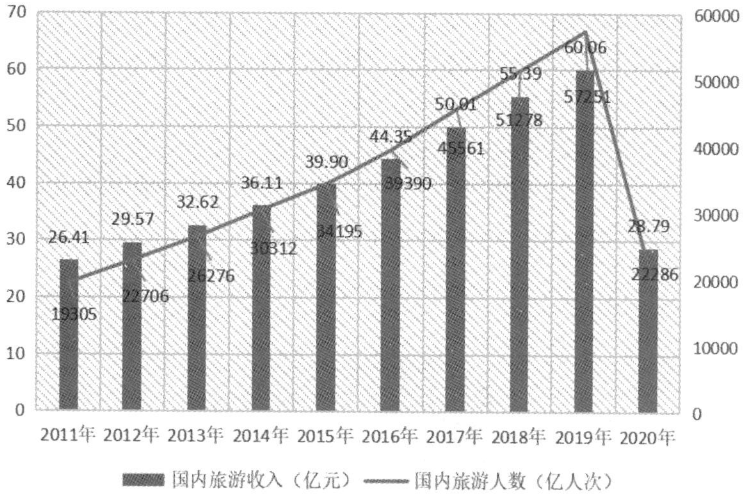


**图 10-2　2011—2020 国内旅游规模**

（资料来源：《中国国内旅游发展年度报告 2021》。）

## 2. 城乡客源市场呈二元结构

从城乡划分来看，城镇居民是我国国内旅游的主要客源市场。根据《中国国内旅游发展年度报告 2021》的数据（图 10-3），2019 年城镇居民出游 44.71 亿人次，农村居民出游 15.35 亿人次；城镇居民出游花费 4.75 万亿元，农村居民出游花费 0.97 万亿元；2020 年城镇居民出游 20.65 亿人次，占国内旅游人数的 71.7%；城镇居民出游花费 1.80 万亿元，占国内旅游出游花费的 80.7%；城镇居民人均每次出游花费 870.25 元，而农村居民人均每次出游花费 530.47 元。《2020 年中国旅游经济运行分析与 2021 年发展预测》中显示，未来，我国旅游市场将呈现客源地由中大型城市向中小型城镇的梯度下沉，更多的人有条件加入旅游行列。随着乡村振兴战略全面推进，农村居民的出游率在稳步提升，成为国内旅游发展的重要潜在市场。

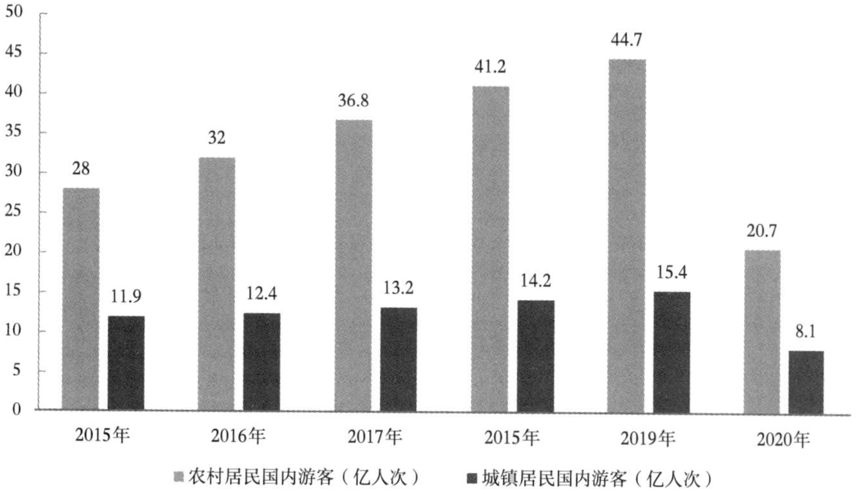


**图 10-3　2015—2020 年国内旅游城乡客源市场**

（资料来源：《中国国内旅游发展年度报告 2021》。）

3. 区域分布特征明显

根据《中国国内旅游发展年度报告2021》的数据,国内旅游客源市场呈现出显著的区域分布特征。综合考虑出游次数和停留时间,2020年东部区域占据了51.5%的国内旅游客源市场,其次是西部区域占据了26.4%,中部区域占据了19.9%,而东北区域仅占2.1%(图10-4)。2020年广东、浙江、重庆、江苏、湖南、湖北、上海、北京、陕西等省(市)既有较大的国内旅游客源市场规模,又有较高的国内旅游出游率。

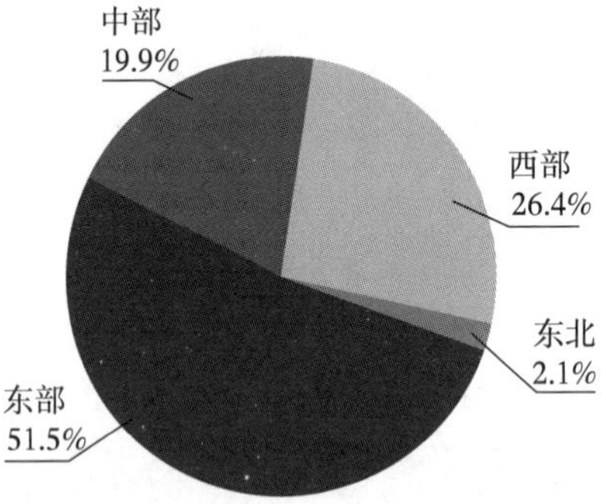


**图10-4 2020年各区域国内旅游客源市场规模**

(资料来源:《中国国内旅游发展年度报告2021》。)

4. 中青年是国内旅游的主要群体

依据近期国内旅游抽样调查资料,2019年国内旅游的最主要群体是25～34岁的青年人,占旅游者总量的30.3%。25～44岁的中青年旅游者合计占国内旅游者总量的52.2%(图10-5)。

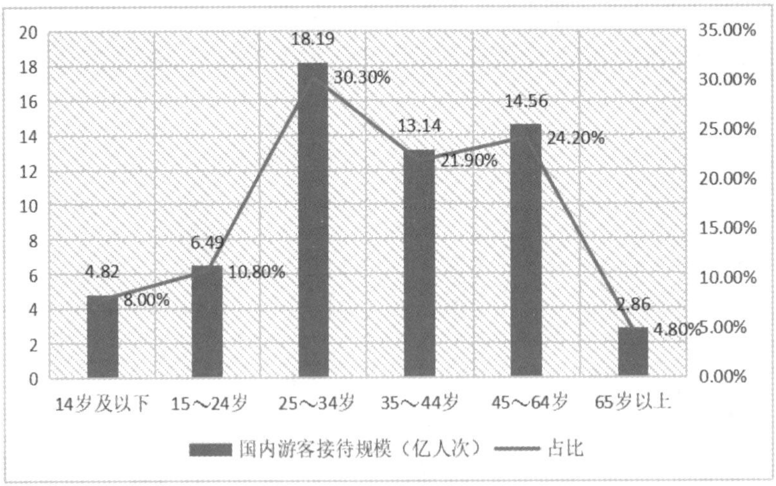


**图10-5 2019年分年龄段国内旅游人数**

(资料来源:《中国国内旅游发展年度报告2021》。)

5. 散客比重逐年增长

1992年,我国客源结构中散客与团队游客首次平分市场,随后散客比重逐年增加，成为旅游活动的主要形式。近年来人们更多追求的是个性化的、积极的旅游体验，单纯游山玩水的消遣观光逐渐被多样化的旅游方式和项目所取代，旅游方式朝着个性化、多样化的方向发展，随着"90后""00后"逐渐成为消费主体，各种灵活自由、内容丰富、新颖独特的旅游方式和旅游项目也应运而生。虽然我国旅游市场散客比重仍低于旅游发达国家，但散客市场的发展却十分迅速，散客比重逐年增大。《2020年旅游经济运行分析与2021年发展预测》研究报告显示，相较于以旅行社为中心的观光旅游时代，散客和自由行主导的休闲旅游时代的市场基础更加雄厚。

**6. 新型旅游市场潜力加速释放**

根据中国旅游研究院发布的《从全面复苏走向高质量发展——2020年旅游经济运行分析与2021年发展预测》（中国旅游经济蓝皮书No.13）的数据，近年来，我国冰雪旅游、亲子旅游、研学旅游等新型消费需求潜力加速释放。比如，近年来，我国滑雪人次突飞猛进。2012—2019年全国滑雪人数从800万人次增加到2202万人次（图10-6）。《中国冰雪产业发展研究报告2021》数据显示，2020—2021年冰雪季，我国冰雪休闲旅游收入超过3900亿元。北京冬奥会的举办，不仅激活了中国的冰雪经济，让冰雪运动不仅成为一项体育运动，更成为一个现代产业。中国旅游研究院院长戴斌指出，从全国范围看，东西南北、一年四季、全面开花的冰雪经济新格局已经形成，未来冰雪项目会越来越多。

**图10-6　2012—2019年我国滑雪总人次统计情况**

（资料来源：根据前瞻产业研究院数据整理。）

## 三、出境旅游市场

### （一）我国出境旅游市场的发展现状

我国公民出境旅游从"八五"期间开始产生，"九五"期间逐步兴起，时间不长，但保持了很快的增长率。随着国民经济的迅速发展和人们闲暇时间的日益增多，我国居民出境旅游需求十分强劲。我国出境旅游者人数从1993年的360万人次迅速上升到2014年的1.17亿人次,跨入"亿时代",2015年增至1.28亿人次,其中因私出境1.2亿人次,同比增长10.6%。对比世界旅游组织的数据,我国国内因私出境人数已占世界入境旅游接待人数的10.27%,超出中东地区(3.1%)、非洲地区(3.0%)以及其他地区(2.7%)的总和,2014年之后仍然为世界第一大出境游客源市场,是全球各主要旅游目的地国家和地区的重要客源市场,对全球旅游业发展的贡献度也日渐提升。

值得一提的是,中国自费出境旅游日益成为我国出境旅游市场的主体。有数据表明,中国公民因公出境出国的比例自1993年起逐年下降。1997年7月1日,国家旅游局与公安部共同制定并经国务院批准的《中国公民自费出国旅游管理暂行办法》颁布,标志着中国公民自费出国旅游的正式开始。自费出境出国旅游比例则由1993年的39.2%上升到2015年的95.2%。当下,中国已然成为全球最大的出境游市场。艾媒数据中心的数据显示,2010—2019年中国出境旅游人数呈明显的上升趋势,2019年中国出境旅游人数达1.68亿(图10-7)。但在疫情冲击下,2020年的出境旅游发展基本停滞。

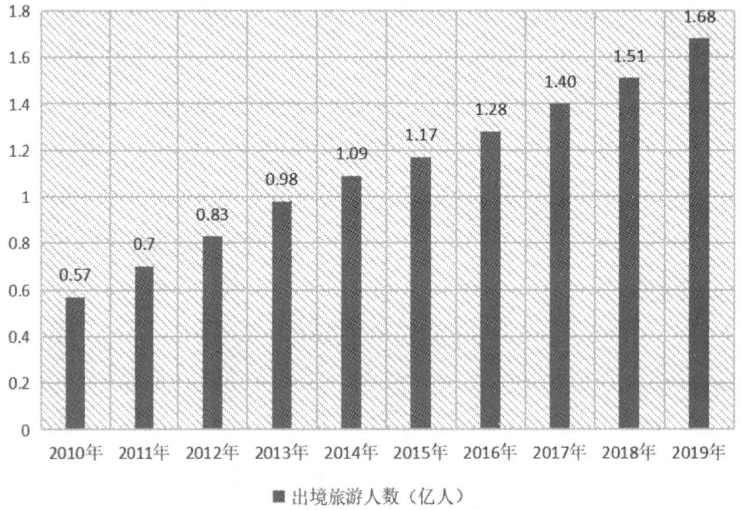


**图10-7　2010—2019年我国出境旅游人数**

(资料来源:艾媒数据中心。)

### (二)我国出境旅游市场的特点

#### 1. 一线城市出境游占比较大,新一线城市有较大潜力

艾媒咨询发布的《2018—2019年中国出境游产业剖析及用户画像深度研究报告》显示,从我国出境游旅游者居住城市来看,2018年来自一线城市(北京、上海、广州、深圳)的旅游者最多,占比达48.6%。其次为二线城市(各省会城市),占比同样超过四成,达41.6%。随着新一线城市的发展,新一线城市出境游市场活跃度进一步提升,出境游需求明显,显示出巨大的市场潜力。携程出境游数据显示,2018年进入前20名的城市有贵阳、济南、南昌、青岛等,这些新一线城市增长速度快、消费能

力强，大部分城市每年的出境旅游人次都达到100万～200万。

**2. 出国旅游消费势头强劲**

2012—2018年，根据前瞻产业研究院整理的数据来看，我国境外旅游消费一直呈现持续增长的势头(图10-8)。随着居民收入的平稳增长，消费能力逐渐提高，居民愿意花费更多成本在高品质的出游上。从世界旅游组织发布的《2019年国际旅游报告》数据来看，2018年中国旅游者出国旅游消费超过2773亿美元，排名世界第一，是排名第二的美国(1444亿美元)的1倍左右。携程出境游数据显示，2018年通过携程旅游平台报名出境跟团游、自由行、定制游的人均花费为5500元，与2017年同期近乎持平。2019年，携程同银联国际联合发布的《新旅游、新消费、新中产:2019年中国人出境旅游消费报告》显示，我国出境旅游消费依然世界第一，说走就走、随走随订成为我国出境旅游的显著趋势。

**图10-8 2012—2018年中国境外旅行消费支出及对全球贡献度统计情况**

(资料来源:根据前瞻产业研究院资料整理。)

**3. 出境旅游目的地依然以亚洲周边目的地为主**

我国出境旅游的目的地结构一直保持稳定。根据《中国出境旅游发展报告2020》的数据，2019年我国出境旅游目的地依然以亚洲周边目的地为主，我国港澳台地区依然是最主要的目的地，我国出境旅游目的地前十五位依次为中国澳门、中国香港、越南、泰国、日本、韩国、缅甸、美国、中国台湾、新加坡、马来西亚、俄罗斯、柬埔寨、菲律宾和澳大利亚。随着"一带一路"建设的不断推进，我国公民出境旅游目的地不断增加。总体来看，我国出境游在洲际目的地结构占比中，亚洲继续在洲际目的地上占据首位，之后依次为欧洲、美洲、大洋洲、非洲和其他地区。

立鼎产业研究网的研究数据显示，我国出境旅游目的地呈现出东南亚出境游绝对主导、欧洲线相对稳定、其他新兴目的地崛起的发展态势。在东南亚国家中，泰国占比最高，越南、缅甸等新兴目的地迅速崛起。在欧洲，2017年以来，德国、法国、意大利等传统西欧目的地增速相对稳健，丹麦、瑞典等北欧新兴目的地与俄罗斯等东欧新兴目的地迅速崛起。在大洋洲,2016年以来,澳大利亚、新西兰等传统目的地表现相对稳健。在美洲,2016年以来,美国表现相对平稳,2019年受贸易战影响阶段承压,南美洲新兴目的地迅速崛起。在非洲,随着近几年局势稳定,中国赴非旅游者数量快速增长。

## 核心关键词

旅游市场(Tourism Market)
旅游客流(Tourist Flow)
国际旅游市场(International Tourism Market)
入境旅游市场(Inbound Tourism Market)
出境旅游市场(Outbound Tourism Market)
国内旅游市场(Domestic Tourism Market)
旅游市场细分(Tourism Market Segmentation)

## 思考与练习

1. 什么是旅游市场细分?其意义是什么?
2. 简述旅游市场细分的常用标准。
3. 简述国际旅游市场的地理分布格局及旅游客流的发展趋势。
4. 简述我国出入境旅游市场和国内旅游市场的特点。

# 第十一章

## 旅游业的影响

**学习目标**

- 熟悉旅游业的经济、社会文化和环境影响。
- 了解旅游业对各个领域产生负面影响的具体成因。

**问题导向**

怎样预防和控制旅游业发展带来的消极影响？

## 第一节　旅游业的经济影响

旅游业是世界上较大的产业之一，同时也是许多国家的重要经济支柱。几十年来，世界旅游及旅行理事会(WTTC)一直在量化旅游业的经济影响，强化该行业对全球经济的重要性。当然，旅游业发展也不可避免地给经济发展带来了一些消极影响。

Note

## 一、旅游发展对社会经济的积极影响

### (一)拓宽就业渠道,增加就业机会

旅游就业分为直接旅游就业、间接旅游就业和引发就业三种。直接旅游就业是指直接服务旅游者的旅游企业就业,如旅行社、在线旅游服务商、旅游景区、旅游饭店、旅游纪念品商店、研学旅行基地等;间接旅游就业是指间接服务旅游者的相关企业就业,如邮电通信、公共交通等;引发就业是指旅游业带动发展或跨界融合的其他行业就业,如"农业+旅游""工业+旅游"等融合发展、带动消费的其他行业。间接旅游就业和引发就业属于辐射性就业或扩展性就业的类型。

旅游业是一个综合性极强的产业,在形成初期就是一个集食、住、行、游、购、娱等要素于一体的相互关联的传统产业集群,一直以来在拓宽就业渠道、增加就业机会方面发挥了很大的作用。随着产业分工的日益深入,旅游者从满足单纯的游览需求向专业和多样化需求的纵向延伸的推动,产业之间相互渗透与融合发展,旅游业逐步涵盖了信息服务业、技术服务业、创意服务业等大量相应配套服务类行业,形成了现代旅游服务业,增加的就业机会数量持续增长。《中国旅游报》等媒体报道,2013年中国旅游业直接就业人数超过1350万人。近几年,随着我国脱贫攻坚顺利推进和乡村振兴战略的落实,乡村旅游与现代农业、特色文化等相结合,吸纳了更多乡村居民就地就近就业,以及返乡青年、乡贤群体等回归乡村就业创业;另外,"旅游+""+旅游"多种新业态的融合发展,"云旅游"、在线直播带货等营销方式不断涌现,催生了一批新的就业、创业机会,直接或间接从事旅游就业的人口数量不断增长。根据世界旅游及旅行理事会数据统计,2018年中国旅游业贡献的就业岗位数为7991万个,与前一年度相比增加了一万个就业岗位,数量稳居世界第一;2019年旅游直接从业人员有2825万人,间接从业人员有5162万人,旅游直接从业人员与间接从业人员占全国就业人口的10.31%。从全球来说,根据世界旅游及旅行理事会发布的《2021年旅游业对经济的影响报告》的数据,2019年,旅游业占全球GDP的10.4%(9.2万亿美元),占所有就业岗位的10.6%(3.34亿个),并创造了1/4的新就业岗位。

### (二)带动相关产业发展,促进居民收入增加

2009年12月出台的《国务院关于加快发展旅游业的意见》指出,旅游业是战略性产业,资源消耗低,带动系数大,就业机会多,综合效益好;2014年8月出台的《国务院关于促进旅游业改革发展的若干意见》(国发〔2014〕31号)强调旅游业是现代服务业的重要组成部分,带动作用大。旅游业有着极强的渗透力和产业带动性特点,可以产生较高的附加值。首先,旅游业需要满足旅游者的传统的食、住、行、游、购、娱六大方面的需求,这就形成了相对独立的旅游交通、旅行社或在线旅游服务商、景区景点、旅游住宿、旅游餐饮、旅游商业、旅游娱乐等产业群;其次,为满足旅游者的综合性旅游需求,旅游业的发展需要整合和统筹工业、农业、金融、保险、医疗、环保、教育、信息等相关的支撑性、依托性或关联性产业资源,这就形成了一张

Note

关联度高、链条长的产业网络。比如,山地旅游对户外装备制造业的带动,体育旅游对体育培训业态的带动等。近几年,旅游业作为国民经济战略性支柱产业,与农业、林业、工业、康养、教育等多产业融合发展的趋势日益增强,内涵不断丰富,外延不断拓展,新业态不断涌现,既扩充了旅游业自身发展的内容,也持续释放“一业兴、百业旺”的乘数效应,充分彰显对经济平稳健康发展的综合带动作用。

随着旅游业的发展及其关联带动作用的持续发挥,“旅游+”“+旅游”成为多产业发展的“增效器”,旅游及相关产业的增加值日益提升。在2022年8月18日举行的“中国这十年”系列主题新闻发布会上,文化和旅游部副部长卢映川介绍,2012年以来,国内旅游收入年均增长10.6%左右,2019年总收入达到6.63万亿元,旅游及相关产业增加值4.5万亿元,占GDP的比重为4.56%左右。近几年,尽管遭受到疫情的严重冲击,旅游出现了很大的波动,但总体来说,在国民经济结构中的支柱性地位并没有发生改变。单就“旅游业+农业”形成休闲农业和乡村旅游来说,对增加目的地居民收入的贡献成效显著。据统计,2018年,乡村旅游创造了超过8000亿元的收入,并提高了700万农村家庭的收入。许多过去的“贫困乡村”在习近平总书记提出的“绿水青山就是金山银山”的“两山”理论指导下,通过发展旅游业变成了产业兴、百姓富的“美丽乡村”“幸福乡村”。

### (三)增加外汇收入,平衡国际收支

一个国家外汇收入的获取途径主要有两个:一是对外贸易的外汇收入;二是非贸易外汇收入(亦称无形贸易外汇收入)。前者是指通过出口物质商品所实现的外汇收入,后者则主要是指国际间有关保险、运输、旅游、利息、居民汇款、外交人员费用等方面带来的外汇收入。国际旅游外汇收入指入境旅游的外国人、华侨、港澳同胞和台湾同胞在中国内地(大陆)旅游过程中发生的一切旅游支出,包括吃、穿、住、行等花费。国家统计局数据显示,2015—2019年中国国际旅游外汇收入持续增长,2019年中国国际旅游外汇收入为1312.54亿美元,同比上升3.3%①。由此可见,旅游业为国家增加了大量的外汇收入。

国际收支是指一个国家在一定时期内(通常为一年)同其他国家产生经济往来的全部收入和支出。当国际收入大于国际支出时,其国际收支账户会呈现顺差或剩余;反之则会出现逆差或赤字。具备并保持足够的创汇能力对于一个国家来说有着十分重要的意义,而旅游创汇具有传统商品出口所不具备的很多优点,包括换汇率高、结算及时、免受关税壁垒影响等。对大多数国家来说,通过发展旅游业赚取外汇,支援本国的对外贸易、弥补外贸逆差和改善国际收支平衡,不失为一种理想的途径。我国旅游业发展初期就是这样。据统计,1982—2010年,旅游服务贸易在我国服务贸易中所占比重均超过30%,自2000年来顺差不断增大,有力缓解了我国服务贸易总体逆差的局面。2009年,我国入境旅游外汇收入首次被出境旅游消费超出,直到2020年全球暴发疫情以前,中国的国际旅游支出已经成为中国服务贸易逆

①华经产业研究院:《2021—2026年中国度假旅游行业市场深度分析及“十四五”规划战略分析报告》。

差的主要来源,而旅游贸易逆差中,最大部分是旅游购物。这与其他国家通过发展旅游购物来缓解其他国际贸易逆差不无关系。2017年,中国大陆赴日本旅游者735万人次,人均消费1.4万元,而同期日本来中国大陆仅268万人次。日本实行“观光立国”政策多年,却一直是旅游逆差国,直到中国赴日旅游者暴涨,使日本第一次成为旅游顺差国。我国政府已经充分意识到旅游贸易逆差问题的严重性,并采取了相应措施,一方面是大力发展入境旅游,另一方面是使旅游高端购物消费回流。

### (四)拉动内需,实现人民美好生活愿景

扩大内需是推动我国国民经济持续稳定发展的基本路径,尤其在各大领域产能普遍过剩的情况下,刺激居民消费成为畅通国内市场大循环的主要手段。而旅游业以旅游消费的广泛性、频度高和经济效应的继发性等特点,在拉动内需方面扮演着重要的作用。党的十八大以来,即使面对经济增速不断下降的新常态,2013—2019年,国内旅游总消费由26276.1亿元继续高歌猛进增长到57250.9亿元,年均增长13.8%,明显高于同期国民经济的增长率。2019年,城镇居民和农村居民的年人均出游频次提高到5.27次和2.78次,旅游活动已“飞入寻常百姓家”。2019年8月出台的《国务院办公厅关于进一步激发文化和旅游消费潜力的意见》提出,要顺应文化和旅游消费提质转型升级新趋势,深化文化和旅游领域供给侧结构性改革,从供需两端发力,不断激发文化和旅游消费潜力。

世界旅游组织发布的《马尼拉世界旅游宣言》提出,旅游是人人享有的权利,旅游是人类社会的基本需要之一。旅游业作为现代服务业的重要组成部分,与人民群众生活密切相关。随着人民生活水平的提高,参与旅游活动成为人们追求更加美好生活的重要方式。2012年11月15日,习近平总书记在会见记者时说:“人民对美好生活的向往,就是我们的奋斗目标。”在2016年夏季达沃斯论坛这一重要的、高规格的国际性会议上,时任国务院总理李克强提出旅游、文化、体育、健康、养老五大幸福产业的概念,旅游业被置于五大幸福产业之首。近几年,旅游业在解决我国绝对贫困问题、缩小收入差距、推动共同富裕、全面建成小康社会的过程中发挥了重要作用,进一步夯实了旅游业作为幸福产业和实现人民美好生活愿景的产业基础。2021年8月,国务院新闻办公室就文化和旅游赋能全面小康有关情况举办新闻发布会,文化和旅游部资源开发司司长单钢新表示,“十四五”时期是开启全面建设社会主义现代化国家新征程的第一个五年,进入新发展阶段,旅游不仅要添彩,而且要更精彩。我们将深入发展大众旅游,就是要让广大人民群众更好地享受旅游为民、旅游富民的成果。让旅游业成为我们在迈向共同富裕道路上,具有显著时代特征的幸福产业!

## 二、旅游发展对社会经济的消极影响

旅游业发展在给目的地国家或地区经济发展带来正面积极影响的同时,也可能会给该国家或地区带来一些消极影响。

### (一)有可能引起物价上涨,当地居民生活成本增加

对一个旅游目的地而言,旅游者大多是从外地涌入,他们既有较高的收入水平

Note

和经济支付能力，也愿意为实现自己的旅游需求买单，这势必会引起或助推当地物价的上涨。尤其是热点地区或旅游旺季，供求严重失衡无疑会导致生活必需品的价格上涨，从而在一定程度上导致当地居民生活成本增加、生活空间遭到挤压，然后就有越来越多的当地人因承受不起生活成本的增加和生活空间的挤压而选择纷纷逃离。比如，西安这几年旅游业爆红，但随之而来的是房价翻倍，因此导致很多人不堪重负，最终离开了这座城市。又如，意大利威尼斯的主岛曾是一个强大的海洋共和国的“心脏”，20世纪50年代初，受当地旅游业对居民公共空间的侵蚀等影响，其主岛已经失去了超过12万居民。威尼斯某遗产保护组织统计，威尼斯总人口已经降至5万以下，该组织的负责人说，旅游业的发展让剩下的居民感到“窒息”。在当地，出售生活必需品的商店被纪念品商店所取代，居民难以应对高昂的生活成本。

### （二）有可能导致产业结构发生不利变化，国民经济稳定性产生波动

旅游业的关联带动性势必对产业结构带来一定程度的影响，不仅提升了第三产业在国民经济中的占比，与其他产业的融合发展也势必会带动第二、第三产业的发展。但是对那些发展农副业天赋条件比较好，尤其历来都是以农业为经济基础和经济支柱的国家或地区来说，随着旅游业的开发，从事旅游服务的所得高于务农的收入，必然会使更多的青壮年劳动力弃田从事旅游工作，尤其是“旅游＋农业”促使一些乡村在旅游业发展中获益之后，农业的发展必然会形成对旅游业的过度依赖，长期发展下去就可能对当地的产业结构产生不利影响。

同时，因为自身的脆弱性，旅游业很容易受到自然环境、社会环境、政治环境等多重因素的影响而产生波动。假如一个国家或地区过度依赖旅游业，一旦这些非旅游业所能控制的因素发生不利变化，到访的旅游者就会大幅下滑，将会出现劳动力和生产资料的闲置，从而不可避免地导致经济受挫和失业问题，整个国家经济发展的稳定性受到影响。近几年疫情导致旅游业受到重创，给那些过度依赖旅游业的目的地国家或地区敲响了警钟。

## 第二节　旅游业的社会文化影响

《马尼拉世界旅游宣言》提出：不论旅游业的经济效益多么现实、重要，都不会也不可能是各国作出鼓励发展旅游业之决策的唯一标准。旅游业是经济和文化业态的集合体，同经济影响一样，既会对社会文化带来积极影响，也会带来一些消极影响。

### 一、旅游发展对社会文化的积极影响

#### （一）提高国民素质，增强精神力量

首先，旅游活动的开展有助于调节身心健康。现代社会生活节奏快、压力大，很

多人身体处于亚健康状态，而旅游是寓体育锻炼和"阅读"美景于一体的活动，可以让人放松心情、减缓压力、增强体质、激发生命活力。而且，大众旅游时代，旅游已成为一种健康文明的生活态度及生活方式，在调节身心健康方面发挥很大的作用。其次，旅游活动的开展有助于开阔眼界和增长见识。"读万卷书，行万里路"，旅游是"流动的大课堂"，可以使人们开阔眼界、增长见识、增加阅历、提高综合素质。唐彬礼、粟路军通过研究发现，对一般人来说，旅游既不是生活的中心，也不是生活的重心，但是能让生活变得有趣、变得有活力。旅游频率能够有效激发人们工作的创造力，在一定程度上验证了旅游对于工作领域的"点心效应"。另外，旅游活动的开展有助于提升精神境界和增强精神力量。旅游者在游览祖国的大好河山、名胜古迹，以及体验丰富的民族文化中产生内心共鸣，增强民族自尊心和自豪感。近年来，将爱国主义文化资源与旅游相融合的红色旅游、研学旅行蓬勃发展，旅游者能够更加深刻地了解中国共产党百年奋斗史、新中国70多年的发展史，切身感受我国取得的历史性成就和发生的历史性变革，有助于厚植家国情怀、传承红色基因、汲取精神动力。

### （二）促进民族文化的传承保护与繁荣发展

民族文化是一个国家或地区发展旅游业的重要资源依托。为满足人民群众日益增长的精神文化需求，原先几乎已经被人们遗忘了的传统习俗和文化活动，借助现代表达形式重新激活，蕴含的深厚文化价值得到广泛地发掘、阐释、传播和交流；传统乡土所留下的建筑文化、地方风俗、特色美食以及传统技艺在乡村旅游中重焕勃勃生机；"沉睡"在博物馆内多年的文物借助旅游业的创造性转化而"活起来"，迸发出新时代的文化魅力。总之，优秀的传统民族文化维系着民族精神，是增强文化自信的重要资源，旅游业的发展有助于将其蕴含的历史价值、文化价值、审美价值、科技价值和时代价值展示与传播，既丰富了人民群众的历史文化滋养、增强了文化获得感，又促进了民族文化的传承保护与繁荣发展。

### （三）加强社会文化交流，促进国际间友好往来

2021年，国家主席习近平多次在重要会议活动发表重要讲话，强调人文交流的重要作用。国际旅游活动的开展客观上具有民间外交的作用，增强了不同国家、不同民族、不同信仰、不同地域的旅游者之间的社会文化交流。近几年，国家积极推动旅游融入国家战略，用先行推动与"一带一路"相关国家的签证、直航和包机等措施，将旅游发展成为落实"一带一路"倡议的"排头兵"；配合国家经济外交战略，通过定向举办旅游年、旅游月、旅游节及国际旅游交易会等活动，积极推动我国与大国之间、周边国家之间的友好往来，充分发挥旅游在消除国际社会偏见、传递国家和平友好形象方面的特殊优势。此外，对于旅游接待方国家来说，发展旅游业也是对外树立国家形象的有效手段。2021年，我国各地纷纷宣传和推广旅游资源，邀请各国驻华外交官近距离体验高速发展的中国。驻华外交官们踏访神州大地，欣赏美丽的中国山水、感悟悠久的中华文明、体验绚丽的风土民情，深切体会到"诗和远方"的融合之美，文旅交流有助于加强文明交流互鉴，促进文明和谐共生。出入境旅

游已经成为民间国际交往的主渠道，国际旅游发展对讲好中国故事、促进对外交流合作、提升国家文化软实力已经发挥出重大作用，在将来的外交和对外交流合作领域也有望发挥更大的渠道性作用。

## 二、旅游发展对社会文化的消极影响

### （一）目的地居民生活受到干扰

“过度旅游”是近年来的热词之一，指某一个热门旅游目的地或景点接待旅游者数量过多，导致当地环境、历史遗迹遭到破坏，以及居民生活质量下降。任何一个旅游目的地的承载能力都是有限的，随着外来旅游者的大量涌入和旅游者密度的增大，当地居民的正常生活会受到干扰，生活空间会受到挤压，外来旅游者与当地居民之间关系紧张。例如，意大利威尼斯，这座意大利的世界文化遗产名城每年吸引超过2500万名旅游者，整个城市没有旅行淡季，终日人满为患，已经成为大众旅游带来的悲哀的象征。2022年8月11日，在意大利旅居的武汉人龚先生向新闻记者介绍，威尼斯的主岛，也就是威尼斯的历史中心区，在几年前常住人口就只有5万多人，且大部分都是老年人，这5万多人既包括了在威尼斯土生土长的人也包括了外来移民，威尼斯人口下降的主要原因是现代旅游业的发展，挤压了当地居民的空间，威尼斯出行主要靠船，交通不便。龚先生认为，威尼斯人会先于威尼斯城消失。西班牙《经济学家报》2022年8月11日报道，“威尼斯效应”正在不断蔓延。在西班牙，圣地亚哥因旅游者和朝圣者蜂拥而至成为焦点。这座拥有近9.8万名居民的城市仅在2022年6月就接待了近8.3万名旅游者，大量涌入的旅游者的不当行为及带来的噪声，使得他们与当地居民之间关系紧张。

### （二）目的地传统文化受到破坏或发生变异

在旅游发展经济利益的驱使下，旅游目的地传统文化以各种形式搬到旅游者的面前，但旅游经营者和旅游者等主体的不恰当行为都可能导致传统文化遭到破坏或发生变异。对旅游经营者来说，其经济利益至上的行为习惯往往导致传统文化被高度符码化、程式化而变成商业性展示和表达，使文化事象背后的深层意蕴难以为旅游消费者领略和体会。商家按照商业规律进行改造，符合商业运作规律就被保留下来，不符合商业规律的就被忽略，文化被肢解，不再是原来的面貌。就文化遗产而言，若文化遗产的某些外显性特征从其文化整体中抽离出来，尤其是那些极具视觉冲击力的部分，这样的文化遗产本质已经发生了变化，失去了原有的整体意义。对旅游者来说，一方面，对地方传统文化抱有“好恶交织”的心态，不同的文化素养和旅游消费品位，会对旅游产品蕴含的深层文化内涵进行不同的阅读、理解和传播，给商家对文化意义的阐释和解读带来不同的要求。长此以往，这种寄居在消费者兴趣基础上的文化意义及其建构的文化生态就承担着由于消费者兴趣的转移而空化甚至消失的风险。另一方面，旅游者素质参差不齐，旅游者掠夺式、占有式旅游消费观，以及随意攀爬、越位游览等不文明旅游行为都会在一定程度上破坏目的地的传统文化。

## 第三节　旅游业的环境影响

当前国内外学术界关于旅游发展对目的地环境影响的研究中，“环境”既包括目的地的自然环境，也包括该地的人文环境，即人类创造的社会生活环境。

旅游与环境之间的关系既相互依赖又相辅相成。一方面，旅游活动的开展和旅游资源的形成是以目的地的环境为依托的，环境也是构成目的地总体旅游产品的最基本要素和吸引旅游者来访的重要决定因素，而且环境质量的好坏还会影响来访旅游者的旅游体验和满意程度。另一方面，由于旅游者的来访和旅游业的开发，不可避免地会给旅游目的地的环境带来某些或积极、或消极、或直接、或间接、或即时、或渐进的影响。

### 一、旅游发展对环境的积极影响

#### （一）改善旅游目的地的环境质量

优质的环境是旅游发展的前提，旅游的发展为目的地提供了美化环境和治理环境的动力。为了吸引更多的旅游者来访，旅游目的地必然会致力于改善和维持良好的旅游环境。具体表现包括：保护自然环境，通过土地绿化、植被种植、水体治理等措施，实现自然环境的良性循环；治理环境问题，通过减少空气污染、水污染、噪声污染及进行垃圾无害处理等措施，促进环境的全面净化；保护旅游资源，通过各种自然保护区、湿地保护区、国家公园的建立与修复，实现人与自然的和谐共处；通过风景园林规划与设计、绿色环保建筑建设与应用等措施，实现环境景观的美化；整治人文环境，维护、恢复、整修历史建筑和古迹遗址，实现文化财富和景观风貌的保护与传承；完善基础设施，增加道路交通、休闲娱乐、医疗等相关设施的数量，改善旅游接待区的环境卫生，提高当地居民的生活质量。

#### （二）提高人们的环境保护意识

对旅游者而言，景色优美、环境质量较高的目的地通常都会给他们留下深刻的印象，让他们感受到环境保护与提高生活质量之间的密切关系，进而强化环保意识，注意环境保护。近年来生态旅游的发展，就是人们保护意识提高后在旅游消费方面新的发展趋势。

对于目的地居民而言，旅游的发展使所在地的环境面貌焕然一新，在体会到良好的环境给自己的生活带来的好处后，旅游目的地民众的环保意识会空前增强。他们会自觉维护生态环境，甚至利用旅游活动来开展环保宣传，如绿色和平组织成员以旅游的形式跨国家、跨地区宣扬保护环境、保护野生动植物、保护地球大家园的重要性和意义。旅游使不同种族、不同民族、不同政治观念和宗教信仰的人们在环境保护方面达成共识并付诸行动，促进了环境的改善。

### （三）促进目的地的生态文明建设

2012年，党的十八大将生态文明建设纳入中国特色社会主义事业“五位一体”总体布局，“中国共产党领导人民建设社会主义生态文明”写入党章。“绿水青山就是金山银山”的理念如今已经成为全社会的共识。良好的旅游环境，是一个国家和地区旅游业能否健康可持续发展的重要因素，也是体现该国家和地区社会文明程度的重要标志。旅游业作为典型的资源节约型、环境友好型产业，是生态文明建设的优势产业和重要载体，旅游业的健康可持续发展，有效促进了目的地的生态文明建设，既是旅游业主动担当社会责任的体现，也是旅游目的地迈向优质发展的必然要求。在推动更高水平生态文明建设的进程中，通过大力发展生态旅游、管控旅游者不文明行为、培育可持续旅游消费观，旅游业深入践行“绿水青山就是金山银山”理念的作用会更加突出。

## 二、旅游发展对环境的消极影响

### （一）造成环境污染，破坏生态系统

旅游活动的范围涉及目的地的大气、水、地质、植物、动物等多个方面，随着旅游者数量的增多，如果不合理规划甚至过度开发，就会破坏旅游目的地原有的生态环境系统。具体表现如下。

（1）旅游活动中各种交通工具产生的大量废气，旅游者活动和旅游接待设施带来的废水、废弃物等，都会给目的地带来大气污染、水体污染、噪声污染、废弃物污染等环境问题。

（2）旅游目的地的大规模乱砍滥伐和渔猎行为，以及在野生动物栖息地进行的旅游活动，都会破坏野生动植物的生存环境，导致动物栖息地斑块化，进而危及许多珍稀动物的生存，使生物多样性降低。

（3）旅游开发过程中大兴土木，如削高填低、挖石取土、奠基筑路、叠坝蓄水等，以及大量游人的踩踏会直接破坏长期形成的稳定落叶层和腐殖质层，从而造成水土流失，使土壤质量大大降低。

（4）旅游者大量来访，超过了目的地的环境承载力，会加剧人们对自然环境和生态系统的侵害和破坏。

### （二）损毁旅游景观，导致环境失衡

环境是一个动态平衡的系统，当超出它的承载能力时，原有的平衡就会被破坏。旅游发展过程中，如果旅游目的地规划和管理不当，单纯追求当前短暂的经济效益，长期超载接待来访旅游者，就会给环境造成无法弥补的损失。具体表现如下。

（1）长时间无节制地接待旅游者，加之部分旅游者随意触摸文物、乱刻乱画、攀爬古迹等不文明的旅游行为，都会破坏文物古迹的原始风貌，甚至使其存在寿命受到威胁。

（2）大规模旅游者的到访和大量车辆的涌入导致目的地的交通堵塞，人口密度瞬间增大，不仅给当地居民带来生活空间缩小、生活秩序被扰乱等负面影响，也给

旅游目的地的环境造成相应的影响。

（3）对旅游资源的过度开发和对旅游接待设施的盲目建设，使得当地原有的自然景观遭到破坏。

总之，旅游目的地只有正确看待并处理旅游与环境的关系，科学规划、理性开发、适度建设、规范管理，才能保证旅游业的持续健康发展，实现旅游与环境的和谐共生。

### 典型案例

#### 梵净山金顶刻字案

2021年7月11日，被告陈某在世界自然遗产地贵州梵净山游览，在攀登梵净山金顶（红云金顶）排队通行过程中，使用登山手杖在梵净山金顶摩崖石壁上刻字。该摩崖石壁不仅属于梵净山国家级自然保护区的人文景观，同时也是贵州省人民政府公布的第二批省级文物保护单位。被告陈某的刻画行为对梵净山金顶摩崖石壁造成了损害，产生了严重不良社会影响。2022年3月25日，贵州省江口县人民法院依法公开审理了世界自然遗产地贵州梵净山"金顶刻字案"。江口县人民法院审理认为，梵净山金顶摩崖石壁是具有美学价值的人文景观，属于梵净山世界自然遗产地不可分割的一部分，一旦破坏难以修复。最终，江口县人民法院判决被告陈某在判决生效后30日内支付文物修复费60952.08元、修复方案设计费38000元、环境损害惩罚性赔偿金25000元，并在国家级媒体上向社会公众赔礼道歉。法官提醒："梵净山金顶刻字案"中被告陈某在梵净山金顶摩崖石壁上刻字的行为不仅危害了梵净山自然遗产安全，也破坏了梵净山生态环境和旅游资源，违反了相关法律、法规，损害了社会公共权益。虽然一审判决了刻字者要付出的代价，但这完全无法弥补他所造成的损失和不良影响。希望该案件能起到警示作用，纠正"社会陋习"，让违法失德者寸步难行。同时向全社会传递司法正能量，推动绿色发展，弘扬社会主义核心价值观，树立珍爱环境、文明有序的旅游风气。

（资料来源：潇湘晨报，2022年3月30日。）

## 核心关键词

旅游的影响（Impact of Tourism）
积极影响（Positive Impact）
消极影响（Negative Impact）
经济影响（Economic Impact）

Note

社会文化影响(Social and Cultural Impact)

环境影响(Environmental Impact)

## 思考与练习

1. 结合实际分析和归纳旅游业发展对目的地经济的积极影响和消极影响。

2. 结合实际分析和归纳旅游业发展对目的地社会文化的积极影响和消极影响。

3. 结合实际分析和归纳旅游业发展对目的地环境的积极影响和消极影响。

# 第十二章

# 旅游的信息化发展

**学习目标**

· 掌握旅游信息的概念、类型及特征。
· 了解旅游信息系统的功能。
· 了解我国旅游信息化的方向。

**问题导向**

如何多视角地把握新时期旅游信息化的发展方向？

## 第一节　旅游信息概述

### 一、旅游信息的界定

#### （一）信息的定义

信息普遍存在于自然界、人类社会和人的思维之中，无时不有，无处不在。从微观世界到宏观世界，从无机界到有机界，从植物到动物，从机器到人，都能产生信息，也能接收信息。“信息”一词在众多西方国家文字中均是“information”，日本称为“情报”，我国台湾地区称为“资讯”，我国古代用的是“消息”。

“信息”作为科学术语最早出现在哈特莱（Hartley）于1928年撰写的《信息传输》一文中。20世纪40年代，信息的奠基人香农（Shannon）给出了信息的明确定义，此后许多研究者从各自的研究领域出发，给出了不同的定义。具有代表意义的表述如下。

（1）信息奠基人香农在《通信的数学理论》中，将信息定义为两次不定性之差，用于消除随机不确定的东西，这一理论也奠定了信息论的基础。

（2）控制论创始人维纳（Wiener）认为：信息是人们在适应外部世界，并使这种适应反作用于外部世界的过程中，同外部世界进行互相交换的内容和名称。它也被作为经典性定义加以引用。

（3）美国信息管理专家霍顿（Horton）给信息下的定义：信息是为了满足用户决策的需要而经过加工处理的数据。简单地说，信息是经过加工的数据，或者说，信息是数据处理的结果。

（4）我国著名的信息学专家钟义信教授认为：信息是事物存在方式或运动状态，以这种方式或状态直接或间接的表述。

（5）电子学家、计算机科学家认为：信息是电子线路中传输的以信号作为载体的内容。

（6）经济管理学家认为：信息是提供决策的有效数据。

（7）哲学工作者认为：信息是以物质能量在时空中某一不均匀分布的整体形式所表达的物质运动状态和关于运动状态所反映的属性。

综上所述，由于信息论在各学科的广泛应用，它也成为许多学科的研究对象，因而形成了众多有关信息的定义却又无法达成共识。如何对信息的概念进行科学的表述，并使其具有高度的概括性与代表性，这正是目前学术界共同探讨的问题，学者们还在继续探讨和研究，进一步深化和完善。为了比较通俗地理解信息，这里从日常生活的视角进行界定，即信息是人们在互相交流中的音讯、消息、通信系统传输和处理的对象，包括消息、情报、知识、见闻、通知、事实、数据等。人们通过获得、识别自然界和社会的不同信息来区别不同事物，得以认识和改造世界。

### （二）旅游信息的定义

旅游信息是指反映旅游活动及其发展变化规律的各种消息、情报、数据、指令的总称。旅游信息的内容复杂广泛，包括直接旅游信息和间接旅游信息两大类。直接旅游信息是指直接描述旅游活动的信息，包括旅游者信息、旅游目的地信息、旅游服务机构信息等多方面的信息；间接旅游信息则指那些与旅游活动有密切联系的信息，如政治、经济、文化、法律、科技环境等信息，它们对旅游活动的开展有重大的影响，其中部分直接旅游信息如下。

**1. 旅游者信息**

旅游者信息具体包括旅游者的姓名、性别、年龄、职业、爱好、经济状况、旅游历史、旅游信息反馈等内容。

**2. 旅游目的地信息**

旅游目的地信息包括旅游景区景点信息、旅游饭店信息、旅游交通信息、休闲娱乐信息、旅游商品信息等。

**3. 旅游介体信息**

旅游介体信息包括旅游企业状况、产品、价格信息，导游及其他信息。

**4. 旅游管理信息**

旅游管理信息包括宏观的旅游资源信息、各种统计信息、政策法规信息等。

## 二、旅游信息的来源

旅游信息是旅游业管理中的一项重要资源，要做好信息管理的工作必须重视旅游信息的收集，明确信息来源的渠道是前提。根据信息来源的渠道，可以将信息的来源分为两大类，即旅游行业系统内部和外部。

### （一）来自旅游行业系统内部的信息

（1）来自经营管理部门的信息：来自各经营管理部门，如旅游饭店、旅行社、旅游交通运输部门、旅游景区、景点等以及各经营管理部门下属的管理机构等的信息。

（2）来自行业管理部门的信息：来自各种形式的旅游行业协会，如中国旅游饭店业协会、中国旅游车船协会、中国旅行社协会等的信息。

（3）来自旅游政府部门的信息：各级旅游局统计的旅游者的数量和停留时间、旅行社的数量和种类、旅游饭店的服务水平等信息。

### （二）来自旅游行业外部的信息

（1）从国内外现有的文献、期刊等中获取的信息：如从年鉴、专题报告会议、学术报告等中获取的信息。

（2）网络、媒体方面的信息：如各类旅游网站信息等。

（3）来自国家各级政府部门及其相关方面的信息：如国内专业期刊、报纸、媒体旅游信息，包括国家与旅游业相关的各项政策、法规和部署规划，各级海关、边防站等出入境管理部门的统计数据等。

## 三、旅游信息收集的方法

旅游信息的收集方法通常有以下四种。

### （一）原始记录

原始记录是指有关人员按照一定的要求，对各项旅游经营活动的过程和结果，用数字、文字、图片、录音、视频等形式比较详细记录下来的资料。例如，财务收支状况、旅游团队日志、会议记录等。

### （二）统计方法

通过对有关经济活动进行总体数量方面的统计，可获得更为具体、准确的数值化信息。这种方法收集的信息带有宏观性质和系统、连续的特点。

### （三）从信息库中提取

利用计算机进行各项旅游信息的输入和储存并建立相应的信息库。在信息库提取所需的旅游信息，并且通过局域网、互联网实现资源的共享。例如，中国科学院遥感所和计算机所共同建立的中国旅游信息资源信息系统。

### （四）调查研究

调查研究是在对旅游业各项经济活动进行详细的调查基础上大量占有第一手材料，并对这些资料进行综合分析研究从而获取新的信息的全部过程。通过这种方式获取的信息一般都具有系统性、广泛性和客观性的特点。

## 四、旅游信息的功能

### （一）社会功能

物质、能源、信息是现代社会的三大支柱，信息构筑社会的神经系统。旅游活动是人类重要的社会活动，旅游信息能够推动社会政治文化的进步。

### （二）经济功能

信息具有经济价值，是企业无形资产和企业的生命。旅游信息是旅游企业经营活动的基础，旅游企业要在激烈的市场竞争中生存和发展，就应该广泛收集各种市场信息。一条有价值的信息能够使一个即将倒闭的旅游企业起死回生，放弃一条有价值的信息能够让兴旺的旅游企业走向衰落。

### （三）管理功能

信息是企业管理要素之一，企业管理者使用大量时间、精力通过对企业信息的收集、存储、检索、应用来完成企业管理目标，旅游信息既是管理现状的反映，也是管理过程的写照，更是管理效果的证明。

# 第二节　旅游信息的类型与特征

## 一、旅游信息类型划分标准

### （一）从本身特征角度分

#### 1. 按内容划分

根据内容不同，旅游信息分为直接旅游信息与间接旅游信息。

直接旅游信息是旅游活动直接涉及的，具有明显的旅游行业特征，概念比较明确与固定的信息，如景区信息、景点信息、旅行社信息、旅游线路信息等。间接旅游信息是指与旅游活动有着相关联系的信息，旅游特征不明显，如医疗信息、保险信息等。

**2. 按时态划分**

根据时态不同，旅游信息分为过去旅游信息、现在旅游信息、未来旅游信息。

过去旅游信息表征已经发生的旅游活动的状况与过程的信息。经过分析、开发、评价后，此类信息常以资料库的形式存储，形成旅游档案信息，如统计资料、调查报告等。此类信息对于总结经验、预测未来发展具有重要的借鉴意义。

现在旅游信息表征正在发生的旅游活动与过程的信息，又称即时性旅游信息。此类信息的时效性、动态性强，对于及时指导、控制、协调旅游活动中的各个构成要素之间的关系具有十分重要的作用。

未来旅游信息是揭示、预测未来旅游活动运动、变化、发展的趋向的信息，又称预测性旅游信息。此类信息具有预测性、前瞻性特征。

**3. 按特征划分**

根据特征不同，旅游信息分为定性旅游信息和定量旅游信息。

定性旅游信息是以非计量的形式描述旅游活动的状况，分析旅游活动的过程与特征，揭示旅游活动的本质，总结旅游活动的规律的信息。

定量旅游信息是以计量的形式来描述旅游活动的信息，此类信息侧重于揭示旅游活动量的确定性，如入境旅游人数、外汇收入等。

定性旅游信息与定量旅游信息相辅相成。定性旅游信息是定量旅游信息分析的基础，对定量旅游信息具有指导作用；定量旅游信息是某些定性旅游信息的表达方式，两者结合在一起共同表征旅游活动。

### （二）从组织角度分

**1. 按加工程度划分**

根据加工程度，旅游信息分为一次旅游信息、二次旅游信息、三次旅游信息。

一次旅游信息又称原始旅游信息，是对旅游活动所作的最初的直接记载，是构成旅游信息系统最基本、最常见、最丰富的基础信息。原始旅游信息是零星、分散、无序的，需要进行加工、整理。

二次旅游信息是原始旅游信息整理加工后所形成的信息。这种信息已经变成有序的信息，它易于存储、检索、传递与利用，有较高的实用价值。

三次旅游信息是在一次旅游信息和二次旅游信息的基础上经过分析研究、核算产生的新的旅游信息。此类信息对于旅游活动极具指导性与决策参考性。

**2. 按等级层次划分**

根据等级层次，旅游信息分为宏观旅游信息、微观旅游信息、中观旅游信息。

宏观旅游信息是全面反映旅游活动的状况、特征、本质与规律的旅游信息，具有全局性、综合性、战略性的特点，可以为宏观决策提供依据。

微观旅游信息是从局部的角度反映旅游活动的状况、特征、本质与规律的旅游信息，具有个别性、局部性的特点，可以为微观决策服务。

中观旅游信息是介于宏观与微观之间的一类旅游信息。

对于旅游企业管理来说，上述不同等级的信息在很多性质上是不同的，如内容、来源、精度、寿命、使用频率、加工方法、保密程度等。一般来说，越是高等级的信息，其内容越抽象，精度和使用率越低，寿命越长，保密程度越高，和外界联系越大。

#### 3. 按传递范围划分

根据传递范围，旅游信息分为公开旅游信息、内部旅游信息、保密旅游信息。

公开旅游信息是不受任何条件限制，只要具备技术上的可行性，可以任选传递工具向任何地方传递的旅游信息，如电视、广播播放的旅游信息，公开发行的书刊报纸上所发布的旅游信息等。

内部旅游信息是只在一定的范围内进行传递，不对范围之外公开发布的旅游信息。其传递范围介于公开旅游信息与保密旅游信息之间。尽管传递范围有一定的局限，但并不拒绝范围之外的信息用户。

保密旅游信息严格地在确定的范围内传递，并且拒绝范围之外的信息用户。在一定条件下，保密旅游信息也可能转变为内部旅游信息或公开旅游信息。

#### 4. 按组织管理划分

根据组织管理，旅游信息分为经常性旅游信息和偶发性旅游信息。

经常性旅游信息是按照各项规定、制度、方向、传递间隔或期限、规定形式所产生和传递的旅游信息。这类信息数量大，系统性强，通过对这类系统旅游信息的长期观察与分析，可以揭示旅游活动的本质与规律。经常性旅游信息是进行旅游信息管理的基础，也是评判旅游信息工作成效的基本尺度。

偶发性旅游信息是指那些完全地或部分地按照上述规定或模式产生或传递的旅游信息。这类信息的随机性和可变性较大。

## 二、旅游信息的特点

### （一）旅游信息的效用性

旅游信息之所以能够为人们广泛传播，就是因为其有效用。旅游信息的效用性是客观存在的，旅游信息服务于人们的旅游目的，不同的旅游者使用不同的信息，即使同一条信息对不同的旅游者来说其效用也不尽相同。

### （二）旅游信息的寄载性

旅游信息的传递必须经过像语言、文字、图像、符号等载体或介质。旅游信息与物质载体是不可分割的，离开了物质载体就不会有旅游信息，寄载在物质载体上的旅游信息可以现时使用，也可以留待以后使用，因此旅游信息的寄载性提供了信息的多次使用价值。语言、文字、图像、符号是旅游信息的第一载体，纸张、胶片、光盘、硬盘、U盘等物质是旅游信息的第二载体。

### （三）旅游信息的传递性

旅游信息从信源到信宿之间的运动，就是旅游信息的传递。旅游信息的传递性不仅从空间上使人们可以选择任意位置的旅游信息。而且从时间上使人们可以选择任意时刻的信息。旅游信息传递手段的多样化和高速化，使旅游信息得以迅速流传和扩散。

### （四）旅游信息的共享性

旅游信息的共享性是指信息能够在同一时间内被很多的旅游者利用，也可以在不同的时间内反复被利用。旅游信息的共享性不会因为信息已经被旅游者利用而减少它的效用，也不会因使用次数的增加而消耗旅游信息的内容。由于旅游信息具有共享性，旅游者在广泛交流中相互启发，不断产生新的旅游信息。

### （五）旅游信息的时效性

旅游信息的时效性是指旅游信息从发出、接收、加工、传递到最后进入利用的时间间隔与效率。旅游信息从发布到旅游者获得信息的时间间隔越短，旅游信息传递的速度越快，信息的效用就越大，反之，时间间隔越长，传递的速度越慢，信息的效用就越小。2000年，我国第一个国家级卫生城市威海，利用中央电视台适时快速播出“最适合人类居住的范例城市”后，旅游信息快速传播，给威海带来了无限的旅游商机，获得了巨额利润。

### （六）旅游信息的滞后性

旅游信息的滞后性是指获得旅游信息的时间，总是落后于旅游信息需求的提出时间。这是由于旅游信息从提出到获得并有效地利用，一般要经过识别、采集、加工和传递的过程，这一过程需要一定的时间。旅游信息的滞后性与信息的时效性是一对矛盾，解决这一矛盾的关键是提高旅游信息的收集、加工、处理和传递的效率，建立高速敏捷的信息系统。国家在“十一”旅游黄金周期间，成立假日办公室，迅速发布旅游信息，尽量提高信息的时效性，增强旅游信息的利用率，宏观调控旅游市场。

### （七）旅游信息的伸缩性

旅游信息的伸缩性是指其可压缩性和可扩充性。可压缩性是指人们可以对信息进行加工、整理、概括、归纳，使信息得以精炼和浓缩。可扩充性是指某一旅游信息随着时间的推移将不断得以扩充和发展。旅游信息的这种伸缩性启发我们对信息进行系统化、抽象化、规律化，通过开发和交流使信息得到再生、增值和创新。

### （八）旅游信息的可替代性

旅游信息的可替代性有两个含义：一是指旅游信息的物质载体的形态是可以互相变换的。旅游信息有声波、文字、电磁波等不同的形态，同一旅游信息可以从一种形态转换为另一种形态；二是旅游信息具有可替代的能力，可以替代资本、劳动力和有形的物质。旅游信息的利用可以减少劳动力和资金、时间的消耗，提高旅游的效益。

# 第三节 旅游信息系统

旅游信息系统(Tourism Information System)是管理信息系统在旅游中的应用,它是以加工、处理与旅游相关的活动和业务中的信息为主的人机系统。它能对旅游数据进行收集、存储、处理、传输和检索,并能向旅游者及旅游工作人员提供有用的信息,帮助他们进行决策或管理。旅游信息系统将各类旅游信息流集合在一个系统中,其质量和整个旅游组织的运行情况密切相关。旅游信息系统可以是手工处理,也可以是计算机处理。计算机并不是旅游信息系统的必要条件,也就是说,并不是有了计算机才有旅游信息系统。但由于计算机可以提高信息系统的效能,所以,建立以计算机为基础的旅游信息系统是最有效可行的选择。

## 一、旅游信息系统的特征

(1) 具有采集、存储、管理、统计分析和输出多种旅游信息的能力,具有空间性和动态性。

(2) 由计算机系统支持进行旅游数据管理,并由计算机程序模拟常规的或专门的旅游信息分析方法,作用于旅游数据,产生有用信息,完成人们手工难以完成的任务。

(3) 计算机系统的支持是旅游信息系统的重要特征,因而使得旅游信息系统能快速、精确、综合地对复杂的旅游信息进行动态分析。

## 二、旅游信息系统的功能

### (一) 旅游数据的收集

根据数据的来源不同,可以把旅游数据收集分为原始旅游数据收集和二次旅游信息收集两种。原始旅游数据收集是指在旅游信息或旅游数据发生的当时当地,从旅游信息或旅游数据所描述的实体上直接把信息或数据取出,并用某种技术手段在某种介质上记录下来;二次旅游信息收集则是指收集已记录在某种介质上,与所描述的实体在时间和空间上已分离开的信息或数据。

### (二) 旅游数据的存储

旅游信息系统必须具有存储旅游数据的功能,否则它就无法突破时间与空间的限制,发挥提供信息、支持决策的作用。在涉及旅游数据的存储问题时,要考虑旅游信息系统的存储量、信息格式、存储方式、使用方式、存储时间、安全保密等问题,保证已得到的旅游数据能够不丢失、不走样、不外泄、整理得当、随时可用等。旅游业务信息系统需要存储的旅游数据格式往往比较简单,存储时间比较短,但是数量往往很大。旅游管理信息系统与旅游决策支持系统中的旅游数据格式比较复杂,要求存储灵活性较高,存储的时间也较长,因此数据存储问题的难度较大。旅游办公

Note

信息系统对旅游数据存储的灵活性要求高,而且往往是多种技术手段并用,表现出结构上的复杂性。

### (三) 旅游数据的加工

一般来说,旅游信息系统总需要对已经收集到的旅游数据进行某些处理,以便得到某些更加符合需要或更加反映本质的信息,或者使信息更适合旅游企业人员与旅游者使用,这就是旅游数据的加工。

旅游数据加工的种类很多,从数据加工角度可将其分为数值运算和非数值处理两大类。数值运算包括简单的算术与代数运算、数理统计中的各种统计量的计算及各种检验、运筹学中的各种最优化算法以及模拟预测方法等。非数值处理包括排序、归并、分类,以及日常文字处理等各项工作。

### (四) 旅游信息的传递

当旅游信息系统具有较大的规模与较广的地理分布时,旅游信息的传递就成为系统必须具备的一项基本功能。系统越大,地理分布越广,这项功能就越重要。在信息传递过程中,旅游信息系统的管理者与计划者还必须充分考虑所需要传递的信息种类、数量、频率、可靠性要求等因素。

### (五) 旅游信息的提供

旅游信息系统的服务对象主要是旅游管理者,因此,它必须具备向管理者提供旅游信息的手段或机制,否则就无法实现其自身的价值。旅游信息系统提供旅游信息的手段是与管理者的接口或界面,其要求应视双方的具体情况而定。

目前旅游信息系统的使用者主要是中下层的管理人员,因此,旅游信息提供方式需简明易用,系统的设计者应当利用各种方法,避免误解,提高清晰程度,以保证对旅游信息的正确理解与使用。

## 三、旅游信息系统的作用

### (一) 对旅游者而言

#### 1. 全方位了解旅游资源详细情况

在建立旅游信息系统之后,旅游者不仅可以方便地了解旅游地的旅游资源的组合和位置、旅游接待设施的接待能力与价格、旅游地各时段的天气情况等详细情况,还可以了解旅游地的基本经济情况、民俗民情,并根据这些情况做出合理的安排。

#### 2. 依靠旅游信息网络选择最佳的旅游线路

在旅游信息系统建立完成之后,旅游者可以根据自身的情况,如游玩的时间的长短、自身的经济状况、想要游玩的旅游景点等要素的输入,自动生成一个最佳的旅游线路,这样既可以节省费用又可以最大程度地满足旅游者的旅游需求。

#### 3. 弥补由于特殊原因造成的旅游缺憾

在旅游过程中,会出现一些不可抗力影响旅游活动,如恶劣天气导致旅游活动不能完整地进行下去。此时旅游者可以借助旅游信息系统中景点三维虚拟展示等多媒体功能来弥补，使旅游者获得对未能游玩的旅游地的直观了解。

### （二）对政府、旅游企业而言

#### 1. 完善旅游信息基础体系

建立旅游信息系统，可以使旅游宣传体系更加健全，更加生动。过去的宣传大多是建立在简单图片及文字说明的基础上的静态示意图文系统，近年来旅游地宣传的方式方法都有了巨大的发展，旅游者可以通过电视、电影了解某一旅游地的较为生动的信息，但是这种宣传方式是填鸭式的，旅游者只能被动地接收信息，而不能对信息做出加工、判断。在旅游信息系统建立完善的基础之上，旅游者在足不出户的情况下，不仅可以接收生动的多媒体信息，还可以对信息做出判断、分析、提取、加工，得到最为自己有用的信息。甚至还可以针对当地的旅游资源，设计自己的规划方案。

#### 2. 为深层次的旅游开发管理提供决策依据

目前的旅游业的发展是一种平面式的，较多地考虑目前的状况，极少涉及未来，对未来旅游地究竟如何发展也只是处于一种茫然状态，大部分情况下是依据规划者的经验和政府部门的导向来对以后的旅游业发展做出规划。这样做出的结果极有可能不科学、不完善。建立旅游信息系统之后，可以利用其分析功能对今后旅游地的发展做出科学的预测，并对预测的结果加上旅游规划专家的分析做出合理的判断，对未来的旅游规划做出合理的安排。另外，在数据收集完善的基础之上，还可以对旅游地一段时间的发展做出总结，找到发展最为薄弱的环节，或者对旅游景点破坏性最大的因素及时做出反应。

#### 3. 提供科学的旅游规划判定标准

目前，对于判断一个旅游地的规划是否合理，还缺乏一个科学的判定标准。在建立区域旅游信息系统之后，就可以利用旅游信息系统的多要素分析、缓冲区分析、专家系统的合成来对一个规划方案做出理性的、科学的判定。首先，旅游地的开发规划变得非常规范，可以在旅游信息系统的帮助之下完成合理的科学的开发规划。其次，借助区域旅游信息系统，使旅游地的管理从无序走向有序，从而及时了解旅游地的发展状况，实时做出反应。最后，借助旅游信息系统，可以对旅游地的未来的发展做出理性的预测，使旅游地的发展始终处于积极向上的态势。

**知识拓展**

**旅游信息系统的层次结构**

旅游信息系统的总体结构大致可以包含三个层次，从下而上分别是网络通信层、数据共享层和专题应用层。网络通信层主要通过网络技术和通信技术面向旅游者、旅游团及旅游企事业单位，是用户获取信息的主要界面。数据共享层包括系统所需要的大量技术数据及旅游数据，这些数据通过数据库技术得以组织,并通过基础软件和数学模型等进行链接,是整个系统的支撑。专题应用层是核心,可以分解为图12-1所示的子系统。

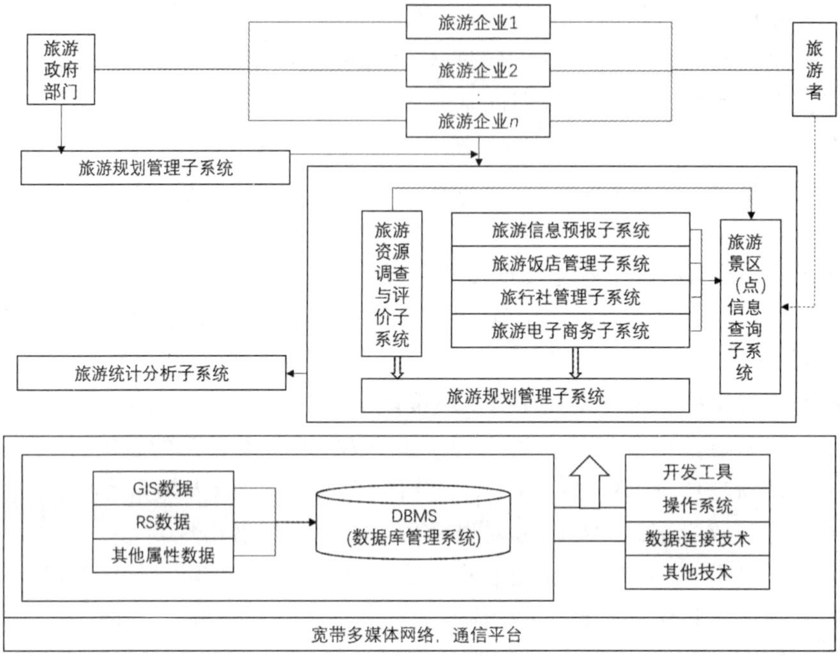


**图12-1　旅游信息系统结构**

整个系统的构成一方面体现在区域旅游活动中,旅游政府部门、旅游企业和旅游者之间的相互影响和相互作用关系;另一方面体现了地区旅游政府部门对旅游企业的管理、旅游企业相互间的电子商务、旅游者和旅游政府部门,以及旅游企业间所进行的物流和信息流的转换过程。

## 第四节　我国旅游信息化

旅游信息化是将信息技术应用于旅游产业,进行跨界融合,推进旅游生产方式、管理模式、营销模式和消费模式的转变,全面提升旅游产业的质量效益和核心竞争力,更好地满足游客个性化服务需求。要加快我国旅游信息化发展,必须紧密结合我国国情与旅游业信息化发展现状,有计划、有步骤地实施信息化进程。

### 一、旅游信息化现状

早在2000年4月召开的全国旅游行业管理工作会议上,就把发展旅游信息化作为提高中国旅游业国际竞争力的手段。2015全国旅游大会提出了“515战略”，即紧紧围绕“文明、有序、安全、便利、富民强国”五大目标，推出旅游10大行动，开展52项举措，加快旅游业现代化、信息化、国际化进程。2017年3月7日，国家旅游局发布了《“十三五”全国旅游信息化规划》，提出在“十三五”时期，加快推进新一代信息技术在旅游业中的应用，着力在满足游客需求、提升旅游品质、引领全面创新上取得突破。

近年来，特别是“515战略”和全域旅游发展战略实施以来，我国旅游信息化取得长足进展，旅游信息化基础管理工作初见成效，旅游公共信息服务建设取得阶段性成果，旅游在线服务市场初具规模，全覆盖式旅游宣传营销格局基本形成，旅游电子政务稳步推进，旅游信息化对旅游业支撑保障作用明显增强。

### （一）旅游管理信息化

#### 1. 景区客流分析

基于景区门禁、运营商基站定位和视频监控设备等的数据，实时发布旅游点流量热点图，如以不同颜色标注某景区各个旅游点的游客情况，并结合历史数据和预订数据进行游客流量预测。一旦景区人数超过警戒线，景区管理方会及时对景区游客进行疏散。

#### 2. 旅游产业监测

目前已建设了国家和省两级的旅游产业监测与应急指挥平台。平台重点采集景区主景观区、景区人流聚集区视频数据和景区的实时流量、月度接待人数、年度接待量等动态监测数据。旅游景区数据接入后，旅游管理部门可以即时了解经营情况，即时预警，还可通过摄像头计算出景区的准确客流量。

### （二）旅游服务信息化

#### 1. 门户网站

目前我国省级旅游部门官网中文版全覆盖，还有部分省有专门的旅游微博账号、微信公众号。门户网站是游客了解一个城市或景点的窗口，还能提供食、住、行、游、购、娱一站式导航。门户网站通常包括信息发布、景点展示、景点导航演示、游客公共服务、旅游购物等模块。

#### 2. 线上线下售票

现在不少景区除了提供售票大厅的人工售票，还提供景区App购票、微信购票、第三方OTA旅游电子商务平台购票等多种线上售票方式。游客通过支付平台付款之后，系统自动将二维码电子门票发送到手机；游客凭借电子门票在景区通道闸机上扫码验证进入景区。

#### 3. 景区智能导览

一方面对景区的各个景点详细介绍，提供文字、语音、图片、视频、360度全景等多角度三维立体展示，游客可以根据自己的需要进行查询，全方位了解景区，有目的地游览观景。此外，景区智能导览能精准定位游客所处的位置，并用电子手绘卡通地图显示景区地图，方便游客能轻松地在景区内找到餐厅、商店、厕所，不易迷失。

4. 智慧停车场

智慧停车场的建立能为景区提供两大便利。一是智能停车出入管理。通过设置高清视频摄像机和车牌智能识别设备，快速抓拍并识别车辆信息，取代传统停车场的停车取卡、出门交卡缴费等烦琐过程，提高通行效率。二是停车信息发布及智能停车引导。景区通过停车诱导屏、手机App、微信公众号等渠道发布停车场空闲泊位信息以及车位引导信息。

5. 虚拟游

世上存在着诸多只在固定季节或时间才能观看、出于对景点的保护等原因不定期开放的资源，许多人或因工作繁忙、或因一票难求等原因错过了开放时间。VR旅游可以弥补传统旅游项目无法达成的部分，使旅游的内容更加丰富。在2017年"砥砺奋进的五年"大型成就展活动中，"数字故宫"吸引众多观众驻足。

### （三）旅游营销信息化

1. 多平台主题宣传

我国大部分旅游主管部门和重点旅游企业都设置了旅游营销网站，以及微博、微信推广和交流互动等网络营销平台，并且定期策划网络宣传推广主题活动，不断扩大网络宣传推广旅游的范围、规模。

2. 海外营销网络系统

各省市越来越重视应用网络对外开展旅游推广宣传，具体方式有两种。一是将官方政务和资讯网站翻译成外语开展对外宣传展示，二是在重点目的地国家和地区建立网站进行旅游推广宣传。例如，我国山东在美国、韩国、日本等主要入境旅游客源地先后建设开通了当地语言文字的旅游网站，连同山东旅游资讯网繁体网站、山东旅游英文网站、山东旅游韩文网站、山东旅游日文网站等不同语言版本，构成山东旅游海外营销网络系统，成为旅游宣传推广体系的重要组成部分。

#### 知识拓展

**加快推动大数据、虚拟现实等新技术在旅游领域的应用普及**

国务院印发的《"十四五"旅游业发展规划》中提出：①加快推动大数据、云计算、物联网、区块链及5G、北斗系统、虚拟现实、增强现实等新技术在旅游领域的应用普及，以科技创新提升旅游业发展水平。②大力提升旅游服务相关技术，增强旅游产品的体验性和互动性，提高旅游服务的便利度和安全性。③鼓励开发面向游客的具备智能推荐、智能决策、智能支付等综合功能的旅游平台和系统工具。④推进全息展示、可穿戴设备、服务机器人、智能终端、无人机等技术的综合集成应用。推动智能旅游公

Note

共服务、旅游市场治理“智慧大脑”、交互式沉浸式旅游演艺等技术研发与应用示范。

（资料来源：《“十四五”旅游业发展规划》）

## 二、旅游信息化问题

我国旅游业信息化发展滞后于旅游业的整体发展需要，存在旅游信息资源零散、共享差、流通不畅；信息技术应用程度低、不成体系；重硬件、轻软件等问题。

第一，旅游业数据资源利用度较低。目前，我国旅游信息数据统计分析存在诸多困难，如旅游信息统计周期长、欠缺及时性；很多分析基于抽样数据进行，全面性不足；涉旅行业众多，经营数据涵盖面广，准确度不够，数据之间关联不足。旅游业还未形成实时完整的动态数据库，信息资源不能共享导致已集成的信息系统实用性不强。

第二，信息基础设施不完善。有的旅游景区没有Wi-Fi覆盖，有的景区没有自己独立的域名，只是在各类网站上链接了几个网页，网上信息更新较慢，旅游者无法及时获悉景点的新节目、新动向，无法与景区在网上交流。

第三，个性化定制服务能力弱。旅游网站提供的信息一般涉及旅游地、景点、饭店、交通旅游线路和旅游常识等，但很少能够根据旅游者的特点和需求组合定制旅游产品，提供个性化旅游线路建议。

第四，旅游信息化需要的跨界、融合、复合型人才严重不足，旅游信息化开发创新人才、运营管理人才、基层从业人员等队伍基础尤为薄弱。

## 三、旅游信息化对策

信息技术的进步与发展，重塑了旅游业运行模式，形成了新的商业流程，使旅游变得更智慧。可以预见，旅游业将从信息化迈向智慧化。智慧旅游让出行变得更简单，旅途更惬意。根据调研机构数据，近80%自由行用户会在出行前通过在线旅游平台进行查询、比价、预订等。信息搜寻渠道繁杂、行程制定耗时长等往往使旅游的美好大打折扣。有了智能行程定制，整合游客在住宿、门票、交通等方面的碎片化需求，一键生成涵盖食、住、行、游、购、娱等内容的行程规划，旅游不再是操心劳神的事情。出游途中，旅行社、酒店等会根据游客归属地、生活习惯、时间安排等进行大数据分析，提供个性化贴心服务，实现“宾至如归”，使旅游成为人们真正自由自在的享受。

### （一）政企合作共建

智慧旅游的建设是一项综合性强、涉及面广的系统工程，需要打通端口，建立旅游主管部门和旅游企业多级共建机制，避免相关部门、企业各自为政、互不融合，导致信息资源共享困难、技术标准各异，重复建设等问题发生。树立全域旅游发展理念,进行系统规划设计,分步实施。政府重在宏观监管和完善智慧旅游基础设施建设上下功夫,将与旅游企业利益攸关的智慧景区、智慧酒店、智慧旅行社、智慧乡村旅游等作为企业参与的首要内容,进而带动智慧旅游建设全面展开。

### (二) 构建旅游大数据体系

“数据融合”是实现智慧旅游的基础。

一是要构建旅游大数据中心。政府在旅游大数据中心建设方面应统一规划,统一数据标准体系,实现“省—市—区县—景区”自上而下的科学合理建设模式,避免数据中心的重复性建设,实现旅游大数据中心的集约式发展。

二是推动数据的开放共享。旅游大数据主要包括政府数据、运营商数据、互联网公司数据、景区及旅游企业数据等。各级地方政府应身体力行,旅游管理部门加强对交通(自驾车流量)、金融(银联消费)、铁路(12306车票预订)等政府部门的数据对接、共享和利用,形成旅游大数据共享示范。企业应以安全高效的方式开放自己的平台数据,强化政府与企业、企业与企业之间的数据对接,实现旅游信息融合共享、互联互通。

三是要加强大数据资源的分析与利用,提升旅游信息化应用水平。

#### 知识拓展

**大数据在旅游业的应该场景**

旅游业的大数据技术应用在多个领域且日益成熟,比如旅游大数据中心建设、旅游监管和应急领域、旅游公共服务领域、旅游精准营销领域等。

在旅游大数据中心建设中的应用。旅游大数据中心对管理部门日常产业监测、应急指挥、公共服务、基础资源展示等工作,都提供了重要支撑。在旅游大数据中心搭建过程中,大数据技术应用贯穿了每个系统平台的搭建,对平台上数据维度构建、数据传输、数据清洗、数据可视化应用等方面都提出了明确要求;大数据中心各平台正式运营后,产生大量不同维度、不同样式及不同用途的数据,随着数据量级的不断增大、数据处理能力也不断提升,大数据技术应用的有效性也逐步完善起来,为旅游行业相关数据的存储、分析和沉淀都提供有效支撑。

在旅游监管和应急领域的应用。随着在线旅游市场迅速发展,在线旅游产品数量庞大、投放自由度高,存在着零负团费、价格歧视、景区相关线路产品价格不一等乱象,对于这些情况,存在取证难、查处难、管理难等问题,旅游管理部门要不断加大对这些现象的监管力度,大数据技术应用可以实现实时监管在线旅游产品价格变化、取证在线违法行为、维护消费者合法权益等,有效支持在线旅游市场规范化发展。同时,大数据技术在旅游投诉、主流搜索引擎和门户网站的舆情数据领域的应用也逐步完善,从区域旅游投诉量、受理情况、结案情况、受理率以及投诉主体、投诉内容等方面进行实时监测;在主流搜索引擎和门户网站舆情数据应用方面,运用大数据技术可以实时监测并收集旅游热搜总量及正负面热点数量、新闻来源及热点走势，对网络热门事件进行实时追踪，加强旅游安全监测，提升旅游领域突发事件预警和应急处置能力。

在旅游公共服务领域的应用。节假日期间，全国重点旅游地，尤其是重要旅游景区，基本都会出现景区游客爆满、周边交通堵塞的情况，管理部门也通过多种形式重点保障节假日，引导游客错峰出行。应用大数据技术，联合公安、交通、气象等管理部门，以及通信运营商、中国铁路客户服务中心等，通过各家的综合数据，从游客出行高峰时段、出行目的、游客来源等维度进行综合分析，可以预判旅游地即将到达人数，为增强专项保障，开展优质服务提供辅助；同时，通过分析区域游客逗留时长、主要游玩线路等，可以为旅游管理部门改善旅游资源配置、建设旅游服务配套设施等提供决策参考。

在旅游精准营销领域的应用。在旅游营销前市场分析中，大数据技术可以清楚地分析过去一段时间游客来源、游览轨迹、出行目的、逗留时长、消费偏好等多维数据，从整体上分析游客偏好及旅游市场发展趋势，比如旅游地辐射范围、游客消费能力、重点旅游产品等；在旅游营销渠道投放中，大数据技术可以基于行业标签、互联网标签等内容，对旅游线上投放渠道选择、投放对象精准度、精准营销方式（如智慧信息、微博广告、微信朋友圈广告、手机锁屏广告等）等发挥重要作用，让营销推广变得更加有效；在旅游营销效果评估中，大数据技术通过对旅游地在美誉度、媒体热度、游客关注度、游记曝光度、到访量等方面的变化情况进行综合分析，让营销效果得到有效评测。

## 核心关键词

旅游信息(Tourism Information)
旅游者信息(Tourists Information)
目的地信息(Destination Information)
介体信息(Intermediary Information)
管理信息(Management Information)
旅游信息系统(Tourism Information System)
旅游产业监测(Tourism Industry Monitoring)
管理信息化(Management Informatization)
服务信息化(Service Informatization)
旅游大数据系统(Tourism Big Data System)

## 思考与练习

1. 旅游信息有哪些特点？
2. 简述旅游信息划分的常用标准。
3. 我国旅游信息化面临的主要问题有哪些？

# 参考文献


[1] 常莉.旅游学概论[M].北京:对外经济贸易大学出版社,2008.
[2] 陈格.生态旅游的可持续发展研究[M].北京:北京理工大学出版社,2018.
[3] 邓爱民,孟秋莉.旅游学概论[M].武汉:华中科技大学出版社,2017.
[4] 傅广海.旅游学概论[M].北京:科学出版社,2019.
[5] 龚鹏.旅游学概论[M].北京:北京理工大学出版社,2016.
[6] 韩燕平,王协斌.旅游学概论[M].2版.北京:北京理工大学出版社,2017.
[7] 胡幸福.中华旅游文化[M].银川:宁夏人民出版社,2006.
[8] 黄安民.旅游学概论[M].北京:清华大学出版社,2015.
[9] 黄海燕,张林.体育旅游[M].北京:高等教育出版社,2016.
[10] 克里斯·库珀,约翰·弗莱彻,艾伦·法伊奥,等.旅游学[M].3版.张俐俐,蔡利平,等编译.北京:高等教育出版社,2007.
[11] 雷晓琴,谢红梅,范丽娟.旅游学导论[M].北京:北京理工大学出版社,2018.
[12] 李天元.旅游学概论[M].7版.天津:南开大学出版社,2015.
[13] 廖君,吴鑫.民宿教育理论与实践[M].西安:电子科技大学出版社,2019.
[14] 林艳珍,高仁华,刘慧贞.旅行社经营管理[M].北京:北京理工大学出版社,2019.
[15] 刘伟.旅游学概论[M].广州:广东旅游出版社,2021.
[16] 马勇.旅游接待业[M].武汉:华中科技大学出版社,2018.
[17] 彭顺生.世界旅游发展史[M].2版.北京:中国旅游出版社,2017.
[18] 石美玉.旅游购物研究[M].北京:中国旅游出版社,2006.
[19] 孙晓霞.奖励旅游策划与组织[M].重庆:重庆大学出版社,2015.
[20] 王德刚.旅游学概论[M].3版.北京:清华大学出版社,2012.
[21] 王洪滨,吴宁,代改珍,等.旅游学概论[M].3版.北京:中国旅游出版社,2017.
[22] 王淑良.中国旅游史(古代部分)[M].北京:旅游教育出版社,1998.
[23] 王杨,马媛媛,张丽娜.生态旅游资源开发[M].北京:旅游教育出版社,2017.
[24] 王永忠.西方旅游史[M].南京:东南大学出版社,2004.

[25] 王兆明.旅游学基础[M].北京：人民教育出版社，2007.

[26] 闻芳，杨辉.旅游学概论[M].镇江：江苏大学出版社，2018.

[27] 谢春山.旅游学[M].北京：北京理工大学出版社，2017.

[28] 谢贵安，谢盛.中国旅游史[M].武汉：武汉大学出版社，2012.

[29] 谢彦君.基础旅游学[M].3版.北京：中国旅游出版社，2011.

[30] 许欣，万红珍.会展旅游[M].重庆：重庆大学出版社，2015.

[31] 杨宏伟，党春艳，王瑾.旅游学概论[M].北京：中国传媒大学出版社，2015.

[32] 叶娅丽，陈学春.旅行社经营与管理[M].北京：北京理工大学出版社，2018.

[33] 尹华光，邵小慧.旅游文化学导论[M].长沙：湖南大学出版社，2018.

[34] 张科，李璐.旅游学导论[M].北京：北京理工大学出版社，2016.

[35] 张荣娟，叶晓颖.旅行社经营与管理[M].北京：北京理工大学出版社，2017.

[36] 郑焱.中国旅游发展史[M].长沙：湖南教育出版社，2000.

[37] 宋瑞.2018—2019年中国旅游发展分析与预测[M].北京：社会科学文献出版社，2019.

[38] 宋瑞.2019—2020年中国旅游发展分析与预测[M].北京：社会科学文献出版社，2020.

[39] 钟志平.旅游购物理论与开发实务[M].北京：中国市场出版社，2005.

[40] 周毅.旅游文化学[M].上海：上海交通大学出版社，2011.

[41] 朱运海.会展旅游[M].武汉：华中科技大学出版社，2016.

[42] 彭兆荣，肖坤冰.人类学与“遗产”研究[J].西北第二民族学院学报(哲学社会科学版)，2008(5)：59-63.

[43] 唐彬礼，粟路军.经常旅游的人更有创造力吗？——旅游频率、旅游目标定向与工作创造力[J].旅游学刊，2022，37(7)：65-79.

[44] 魏翔，吕腾捷.闲暇时间经济理论研究进展[J].经济学动态，2018(10)：131-144.

[45] 杜一力.中国旅游业经历的四个主要发展阶段[N].中国青年报，2018-08-02(08).

[46] 唐晓云.旅游的社会文化功能及其实现[N].光明日报，2015-01-11.

[47] 黄高原，杨丽敏.加强文旅交流互鉴 促进文明和谐共生[N].中国旅游报，2022-01-27.

[48] 项江涛.“非遗后时代”保护是学者的时代担当——访中国民间文艺家协会主席冯骥才[N].中国社会科学报，2011-12-15.

[49] 崔痒，周丽君.旅游地理学[M].北京：机械工业出版社，2006.


Note

# 教学支持说明

普通高等学校“十四五”规划旅游管理类精品教材系华中科技大学出版社“十四五”规划重点教材。

为了改善教学效果，提高教材的使用效率，满足高校授课教师的教学需求，本套教材备有与纸质教材配套的教学课件(PPT)和拓展资源(案例库、习题库等)。

为保证本教学课件及相关教学资料仅为教材使用者所得，我们将向使用本套教材的高校授课教师赠送教学课件或者相关教学资料，烦请授课教师通过电话、邮件或加入旅游专家俱乐部QQ群等方式与我们联系，获取“电子资源申请表”文档并认真准确填写后发给我们，我们的联系方式如下：

地址：湖北省武汉市东湖新技术开发区华工科技园华工园六路

邮编：430223

电话：027-81321911

E-mail：lyzjjlb@163.com

旅游专家俱乐部QQ群号：758712998

旅游专家俱乐部QQ群二维码：

群名称:旅游专家俱乐部5群
群　号:758712998

華中科技大學出版社
http://press.hust.edu.cn

# 电子资源申请表

填表时间：________年____月____日

1. 以下内容请教师按实际情况写，★为必填项。
2. 根据个人情况如实填写，相关内容可以酌情调整提交。

<table>
<tr><td rowspan="2">★姓名</td><td rowspan="2"></td><td rowspan="2">★性别</td><td rowspan="2">□男 □女</td><td rowspan="2">出生<br>年月</td><td rowspan="2"></td><td>★ 职务</td><td></td></tr>
<tr><td>★ 职称</td><td>□教授 □副教授<br>□讲师 □助教</td></tr>
<tr><td>★学校</td><td colspan="3"></td><td>★院/系</td><td colspan="3"></td></tr>
<tr><td>★教研室</td><td colspan="3"></td><td>★专业</td><td colspan="3"></td></tr>
<tr><td>★办公电话</td><td colspan="2"></td><td>家庭电话</td><td colspan="2"></td><td>★移动电话</td><td></td></tr>
<tr><td>★E-mail<br>(请填写清晰)</td><td colspan="5"></td><td>★QQ 号/微信号</td><td></td></tr>
<tr><td>★联系地址</td><td colspan="5"></td><td>★邮编</td><td></td></tr>
</table>

| ★现在主授课程情况 | | 学生人数 | 教材所属出版社 | 教材满意度 |
|---|---|---|---|---|
| 课程一 | | | | □满意 □一般 □不满意 |
| 课程二 | | | | □满意 □一般 □不满意 |
| 课程三 | | | | □满意 □一般 □不满意 |
| 其　他 | | | | □满意 □一般 □不满意 |

| 教材出版信息 | | |
|---|---|---|
| 方向一 | | □准备写 □写作中 □已成稿 □已出版待修订 □有讲义 |
| 方向二 | | □准备写 □写作中 □已成稿 □已出版待修订 □有讲义 |
| 方向三 | | □准备写 □写作中 □已成稿 □已出版待修订 □有讲义 |

请教师认真填写表格下列内容，提供索取课件配套教材的相关信息，我社根据每位教师填表信息的完整性、授课情况与索取课件的相关性，以及教材使用的情况赠送教材的配套课件及相关教学资源。

| ISBN(书号) | 书名 | 作者 | 索取课件简要说明 | 学生人数<br>(如选作教材) |
|---|---|---|---|---|
| | | | □教学 □参考 | |
| | | | □教学 □参考 | |

★您对与课件配套的纸质教材的意见和建议，希望提供哪些配套教学资源：